高等学校经济与工商管理系列教材

资产评估学教程
（第3版）

肖翔 何琳 主编

清华大学出版社
北京交通大学出版社
·北京·

内 容 简 介

全书共分为10章，包括资产评估概述、资产评估的基本方法、机器设备评估、不动产评估、长期投资评估、流动资产评估、无形资产评估、企业价值评估、以财务报告为目的的评估、资产评估报告。

本书适用于评估、财经、管理类专业的本科生、研究生，也可以作为在各级政府管理部门、企事业单位、社会中介机构等从事资产评估理论研究、管理工作、实务工作的人员的学习参考书。

本书封面贴有清华大学出版社防伪标签，无标签者不得销售。
版权所有，侵权必究。侵权举报电话：010-62782989　13501256678　13801310933

图书在版编目（CIP）数据

资产评估学教程／肖翔，何琳主编．—3版．—北京：北京交通大学出版社：清华大学出版社，2024.2

高等学校经济与工商管理系列教材

ISBN 978-7-5121-4751-5

Ⅰ.①资⋯　Ⅱ.①肖⋯　②何⋯　Ⅲ.①资产评估-高等学校-教材　Ⅳ.①F20

中国版本图书馆 CIP 数据核字（2022）第107290号

资产评估学教程
ZICHAN PINGGUXUE JIAOCHENG

责任编辑：	黎　丹
出版发行：	清 华 大 学 出 版 社　　邮编：100084　　电话：010-62776969　　http://www.tup.com.cn
	北京交通大学出版社　　邮编：100044　　电话：010-51686414　　http://www.bjtup.com.cn
印 刷 者：	三河市华骏印务包装有限公司
经　　销：	全国新华书店
开　　本：	185 mm×260 mm　　印张：16.5　　字数：412千字
版 印 次：	2004年8月第1版　　2024年2月第3版　　2024年2月第1次印刷
印　　数：	1～2 000册　　定价：49.00元

本书如有质量问题，请向北京交通大学出版社质监组反映。对您的意见和批评，我们表示欢迎和感谢。
投诉电话：010-51686043，51686008；传真：010-62225406；E-mail：press@bjtu.edu.cn。

前言 / PREFACE

资产评估作为一种现代市场经济中的基础性专业服务活动，在国外已经有200多年的历史了，并且作为一个独立行业在经济发展中发挥着重要作用。我国的资产评估虽然起步较晚，于20世纪80年代后期才开始，但发展迅猛，在国有企业改革、对外开放、维护社会主义市场秩序、保障各类产权主体合法权益中发挥了不可替代的重要历史作用。随着市场经济的进一步完善及企业重组交易行为的频繁发生，该行业的重要性将日益突出。资产评估学是财经专业本科生的核心课程，国内外许多大学都已经开展了多种有关资产评估的专业课。本书正是为了适应社会需要而编写的。

《资产评估学教程》于2004年8月出版第1版，2006年8月第1次修订，2014年8月出版第2版，先后印刷6次，印量达19 000册。本书在第2版的基础上，进一步强调了理论与实践的结合，在归纳和总结国内外资产评估的最新理论研究成果及行业最新发展动态的基础上，努力反映国内外最新的资产评估实践经验，如无形资产评估方法、自创商誉的探讨、企业价值的市场法评估、以财务报告为目的的评估及其他国家的评估行业发展等，并增加了大量案例分析，加强了资产评估实务操作的训练。在编写方面，本书借鉴国际成功的教材编写思路，每章前面有学习目标及内容提要，每章后面附有足够的多元化习题，使学生能把握各章要点、自我检验且及时巩固所学知识。同时，增加了大量的电子阅读材料，以便读者开阔眼界，了解评估相关知识。

本书作者多年从事资产评估教学与科研与实践活动，既有坚实的理论基础，又有丰富的实践经验。本书具体编写分工如下：第1、3、4章由北京交通大学何琳撰写；第2、7、8、9、10章由北京交通大学肖翔撰写；第5、6章由苏州科技大学副教授冯丽艳、华南农业大学经管学院首聘副教授喻子秦编写。北京交通大学研究生陈柏彤、林伟杰、梁煦、徐颖、敖嘉、雷卓君、赵心宇、赵心柯、戈心怡等参加了本书阅读材料的编写和校对工作。全书最后由肖翔总纂定稿。

本书在写作过程中得到了中企华评估公司权忠光董事长、刘登清总裁、阮咏华副总裁，中水致远资产评估公司董事长肖力、中天衡平国际资产评估公司王诚军董事长以及多位评估师们的指导与帮助。本书借鉴、参考了许多著作、教材、报刊、资料等的研究成果，在此特向所有作者和专家表示感谢和敬意。同时，在此一并感谢在本书编写过程中给予我们帮助的中国资产评估协会、北京资产评估协会的多位领导和专家，以及老师、亲人和朋友们。

由于编者水平、时间有限，书中疏漏与不足之处在所难免，敬请各位专家和读者批评指正。

编 者
2023 年 12 月

目录 / CONTENTS

第1章 资产评估概述 ·· 1
   1.1 资产评估的含义 ··· 1
   1.2 价值类型 ·· 4
   1.3 资产评估假设 ··· 7
   1.4 资产评估的经济原则 ··· 9
   1.5 资产评估与会计计价的关系 ·· 9

第2章 资产评估的基本方法 ·· 13
   2.1 资产评估的基本程序 ··· 13
   2.2 市场法 ··· 15
   2.3 收益法 ··· 18
   2.4 成本法 ··· 21
   2.5 评估方法的关系与方法选择 ·· 27

第3章 机器设备评估 ··· 31
   3.1 机器设备评估概述 ··· 31
   3.2 成本法 ··· 34
   3.3 机器设备评估的其他方法 ··· 45

第4章 不动产评估 ··· 49
   4.1 不动产评估概述 ··· 49
   4.2 市场法 ··· 54
   4.3 收益法 ··· 61
   4.4 成本法 ··· 67
   4.5 假设开发法 ··· 75

第5章 长期投资评估 ··· 80
   5.1 长期投资评估概述 ··· 80
   5.2 债券价值的评估 ··· 82
   5.3 股票价值的评估 ··· 84
   5.4 股权投资的评估 ··· 89

第6章 流动资产评估 ... 92
6.1 流动资产评估概述 ... 92
6.2 货币类流动资产及债权类流动资产的评估 ... 93
6.3 实物类流动资产的评估 ... 96

第7章 无形资产评估 ... 102
7.1 无形资产评估概述 ... 102
7.2 无形资产的收益法评估 ... 108
7.3 无形资产的成本法和市场法评估 ... 114
7.4 技术类无形资产评估 ... 119
7.5 商标权的评估 ... 127
7.6 著作权的评估 ... 137
7.7 商誉的评估 ... 144
7.8 特许权的评估 ... 149

第8章 企业价值评估 ... 155
8.1 企业价值评估及其特点 ... 156
8.2 企业价值评估的范围和评估程序 ... 162
8.3 企业价值评估的基本方法 ... 165
8.4 企业价值的收益法评估 ... 168
8.5 企业价值的市场法评估 ... 185
8.6 企业价值评估新方法的探讨 ... 190
8.7 价值评估在企业并购中的具体应用 ... 199

第9章 以财务报告为目的的评估 ... 212
9.1 以财务报告为目的的评估概述 ... 212
9.2 资产减值测试中的评估 ... 217
9.3 企业合并对价分摊的评估 ... 222
9.4 投资性房地产的评估 ... 227
9.5 金融工具的评估 ... 230

第10章 资产评估报告 ... 238
10.1 资产评估报告的类别及作用 ... 238
10.2 资产评估报告的基本要求和内容 ... 241
10.3 资产评估报告的编制、审核与编制技术 ... 245

附录A 复利系数公式和复利系数表 ... 250

参考文献 ... 255

第1章 资产评估概述

学习目标

学完本章，应该能够：
- 解释什么是资产评估；
- 列举至少5个资产评估的目的；
- 阐述资产评估与会计计价的区别；
- 阐述市场价值的含义；
- 理解评估假设的含义及其在评估中的作用；
- 列举至少3个资产评估的经济原则。

关键术语

最高最佳使用　替代原则　重置原则　未来收益原则　市场价值　价值类型

内容提要

现代资产评估业大约产生于18世纪末，经过300多年的发展，已经具有比较成熟的理论体系和操作规程。本章对资产评估的含义、理论基础、评估目的、价值类型、评估假设、评估原则等做了较为系统的介绍，是继续学习其他各章的基础。

1.1 资产评估的含义

1. 资产评估的概念

交易是市场中最基本的经济行为。在经济社会中，交易已不仅涉及生活资料，而且涉及生产资料；不仅涉及有形资产，还涉及无形资产（如技术、商标等）；不仅涉及单项资产，还涉及企业这样复杂的整体资产。随着交易的日益频繁、交易目的的日益多样化、交易过程的日益复杂以及交易金额的日益庞大，资产评估已成为资产交易中不可或缺的中介行业，为提高交易质量、降低交易成本发挥着重要作用。

根据《中华人民共和国资产评估法》，资产评估是指："评估机构及其评估专业人员根据委托对不动产、动产、无形资产、企业价值、资产损失或者其他经济权益进行评定、估算，并出具评估报告的专业服务行为。"

这一概念包含以下要点：① 涉及国有资产或者公共利益等事项及法律、行政法规规定需要评估的（法定评估），应当依法委托评估机构评估，其他则可以自愿委托评估机构评估。② 评估机构及其评估专业人员开展业务应当遵守法律、行政法规和评估准则，遵循独立、客观、公正的原则。

2. 资产评估的目的

资产评估基本准则

资产评估起源于为交易双方拟进行交易的物品进行公平定价。随着商品经济的不断发展，经济活动的多样化和复杂性程度越来越高，评估也从服务于资产交易渗透到融资、税收、诉讼、会计计价等诸多领域，归纳起来可分为以下几类。

（1）与交易有关的评估

资产交易仍是评估最主要的服务领域。具体的资产交易行为主要包括：① 不动产、机器设备、技术等单项资产的转让或出资入股；② 企业并购、拆分、重组、上市等整体资产交易；③ 企业清算。

（2）与融资有关的评估

企业向金融机构或社会公众借款时，通常需要以其部分或全部资产作为抵押品，因此涉及对抵押品的价值评估，如抵押贷款、贷款担保、发行抵押债券、融资租赁等。

中华人民共和国资产评估法

（3）与资产纳税有关的评估

资产纳税是指资产占有者依据国家税法的规定，按资产价值量向国家交纳税金。此时涉及对应纳税资产的价值评估（税基评估）。

（4）与法律诉讼有关的评估

当事人涉及资产诉讼案件时，往往需要委托评估机构对案件所涉及资产的价值进行评估，评估的结果可以作为法院判决的依据，包括：① 因婚姻、公司、合伙关系解散导致的财产纠纷；② 因毁约导致的财产纠纷；③ 仲裁，包括因买卖交易、企业重组、离婚而引起的仲裁和一般仲裁；④ 因侵权而导致的赔偿诉讼。

（5）以财务报告为目的的评估

公允价值模式是会计计价的重大变革，无论是国际会计准则还是我国的会计准则，都要求部分资产必须或者选择性使用公允价值模式进行价值计量，以便更加客观地对企业资产价值进行报告和披露。公允价值首选市场的直接报价，但是在缺少市场报价信息的情况下，就需要使用评估技术来确定。除此之外，资产减值测试、合并对价分摊等会计业务中也大量涉及资产评估。

3. 资产评估主体

资产评估主体是指资产评估机构及其资产评估专业人员。根据国务院办公厅的相关文件，我国目前共有六类从事各类评估业务的评估师，他们分属于不同的行业协会和政府部门管理，尚未形成统一的管理体系。各类评估师和评估机构的服务职能不同，依据的执业标准也不同，如表1-1所示。

表1-1 我国各类评估师类型一览表

	职　能	执业标准	管理归口	协会主管部门
资产评估师	企业上市、改制、产权交易、破产等经济活动中涉及的资产评估，包括机器设备、房地产、无形资产、流动资产等单项资产，也包括企业整体资产	资产评估准则体系	中国资产评估协会	财政部
房地产估价师	房地产投资、开发、转让、租赁、抵押、税费征收、拆迁补偿、股份制改造、企业清产核资等各种房地产经济活动的房地产估价服务	房地产估价规范	中国房地产估价师与房地产经纪人学会	住房和城乡建设部
土地估价师	单纯的土地抵押、转让、司法鉴定等业务	城镇土地估价规程	中国土地估价师与土地登记代理人协会	自然资源部
矿业权评估师	在出让矿业权定价、企业转让、抵押贷款、法律诉讼、上市融资信息披露等活动中涉及的矿业权价值评估	矿业权价款评估应用指南矿业权评估指南	中国矿业权评估师协会	自然资源部
保险公估从业人员	受保险公司、投保人或被保险人委托，办理保险标的的查勘、鉴定、估损以及赔款的理算	保险公估从业人员职业道德指引	—	中国保险监督管理委员会
二手车鉴定评估师	二手车的产权交易、纳税、保险、抵押、典当、司法鉴定等	二手车鉴定评估师国家职业标准	—	人力资源和社会保障部

资产评估师是"通过中国资产评估协会组织实施的资产评估师职业资格全国统一考试，取得《资产评估师职业资格证书》的资产评估专业人员"。评估师按照中国资产评估协会发布的资产评估准则体系和其他法律、法规开展评估业务。本书所介绍的资产评估理论、方法与操作，也主要基于这一准则体系。

从事评估业务的"机构"是指"在市场监管部门登记，在财政部门备案、接受委托执行资产评估业务并独立承担民事责任的合伙形式或公司形式的法人"。在我国，资产评估机构实行资格管理。只有获得财政部或省、自治区等财政厅（局）授予资格并颁发资产评估资格证书的资产评估机构才具备执业资格。评估机构及评估师根据资产评估准则的要求执行资产评估业务，并为客户提供资产评估报告。

需要说明的是，在社会经济活动中，一些非资产评估机构也提供了大量的资产估值咨询。例如，一些会计师事务所也为它们的客户提供大量以财务报告为目的的资产估值服务；证券公司和投资银行等机构在为企业并购等业务进行财务咨询的过程中，也提供企业估值服务。不过，这些中介机构不属于本书所指的资产评估主体，其资产评估行为并不受资产评估准则的约束。

4. 资产评估对象

通常人们仅仅把交易看成是物品的交换，而事实上交易不仅意味着物品在物理意义上的转移，更重要的是物品产权发生了更迭。因此，资产或商品不仅要通过其技术特征来定义，而且需要通过与物品的使用、处置和获取等有关的法律约束来定义。如果物品的形态相同，但附着其上的产权不同，那么即使是相同的物品，也具有不同的价值。因此在评估业务中，评估师不仅要明确评估对象的物理状态，如成新率、功能、地理位置等，也要明确所评估的法律权益，如所有权、使用权等。

从资产的技术特征角度，可以将评估对象分为机器设备、不动产、无形资产、金融资产等；从法律权益角度，可以将评估对象分为所有权、使用权、租用权等。

由于各国资产评估实践发展的特征不同，因此不同国家和地区的评估准则对评估对象的范围有着不同的概括和描述，如表1–2所示。

表1–2 不同评估准则对评估对象的分类

准则名称	评估对象范围	准则版本
中国资产评估准则	机器设备、企业价值、珠宝首饰、无形资产、不动产、森林资源资产	2017年版准则体系仍在建设中
美国评估准则（USPAP）	不动产、无形资产、动产、企业价值	2016—2017版
欧洲评估准则（EVS）	不再明确分类	2020年版
国际评估准则（IVS）	企业和企业权益、不动产权益、在建投资性不动产、无形资产、金融工具、厂房设备、非金融负债	2020年版

资料来源：① 中国资产评估协会. 中国资产评估准则体系（包括各准则、指南和指导意见），2017.
② 国际评估准则委员会（IVSC）. 国际评估准则（IVS），2020.
③ 欧洲评估师联合会（TEGOVA）. 欧洲评估准则（EVS），2020.
④ 美国评估促进会（AF）. 美国专业评估执业统一准则（USPAP），2016—2017.

1.2 价值类型

1. 价格、成本与价值

价格、成本与价值是资产评估中经常使用的术语，是3个既有联系又有明显区别的概念。价格是商品或服务成交时所涉及的实际金额；成本反映生产产品或提供服务所需要支付的费用；而价值则反映了买卖双方认为某商品或服务最有可能成交的价格。

1) 价格

价格是一个与商品和劳务的交易相关联的概念。对于一件商品或劳务而言，在买方询价、卖方报价和双方交易的过程中，其价格可能不一样，然而一旦交易完成，价格就成为历史事实。商品市场价格的形成是市场供给和市场需求相互作用的结果，是市场供求达到均衡的那一点。

2）成本

成本是一个与生产有关的概念，是指生产商品或提供劳务所需要花费的金额。一旦商品生产完成，成本也就成为历史事实。

3）价值

价值是指在某一时点、某一市场条件下，一项资产进行交易时，买卖双方认为最有可能实现的交易价格。这个"最有可能实现的交易价格"的高低，除了与买卖双方的讨价还价能力有关之外，还与资产对于买方的经济效用和功能、交易的市场条件等因素有关。资产的所有者、潜在投资人、保险公司、清算人及特殊交易动机人，对同一资产的价值会有不同的估计。可见，资产的价值是一个估计的金额，而不是历史事实。同时，资产的价值并不是唯一的，而是随着评估目的、市场状况等因素的不同而不同。如果评估师在评估报告中对资产价值的估计只给出一个数值，而不对这个数值形成的背景进行说明，那么这个评估值是毫无意义的。因此，为了清楚地描述价值，需要对价值进行更加详细的分类和定义。

2. 价值类型的含义及分类

资产评估中的价值类型是反映评估对象特定价值内涵、属性和合理性指向的各种价值定义的统称。不同的价值类型反映资产评估结果的不同价值属性，同一资产的不同价值类型所反映的评估价值不仅在性质上是不同的，在数量上往往也存在较大差异。资产评估价值类型不仅是一个理论问题，也是实践问题。对价值类型定义标准的把握实际上包含着人们对资产评估的理解和把握。

关于资产价值类型的分类，国际上不同评估协会的评估准则中有着不同的规定和定义。我国《资产评估价值类型指导意见》将资产评估的价值类型分为市场价值和市场价值以外的价值类型。

1）市场价值

市场价值是价值类型中最重要的组成部分，也是各国评估实践中评估师使用最多的价值类型。市场价值的定义在不同国家的评估准则中的表述不尽相同，但基本含义十分接近。根据中国资产评估协会2017年发布的《资产评估价值类型指导意见》，市场价值是指"自愿买方和自愿卖方在各自理性行事且未受任何强迫的情况下，评估对象在评估基准日进行正常公平交易的价值估计数额"。理解市场价值，应把握以下要点。

① 自愿的买方。自愿的买方是一个假设的买主，不是真实的购买者。该买主具有典型的市场代表性，有购买的意愿，但没有特殊的动机或考虑因素，既不是特别急于购买，也不是被强迫购买。买主通过正常的营销，并根据当前的市场条件和市场预期进行决策。

② 自愿的卖方。同样，自愿的卖方也是一个假设的、具有典型市场代表性的卖主，没有特殊的动机或考虑因素，既不是急于出售，也不是被强制出售。他会通过正常的营销，在公开市场上以一个尽可能高的价格出售资产。通过以上分析可以看出，市场价值是通过模拟具有典型市场代表性的交易双方在理想的市场环境中进行交易而评估出来的，不受资产业务相关当事方自身实际因素的影响。

③ 理性行事。市场价值定义假设交易双方会根据当前的市场信息，努力为自己的利益争取最好的价格。

④ 评估基准日。由于资产的价值随着时间的变化而改变，因此资产评估机构接受客户

的委托评估任务后,需要确定评估对象于某一确定时点(精确到某年某月某日)的公允价值,这个时间点就是评估基准日。评估基准日通常选择距离资产业务较近的日期,但不是评估作业的时间,也不是评估报告日。

⑤ 正常的公平交易。首先,市场价值定义中的交易必须假设双方没有利益关联,各自独立行事。其次,交易的过程是正常的。这要求资产必须以最恰当的方式在市场上进行展示,并有一定的展示期。不同资产的展示时间不完全相同,但必须足以吸引足够的潜在买方的注意。

⑥ 估计数额。市场价值是指在评估基准日,一项交易最有可能实现的合理价格。换句话说,市场价值既是卖方最有可能获得的价格,也是买方最有可能支付的价格。同时,"估计数额"表明市场价值不是事先确定的价格,也不是实际成交的价格,而是市场对将要在评估基准日交易的某项资产价值的合理预期。对市场价值的估计,要排除特殊因素对价格的影响,如非典型的融资方式、非典型的销售或租赁合同、买卖双方的特殊考虑等。如果考虑了特殊因素,那么评估的价值类型就不是市场价值,而是某类非市场价值。

2) 市场价值以外的价值类型

资产评估中的市场价值既是一个价值类型种类,同时也是一个具体的价值类型。这一类价值类型只有市场价值本身(一种)。而资产评估中的市场价值以外的价值却是一个集合的概念,它包括了所有不满足市场价值定义条件的其他价值类型。市场价值以外的价值并不是一种具体的价值类型,而是一系列不满足市场价值定义条件的所有价值类型的集合。如果评估结果属于市场价值以外的价值,评估师必须使用市场价值以外的价值中的具体价值类型及其定义来表述。我国《资产评估价值类型指导意见》列举了几种市场价值以外的价值类型,并指出了这些价值类型适用的情形,如表 1-3 所示。

表 1-3 市场价值以外的价值类型

名称	定义	适用情形
投资价值	评估对象对于具有明确投资目标的特定投资者或者某一类投资者所具有的价值估计数额,亦称特定投资者价值	评估业务针对的是特定投资者或者某一类投资者,并在评估业务执行过程中充分考虑并使用仅适用于特定投资者或者某一类投资者的特定评估资料和经济技术参数
在用价值	评估对象作为企业、资产组组成部分或者要素资产按其正在使用方式和程度及其对所属企业的贡献的价值估计数额	评估对象是企业或者整体资产中的要素资产,并在评估业务执行过程中只考虑该要素资产正在使用的方式和贡献程度,没有考虑该资产作为独立资产所具有的效用及在公开市场上交易等对评估结论的影响
清算价值	在评估对象处于被迫出售、快速变现等非正常市场条件下的价值估计数额	评估对象面临被迫出售、快速变现或者评估对象具有潜在被迫出售、快速变现等情况
残余价值	机器设备、房屋建筑物或者其他有形资产等的拆零变现价值估计数额	当评估对象无法或者不宜整体使用时,通常考虑评估对象的拆零变现,并选择残余价值作为评估结论的价值类型

资料来源:中国资产评估协会.资产评估价值类型指导意见.2017.

除了以上列举的4类市场价值以外的价值类型及其适用情形外,《资产评估价值类型指导意见》还提到了一些常见评估业务中价值类型的选择。

① 以抵(质)押为目的的资产评估业务,应当根据《中华人民共和国担保法》等相关法律、行政法规及金融监管机关的规定选择评估结论的价值类型;相关法律、行政法规及金融监管机关没有规定的,可以根据实际情况选择市场价值或者市场价值以外的价值类型作为抵(质)押物评估结论的价值类型。

② 以税收为目的的资产评估业务,应当根据税法等相关法律、行政法规规定选择评估结论的价值类型;相关法律、行政法规没有规定的,可以根据实际情况选择市场价值或者市场价值以外的价值类型作为课税对象评估结论的价值类型。

③ 以保险为目的的资产评估业务,应当根据《中华人民共和国保险法》等相关法律、行政法规或者合同规定选择评估结论的价值类型;相关法律、行政法规或者合同没有规定的,可以根据实际情况选择市场价值或者市场价值以外的价值类型作为保险标的物评估结论的价值类型。

④ 以财务报告为目的的资产评估业务,应当根据会计准则或者相关会计核算与披露的具体要求、评估对象等相关条件明确价值类型,会计准则规定的计量属性可以理解为相对应的资产评估价值类型。会计准则等相关规范涉及的主要计量属性及价值定义包括公允价值、现值、可变现净值、重置成本等。在符合会计准则计量属性规定的条件时,会计准则下的公允价值等同于市场价值;会计准则涉及的现值、可变现净值、重置成本等可以理解为市场价值或者市场价值以外的价值类型。

因此,在一项评估业务中,评估师需要根据具体的评估目的和市场条件,选择适当的价值类型,并根据不同的评估价值类型,选择适当的评估方法和评估参数,从而得出公允、合理的评估结论。不定义价值类型的评估结论是没有实际意义的。

需要明确的是,就市场价值和市场价值以外的价值而言,不存在一个合理而另一个不合理或一个比另一个更合理的问题。在满足各自价值定义成立条件的前提下,它们都是合理或公允的评估结果,它们之间的差异仅仅在于合理性成立的条件以及指向的不同。市场价值是在满足公开市场假设的前提下,相对于整体市场而言的合理或公允价值,市场价值以外的价值则是在不完全满足市场价值定义成立条件,但满足各自定义成立条件的前提下,相对于个别市场主体合理或公允的价值。在评估报告中清楚地说明资产价值类型,有利于评估业务委托方正确地使用评估报告,也有利于评估师规避评估责任和风险。

阅读材料

基于投资价值类型的中外评估准则比较研究

1.3 资产评估假设

1. 为什么需要假设

评估假设是评估业务和评估报告中不可或缺的要素。之所以要明确评估假设,主要出于以下几个原因。

① 资产的价值类型必须在一定的假设条件下才能进行定义。也就是说,资产价值类型的定义是在满足一定假设条件下给出的,包括对市场条件、交易主体、资产使用方式、经营状况等进行假设和界定。例如,市场价值是假设在公开公平的市场条件下,理性的交易双方

经过正常营销、在资产最高最佳使用情况下的价值。同样，投资价值、清算价值、课税价值、保险价值、在用价值、持续经营价值等非市场价值的定义中也内嵌了各自的假设条件。因此，评估师一旦选择了某种价值类型，评估业务便自然在相应的假设下进行。这类假设也可理解为评估的"前提"或"条件"。

② 由于未来的不确定性，评估师必须对某些参数（例如增长率、资本成本、资本性支出等）进行假设，才能形成评估结论。尽管这些参数以假设的形式提出，但实际上是评估师职业分析和判断的结果，体现了评估师的专业能力。

③ 对于超出评估师的专业知识范围或评估受限，但对评估结论有重大影响的事项，评估师必须做出假设。

④ 当需要评估与现实情况不符情形下的资产价值时，评估师需要做出假设。

2. 评估假设的分类

国际上不同的评估准则体系对评估假设的定义名称和定义内涵不尽相同。

我国的资产评估准则对评估假设并未做出明确的定义和分类，导致在实践中各评估公司在评估报告中对评估假设并未形成统一而规范的表述。本书将评估实践中的假设分为前提假设、一般假设和特定假设。

前提假设通常与价值类型定义中内嵌的假设有关，例如交易假设、市场条件假设、使用方式假设等。

交易假设的含义是：无论评估的目的是否为基于交易，都假设资产处于交易的过程中。此时的评估结论意味着：假设资产处于交易状态下，其价值将会是多少。不仅市场价值的评估要基于交易假设，投资价值、抵押价值、纳税价值等非市场价值的评估，而且都基于交易假设。

市场条件包括公开市场和非公开市场。公开市场假设是评估资产市场价值的前提条件之一，是假定资产在公开市场上交易，交易双方地位平等，且都有获得足够市场信息的机会和时间，以便对资产的功能、用途及交易价格等做出理智的判断。非公开市场的交易包括强制性交易、快速交易或特殊动机交易等。在这些市场条件下，评估结论将是市场价值以外的价值，例如清算价值、投资价值、课税价值、保险价值、在用价值、持续经营价值等。

使用方式假设包括最佳使用假设和继续使用假设。最佳使用是指法律上允许、技术上可能、经济上可行、经过充分合理的论证、能使估价对象产生最高价值的使用。最佳使用假设是指无论资产当前的用途是什么，评估时都假设资产处于最佳利用状态。这是市场价值的前提条件之一。继续使用分为在用续用、转用续用和移用续用。在用续用是指保持当前用途继续使用；转用续用是指改变用途继续使用；移用续用是指改变空间地理位置后继续使用。如果无特别说明，持续使用一般指在用续用。与最佳使用假设不同，由于继续使用假设将资产的使用限制在某一方面（一般是维持资产当前的使用状况），而这可能不是资产的最佳使用方式，因此继续使用假设下的评估值不一定是市场价值。

一般假设通常与被评估资产本身以及资产所处的市场条件的变化趋势有关，例如对国家宏观环境、宏观经济参数（如利率、汇率、税率、通货膨胀率等）、自然条件、政治环境、企业会计政策、企业管理团队的稳定性、资产产权的真实性等做出的假设。

特定假设是指在评估过程中也需要给出一些假设，因为具体计算分析过程中一些参数的确定需要建立在假设基础上。例如评估企业价值时，通常会假设企业稳定阶段之后的现金流增长率保持不变；假设折现率保持不变等。只有明确了这些假设，计算分析才能得以进行，并最终形成评估结论。

阅读材料
美国评估准则的评估假设

阅读材料
国际评估准则的评估假设

1.4 资产评估的经济原则

1. 替代原则

替代原则（principle of substitution）是评估中一个极为重要的概念，它是指一项资产的价值往往是由获得一个同样满意的替代物所需的成本来决定的。例如，在评估一座5A级写字楼的价值时，评估师不仅要仔细勘察这处目标不动产，还要考虑市场上同类地段、相同用途、其他5A级写字楼的成交价格。替代原则是用市场法进行评估的理论基础，同时也体现在其他评估方法中。例如收益法中客观收益的估计、成本法中客观重置成本的估计，都体现了替代原则。

2. 未来收益原则

未来收益原则（principle of future benefits）是整体资产交易（如企业并购）中特别重要的原则，它是指一项资产的价值要反映该资产的所有权或控制权所带来的预期经济收益。按照这一原则，企业的价值取决于该企业全部未来经济收益的净现值。不过，运用未来收益原则并不意味着企业的价值与过去的经营业绩没有关系。事实上，对企业未来业绩的预测往往建立在对过去业绩仔细分析的基础上。未来收益原则是用收益法进行评估的基础，该方法将在第2章论述。

3. 重置原则

重置原则（principle of replacement）是指一个理性的购买者为一项资产所支付的价格不会高于为重新购建功能相同的同类资产所必需的成本。重置原则意味着理性购买者将本着功能重置（而不是原样复制）的原则估算资产的重置成本。重置原则体现在成本法的运用中，该方法将在第2章论述。

1.5 资产评估与会计计价的关系

资产评估与会计计价是两种计量企业资产价值的计价体系，二者既有一定的联系，也存在明显的差异。

1. 二者的区别

① 前提条件不同。会计计价是以企业会计主体不变、股东主体不变以及企业持续经营为假设前提的，而资产评估多发生在企业产权变动的情形。这一区别表明，一方面资产评估

并不是、也不可能否定会计计价，因为其发生的前提条件不同；另一方面，企业在持续经营的条件下，不能随意以资产评估价值替代资产的会计计价。

② 计价目的不同。会计计价的目的在于反映企业的经营业绩及企业规模的变化，为投资人、债权人、企业管理层等利益相关者提供决策依据。这就要求会计计价必须具有连续性、可比性、可靠性和可观察性。由于按成本计价客观性强，便于查核，容易确定，因此会计计价按照历史成本原则，将取得资产时实际发生的成本作为资产的入账价值。而资产评估价值的目的在于为资产的交易和投资提供公平的价值尺度。由于技术进步、市场供求状况变化等原因，资产的账面价值往往不能反映其市场价值，无法满足交易双方的需求。而资产评估正是从考虑资产功能、效用及市场需求的角度出发，对资产价值进行估算，为资产交易双方定价提供价值参考。由于计价目的不同，会计师注重成本而评估师注重市场价值。因此，在衡量企业各类资产的价值时，评估师和会计师有不同的看法。

③ 价值类型不同。由于会计师按照历史成本原则计价，因此在遵循同一会计准则和采用同一会计政策的情况下，某项资产在某一时点的价值是唯一的，均为成本模式下的价值。尽管近年来各国的会计准则均不同程度地使用了公允价值计量模式，出现了公允价值、现值、可变现净值、重置成本等多种价值类型，但是企业的资产负债表中只能选择其中一种作为计价标准，价值类型仍然是单一的。在资产评估业务中，评估师需要根据特定评估目的、市场条件和评估对象使用状况来选择恰当的价值类型。价值类型不同，即使在同一时点，资产价值也并不相同。例如，企业在持续经营条件下的市场价值与在特定投资方眼中的投资价值有很大差异，资产在正常市场中进行交易所能实现的价值与快速变现的清算价值也是不同的。

④ 计价方法不同。会计计价是按照会计制度和会计准则的要求，对企业资产的价值进行"核算"。会计核算客观性强，较少有经验判断和估计的成分；资产评估则是根据特定的评估对象、评估目的和市场环境，通过资料收集，选择适当的评估途径和方法来"估算"资产的价值。资产评估虽然有比较成熟的方法体系，但评估参数的确定在一定程度上需要依靠评估师的分析和判断。因此，对于同一委托事项，不同的评估师可能得出相近但不完全相同的评估结果。

⑤ 计价对象的范围不同。就企业整体价值而言，资产评估将涉及企业拥有或控制的、能够为企业带来持续经济利益的全部资源，不仅包括资产负债表的账面资产，还包括资产负债表外可辨认及不可辨认的无形资产，如自创技术、自创商标、商誉等；而会计计价中的资产仅限于资产负债表中所列示的资产。根据我国的会计准则，一项资产只有在满足以下两个条件时，才可进入资产负债表：一是与该资源有关的经济利益很可能流入企业；二是该资源的成本或者价值能够可靠地计量。由此可见，会计对资产范围的限定标准更加严格。

⑥ 资产评估结果较会计具有多样性。同一资产，在不同的时间、不同的地点，会产生不同的评估结果，但会计上符合客观性的标志是在查证相同的数据之后，基本上能得出相同的计量结果和结论。如坐落在繁华商业区和位于边远山区的完全相同的两个建筑，由于前者的市场价值大，评估值要高于后者，但会计将严格按构建成本计价，得出相同的结果。又如，同一资产在继续使用前提下的评估值一般会明显高于准备清算前提下的评估值。

⑦ 资产评估较会计易受政策变动的影响。会计是在会计法和"两则""两制"为主的规范体系下进行的，其他配套政策和规范如税法、公司法、各类商法基本上是通过影响上述规范体系来影响会计核算。资产评估则直接处于财政金融、财会税收、物价商贸等政策法规

的规范之下。由于会计改革一方面要适应国内需要，另一方面又要与国际接轨，改革步伐较大，目前较其他配套改革具有一定先行性。资产评估面临的各种政策法规进度不一，力度不一，深度不一，地区和地区之间不一，变动也较快，这些都给评估带来较多的影响。

⑧ 资产评估要考虑竞争原则、替代原则、最佳利用原则等，会计则不考虑这些因素。

2. 二者的联系

① 资产评估中所依据的资料许多都来源于企业的会计信息，如资产的重置成本、各种贬值、资产预期收益、预期风险等的测算，都离不开企业的会计数据。

② 会计报表中资产公允价值的计量需要借鉴资产评估的方法和技术。随着会计计价日益重视对企业资产价值披露的相关性，公允价值的应用日益广泛。例如，我国会计准则规定，在条件具备的情况下，投资性房地产、金融工具、非货币性资产交换、企业合并可以采用公允价值模式计量。公允价值计量分为三个层次：第一层次是在计量日能够取得的相同资产或负债在活跃市场上未经调整的报价；第二层次是企业在计量日能获得类似资产或负债在活跃市场上的报价，或相同或类似资产或负债在非活跃市场上的报价的，以该报价为依据做必要调整确定公允价值；第三层次是企业无法获得相同或类似资产可比市场交易价格的，以其他反映市场参与者对资产或负债定价时所使用的参数为依据确定公允价值[①]。可见，当无法直接取得资产的市场报价时，就需要使用评估技术对资产的公允价值做出分析和估算。

阅读材料
中国资产评估行业
发展大事记

阅读材料
基于《资产评估基本准则》
修订下的对比分析

思考题

1. 作为资产计价的方法，资产评估与会计计价有何区别和联系？
2. 如何理解价值、价格与成本之间的关系？
3. 如何理解市场价值的含义？市场价值的概念对于资产评估有何意义？
4. 资产评估的目的、假设、价值类型之间有何内在联系？

练习题

一、单选题

1. 清算价值适用于停业或破产清算时价值评估的情形，因此清算价值往往（　　）市场价值。

　　A. 高于　　　　B. 低于　　　　C. 等于

[①] 财政部关于执行企业会计准则的上市公司和非上市企业做好2010年年报工作的通知，财会〔2010〕25号。

2. 资产评估价值类型的选择与（　　）最相关。
   A. 评估目的　　　B. 评估方法　　　C. 评估程序　　　D. 评估原则
3. 资产评估是通过对资产某一（　　）价值的估算，从而确定其价值的经济活动。
   A. 时期　　　　　B. 时点　　　　　C. 地区　　　　　D. 阶段
4. 资产评估与会计计价的关系是（　　）。
   A. 完全相同的经济活动　　　　　B. 完全无关的经济活动
   C. 相互替代的经济活动　　　　　D. 既相互区别，又相互联系
5. 对于同一项资产，其价值评估的结果是（　　）。
   A. 唯一的
   B. 无法确定的
   C. 不唯一的，随评估目的等因素的不同而不同
6. 企业并购时对目标企业的价值评估，适用的价值类型是（　　）。
   A. 投资价值　　　B. 市场价值　　　C. 清算价值　　　D. 在用价值

二、多选题
1. 资产评估与会计计价的区别表现在（　　）。
   A. 执行操作者不同　　　　　　　B. 发生的前提条件不同
   C. 计价结果的价值类型不同　　　D. 资产评估是对会计计价原则的否定
2. 资产评估应遵循的经济原则有（　　）。
   A. 独立性原则　　B. 未来收益原则　C. 重置原则　　　D. 替代原则
3. 企业并购时对持续经营的目标企业进行价值评估，可能适用的价值类型是（　　）。
   A. 投资价值　　　B. 市场价值　　　C. 清算价值　　　D. 在用价值

第 2 章　资产评估的基本方法

> **学习目标**
>
> 学完本章，应该能够：
> - 了解资产评估的程序；
> - 阐述市场法的基本思路和适用范围；
> - 阐述成本法的基本思路和适用范围；
> - 阐述收益法的基本思路和适用范围；
> - 阐述收益法的两种具体方法。
>
> **关键术语**
>
> 市场法　收益法　成本法　折现率　资本化率　重置成本　实体性贬值　功能性贬值　经济性贬值　成新率

> **内容提要**
>
> 资产评估方法是实现评定估算资产价值的技术手段，是在应用统计学、投资学、技术经济学、财务会计、工程技术等学科技术方法的基础上，结合资产评估自身的特点及技术思路加以重组形成的一整套方法体系。按分析原理和技术路线不同，资产评估方法主要可以分为3种基本方法：市场法、成本法、收益法。本章主要介绍各种方法的基本原理、应用形式和适用范围。本章是继续学习以后各类具体资产评估方法及操作的基础。

2.1　资产评估的基本程序

资产评估程序是指执行资产评估业务所履行的系统性工作步骤，一般包括以下工作阶段。

1. 明确评估业务基本事项

资产评估机构首先应当与评估的委托方就具体的评估业务范围及其内容、评估任务的完成期限、评估收费等进行洽谈。在洽谈过程中，评估机构需要对委托评估的合法性、评估目的、委托评估资产的产权情况、评估业务预期的复杂程度、评估机构自身的专业胜任能力、独立性和业务风险进行综合分析与评价，从而决定是否承接该评估业务。双方若决定合作，则需要进一步明确评估的基本事项，包括委托方所提出的评估目的、评估对象和评估范围、价值类型、评估基准日、评估报告使用限制、评估报告提交时间及方式、评估服务费总额、支付时间和方式、委托方与资产评估师工作配合和协助等。

2. 订立业务委托合同

评估机构在决定承接评估业务之后，将与委托方签订业务委托合同，即资产评估合同。如果评估目的、评估对象、评估基准日、评估范围等评估要素发生变化，双方还需要签订补充协议，或者重新签订业务委托合同。

3. 编制资产评估计划

评估计划通常包括评估业务实施的主要过程、时间进度、人员安排等内容，涉及现场调查、评估资料收集、评定估算、报告编制与提交等评估业务的全过程。

4. 进行评估现场调查

在编制评估计划之后，评估工作将进入现场调查阶段。现场调查的方式很多。例如，评估师通常需要委托方提供涉及评估对象和评估范围的详细资料，也需要通过询问、函证、核对、监盘、勘查、检查等方式获得评估业务所需的基础资料，了解评估对象的物理状况、运营状况、法律权属等。

5. 收集整理现有评估资料

评估师需要根据评估业务的具体要求，收集各类评估资料。评估资料包括查询记录、询价结果、检查记录、行业资讯、分析资料、鉴定报告、专业报告及政府文件等，评估师可以直接从市场等渠道独立获取，也可以从委托方或相关当事方获取，还可以从政府部门、各类专业机构和其他相关部门获得。获得评估资料之后，评估师需要对这些资料进行分析、归纳和整理，形成评估的依据。

6. 评定估算，形成结论

评估师在对评估对象特征、评估目的、价值类型及所收集资料充分性进行分析的基础上，分析市场法、收益法、成本法和其他资产评估方法的适用性，选择恰当的方法、公式和参数进行分析、判断和计算，形成初步的评估结论。如果采用了多种评估方法，评估师还需对各种方法评估形成的初步结论进行定量和定性分析比较，从而形成最终评估结论。

7. 编制出具评估报告

评估机构在完成受托的资产评估业务后，需要编制包括评估过程、方法、结论、说明及各类备查文件内容的资产评估报告。资产评估报告的基本内容和格式应当遵循《资产评估准则——评估报告》的规定。其中，涉及国有非金融企业的评估报告，还应遵循《企业国有资产评估报告指南》的规定；涉及国有金融企业的评估报告，还应遵循《金融企业国有资产报告指南》的规定。在向委托方和相关当事方提交最终报告之前，评估机构对评估程序的执行和评估报告的内容要进行内部复核与审查。同时，在不影响对评估结论独立判断的前提下，评估机构可与委托方或相关当事方就报告中的某些内容进行沟通。完成上述程序后，评估机构将按照业务委托合同的要求向委托方提交评估报告。

阅读材料
资产评估程序

8. 整理收集评估档案

评估师在提交评估报告后，将按照法律、法规和资产评估准则的要求对工作底稿进行整理，与评估报告一起形成评估档案。

2.2 市 场 法

1. 市场法的含义和基本思路

市场法也称为市场比较法,是指选择一个或几个与被评估资产相同或类似的可比资产作为比较对象,分析可比资产的交易情况、交易时间、功能、地域等因素,经过直接比较或类比分析,将可比资产的交易价格进行对比调整,估算出被评估资产价值的方法。

市场法的基本原则是替代原则。根据替代原则,一个理性的投资者购置资产所愿意支付的价格不会高于市场上具有同类功能的替代品的现行市价。

市场法以被公开市场认可的同类资产的市场交易价格为基础对评估对象的价值进行分析和估算,容易被资产业务各方当事人所接受,往往是评估师首选的评估方法。

2. 市场法的适用条件

运用市场法进行资产评估需要满足两个最基本的前提条件。

① 被评估资产要有一个活跃的公开市场,不存在市场分割。公开市场是一个充分发育的市场,市场上有许多自愿的买者和卖者,他们之间进行充分谈判和公平交易。这就排除了个别交易的偶然性,使得市场价格能够综合反映资产的效用、成本和市场供求状况。

② 能够找到数量足够、近期成交的可比资产的交易价格、技术指标及相关交易信息。可比资产是指已完成交易或有公开市场报价且与被评估资产具有可比性的资产,包括功能、实体特征上相同或相似,交易的市场条件(如市场供求关系、竞争状况和交易条件等)具有可比性等。

3. 市场法的适用范围

市场法的适用范围不受资产物理形态的限制,只受资产交易市场发育状况的影响。从理论上说,具备发达交易市场的资产,均适用市场法评估。

4. 市场法的基本程序

(1) 比较和选择可比交易案例

运用市场法,评估师需要在对评估对象充分勘查和了解的基础上,在公开市场中选择已经成交或尽管尚未成交,但已有公开市场报价的,在功能、实体特征、市场条件及交易条件等方面与被评估资产具有可比性的资产。由于被评估资产的评估值高低在很大程度上取决于可比资产的价格水平,而该价格水平又受到可比资产功能、买卖双方交易地位、交易动机、交易时限等因素的影响。为了排除某个可比交易中的特殊因素和偶然因素对成交价及评估值的影响,在实务中通常选择3个以上的可比交易案例。

(2) 选择和确定比较因素

影响资产价值的基本因素大致相同,如资产性质、市场条件等。但对于具体资产,影响因素又各有侧重。例如影响不动产价值的主要是交易情况、交易时间、区域因素和个体因素等,而技术水平、实际使用情况则在机器设备评估中起主导作用。所以,应根据不同种类资产价值形成的特点,选择对资产价值形成影响较大的因素作为对比指标,在可比交易案例与评估对象之间进行比较。

(3) 计算差异并进行调整

根据所选定的对比指标,在可比交易案例及评估对象之间进行比较,并将两者的差异进行量化。例如，对于不动产评估而言，需要将可比交易案例与评估对象在交易情况、交易时间、区域因素和个别因素方面的差异进行量化，并根据差异来调整可比交易案例的价格，得到以每个可比交易案例为基础的评估对象的初步评估结果。

（4）综合分析确定评估结果

如果选择3个以上可比交易案例，那么运用市场法评估的初步结果也在3个以上。评估人员根据对初步评估结果、可比交易案例与评估对象的可比性分析等，剔除存在明显偏差的初步结果，将其余结果进行简单平均或加权平均，得到最终评估结果。

5. 市场法中的具体评估技术方法

在评估实务中，市场法可表现为多种具体的应用形式。如果按照修正因素的数量分类，可分为单因素修正和多因素修正。

（1）单因素修正

单因素修正是指在运用市场法评估时，差异修正因素只有一个。当可比交易案例与评估对象的差异因素主要表现为一个方面时，可采用单因素修正的方法。在单因素修正的情形下，市场法评估的计算公式为：

评估值 = 可比交易案例的价格 × 差异修正系数
　　　= 可比交易案例的价格 ×（被评估资产的相关指标/可比交易案例的相关指标）

表2-1列举了几种单因素修正的情形及应用形式。

表2-1 单因素修正的情形及应用形式

序号	差异因素	计算公式	应用举例	备注
1	交易条件	可比资产交易价格×（评估对象交易情况指数/可比资产交易情况指数）	例2-1	—
2	交易时间	可比资产交易价格×（评估基准日价格指数/可比资产交易日价格指数）		—
3	生产能力	可比资产交易价格×（评估对象生产能力/可比资产生产能力）	例2-2	
4	成新率	可比资产交易价格×（评估对象成新率/可比资产成新率）		成新率=尚可使用年限/（已使用年限+尚可使用年限）
5	净利润	可比企业每股价格×（评估对象净利润/可比企业净利润，或被评估企业净利润×可比企业市盈率）	例2-3	市盈率=每股市价/每股净利润

【例2-1】被评估资产已进入清算程序，需要快速变现。已知可比交易案例的正常交易价格为20万元，评估师经综合分析认为快速变现将发生价值损失，价值应为正常交易时的70%。该资产在快速变现条件下的清算价值计算如下。

清算价值 = 20 ×（70%/100%） = 14（万元）

【例2-2】被评估资产年生产能力为600 t，选择的可比资产年生产能力为800 t，评估基准日可比资产的市场价格为25万元，则被评估资产的市场价值计算如下。

$$市场价值 = 25 \times 600/800 = 18.75（万元）$$

【例 2-3】被评估企业的年净利润为 2 600 万元，评估基准日资本市场上的可比上市公司的平均市盈率为 35，则被评估企业的股东权益价值计算如下。

$$股东权益价值 = 2\,600 \times 35 = 91\,000（万元）$$

（2）多因素修正

多因素修正是指在运用市场法评估时，存在多个需要修正的差异因素，如资产功能、交易时间、交易条件、区域因素等。多因素修正是市场法应用的主要形式。在多因素修正的情形下，市场法评估的计算公式为：

$$评估值 = 可比交易案例的价格 \times 功能差异修正系数 \times 交易时间差异修正系数 \times$$
$$交易条件差异修正系数 \times 区域因素差异修正系数 \times \cdots$$

可以看出，多因素修正实际上是单因素修正的扩展。

【例 2-4】被评估资产为投资性房地产，具有活跃的交易市场。评估师收集了 3 个可比交易案例。对评估对象与可比交易案例状况的定性描述见表 2-2。

表 2-2 评估对象与可比交易案例状况的定性描述

	评估对象	可比交易案例 1	可比交易案例 2	可比交易案例 3
成交价格/(元/m²)		25 000	29 800	29 590
交易情况	正常	正常	高于市价 4%	正常
交易日期	2021.10	2021.6	2021.9	2021.10
区域条件	标准	较好	较好	较好
成新率	标准	相同	相同	相同
功能、结构	标准	相同	相同	相同

根据表 2-2 的描述，剔除评估对象与可比交易案例相同的因素，评估师将差异因素进行量化打分，得到如表 2-3 所示的差异因素定量描述。

表 2-3 评估对象与可比交易案例差异因素定量描述

	评估对象	可比交易案例 1	可比交易案例 2	可比交易案例 3
成交价格/(元/m²)		25 000	29 800	29 590
交易情况打分	100	100	104	100
交易日期价格指数	117	100	112	117
区域条件打分	100	107	107	107

$$修正价格_1 = 25\,000 \times \frac{100}{100} \times \frac{117}{100} \times \frac{100}{107} = 27\,336（元/m^2）$$

$$修正价格_2 = 29\,800 \times \frac{100}{104} \times \frac{117}{112} \times \frac{100}{107} = 27\,975（元/m^2）$$

$$修正价格_3 = 29\,590 \times \frac{100}{100} \times \frac{117}{117} \times \frac{100}{107} = 27\,654\ (元/m^2)$$

$$评估值 = (27\,336 + 27\,975 + 27\,654)/3 = 27\,655\ (元/m^2)$$

6. 市场法的优缺点

市场法是资产评估中评估师首选的方法，其优点如下。

① 能够客观反映资产目前的市场情况，其评估的参数、指标直接从市场获得，评估值更能反映市场现实价格，是评估市场价值最适宜的工具。

② 评估结果易于解释，可靠性较强，也易于被交易各方理解和接受。

市场法的缺点如下。

① 需要有公开活跃的市场，有时缺少可比对象或可比数据而难以应用。例如不适用于交易不多的专用机器、设备、无形资产等的评估。

② 依据可比资产的交易价格进行调整获得评估值，没有揭示资产价值的决定因素。

2.3 收益法

当被评估资产不存在活跃的交易市场，从而缺乏市场法应用的条件时，评估师可考虑从资产未来收益能力的角度，使用收益法评估资产的价值。

1. 收益法的含义和基本思路

收益法是指通过估算被评估资产未来预期收益并折算成现值来评估资产价值的方法。

运用收益法首先需要预测资产在未来生命周期内每年的预期收益，其次选择适当的折现率，将预期收益折算成现值。用公式表示为：

$$资产价值 = \sum_{t=1}^{n} \frac{各期未来收益}{(1 + 折现率)^t}$$

2. 收益法应用的基本前提

应用收益法必须具备的前提条件如下。

① 被评估资产的未来收益可以预测并可以用货币计量。

② 资产拥有者未来承担的风险可识别、预测并合理计量。

③ 被评估资产预期获利年限能够较为可靠地确定。

3. 收益法的基本参数的确定与计量

收益法是依据资产未来预期收益经折现或资本化来估测资产价值的方法，它涉及3个基本参数：一是被评估资产的预期收益；二是折现率或资本化率；三是被评估资产取得预期收益的持续时间。

1）预期收益

预期收益是收益法中的主要参数之一，是指资产在正常情况下所能得到的归其产权主体的所得额。理解预期收益需要把握以下3个要点。

① 预期收益额是通过预测分析获得的，不是资产的历史收益或当前收益。在预测时，要对被评估资产经营的内外部环境和状况进行细致分析，要了解被评估资产最近几年的财务状况和经营成果，要分析、预测被评估资产未来的经营状况和市场状况，甚至还要分析国家

产业政策及经济形势的发展趋势。

② 预期收益是指资产在正常经营情况下所能获得的客观收益。由于一些特殊因素导致的偶然所得或损失不应反映在收益预测的考虑范围之内。如果历史收益中存在不可持续的偶然因素，而评估师又以历史收益作为预测的基础，则需要对历史收益进行调整。

③ 预期收益完全是由被评估资产贡献的，没有包括其他资产贡献的收益。收益额可使用净利润、现金流量等多种指标进行计量，至于选择哪一种指标作为收益额，应根据所评估资产的类型、特点及评估目的来确定，并与折现率保持一致。评估实务中一般以现金流量作为计量收益额的指标。

2) 折现率和资本化率

折现率（discount rate）也称为贴现率，或收益资本化率（yield capitalization rate），本质上反映了投资者对所投资资产要求的必要投资回报率（资本成本）。折现率反映了投资者对所投资资产承担的风险，风险越大，投资者要求的必要投资回报率越大，折现率越大。如果在资产收益期的不同阶段投资风险发生了变化，折现率也应该随之调整。

资本化率（capitalization rate）也称为直接资本化率（direct capitalization rate），这是一个与折现率有关但含义并不相同的概念。资本化率等于折现率扣减未来现金流量的预期增长率，即

$$c = r - g$$

式中：c——直接资本化率；
　　　r——折现率（资本成本）；
　　　g——现金流预期增长率（假设增长率保持不变）。

从上式可以看出，折现率的经济含义是投资者要求的必要投资报酬率，并不反映现金流量的增长；资本化率既包含投资报酬率因素，也包含现金流量的预期增长率因素。因此，资本化率没有确切的经济内涵，可将其理解为将未来收益转化为当前价值的比率。从数字上看，当现金流量的预期增长率为正时，折现率大于资本化率；当现金流量的预期增长率为负时，折现率小于资本化率；当现金流量的预期增长率为零时，折现率等于资本化率。

在应用方面，折现率通常用于对被评估资产未来经济寿命内各年的现金流量进行折现，资本化率通常用于将未来单一期间（通常是未来第1年）的期望现金流量转化为资产的当前价值。此时，要求资产的预期收益保持不变或者预期收益的增长率保持不变。

3) 收益期限

收益期限是指资产具有获利能力持续的时间，通常以年为时间单位。它由评估人员根据被评估资产自身效能及相关条件，以及有关法律、法规、契约、合同等加以判断。

4. 收益法的具体应用

收益法的具体应用包括以下3种方法：① 折现现金流法（discounted cash flow method），也称为收益资本化法（yield capitalization method）；② 直接资本化法（direct capitalization method），也称为收入资本化法（income capitalization method）；③ 各类期权定价法（本章不做介绍）。以下介绍折现现金流法和直接资本化法的应用。

1) 折现现金流法

折现现金流法是在资产的剩余寿命内，运用投资者要求的必要报酬率（资本成本），将

资产各年不固定的现金流量转化为现值方法。具体步骤如下。

① 估计资产在评估基准日之后能够产生经济收益的剩余寿命。

② 估计剩余寿命中各期间的经济收益（通常用现金流量表示）。

③ 估计适当的折现率，折现率口径必须与经济收益的口径一致。例如，税前现金流量要求匹配税前折现率；权益现金流量要求匹配权益资本成本等。

④ 利用所选择的折现率，计算预期经济收益期间预测现金流量的现值，获得评估值。

【例2-5】根据资料评估某专利技术的价值，过程如表2-4所示。

表2-4 专利技术的价值评估——折现现金流法

项目	第1年	第2年	第3年	第4年
预期现金流量/万元	40	53	64	71
折现系数（折现率15%）	0.8696	0.7561	0.6575	0.5718
现金流量现值/万元	34.78	40.07	42.08	40.60
评估值/万元				157.53

2）直接资本化法

直接资本化法是指采用适当的资本化率将资产未来不变或稳定增长的收益现金流量资本化。具体步骤如下。

① 估计资产未来第1年的预期经济收益现金流量。

② 估计直接资本化率。直接资本化率可以通过折现率扣减未来现金流增长率的方法获得，也可以通过市场直接获得（详见第4章）。

③ 利用获得的资本化率将未来第1年的现金流资本化，得到资产的评估值。

【例2-6】根据资料评估某商标资产的价值，过程如表2-5所示。

表2-5 商标资产的价值评估——直接资本化法

项目	
未来第1年预期现金流量/万元	90
折现率/%	18
现金流量的预期增长率/%	3
资本化率/%	15
评估值/万元	600

5. 收益法的优缺点

收益法的优点表现在：

① 是资产价值最严格而系统的分析工具；

② 高度模仿了资产交易参与者的实际决策分析过程。

收益法的缺点表现在：

① 需要预测的参数较多，可能影响评估的准确度；

② 参数预测容易产生失误，也容易受到人为操纵。

2.4 成 本 法

1. 成本法的基本思路和基本公式

成本法也叫重置成本法,是指首先估算被评估资产的重置成本,然后估算存在的各种贬值,并将其从重置成本中予以扣除而得到被评估资产价值的评估方法。

成本法的理论依据是马克思的劳动价值论。劳动价值论认为,资产的价值取决于资产的社会平均必要劳动时间,即成本。资产的原始成本越高,资产的原始价值越大,反之则小,二者在质和量的内涵上是一致的。根据这一原理,采用成本法对资产进行评估,必须首先确定资产的重置成本。重置成本是在现行市场条件下按原有功能重新购建一项全新资产,并使其处于在用状态所支付的全部货币总额。重置成本与原始成本的内容构成是相同的,都反映了资产购置、运输、安装调试等购建过程的全部费用。但二者反映的技术水平和价格水平是不相同的,前者反映的是资产评估基准日的技术水平和价格水平,后者反映的是资产购建时的技术水平和价格水平。显然,重置成本受技术进步、价格和费用标准变化的影响。

资产的价值是一个变量,影响资产价值量变化的因素包括以下3个方面:一是资产投入使用后,由于使用磨损和自然力的作用,其物理性能会不断下降,导致价值逐渐减少——这种贬值称为实体性贬值;二是新技术的推广和运用,使得被评估资产与目前普遍使用的同类资产相比,存在超额营运成本或超额投资成本,导致价值降低——这种贬值称为功能性贬值;三是外部环境因素变化导致资产价值降低,这些因素包括宏观经济因素、产品市场需求因素等。例如,宏观经济不景气造成被评估资产开工率下降或收益能力下降,导致资产价值降低,这种贬值称为经济性贬值。

成本法的基本思路是:首先估算现行市场条件下重新购置与被评估资产相同或相类似的全新资产需要支付的成本额,在此基础上扣除被评估资产的各种因素(使用磨损因素、技术进步因素、外部环境因素)引起的贬值额,即可得出评估值。基本公式为:

$$评估值 = 重置成本 - 实体性贬值 - 功能性贬值 - 经济性贬值$$

2. 成本法的适用条件

① 被评估资产必须是可以再生或可大规模复制的。不能再生或复制的资产,如土地、矿藏等,一般不适用成本法。

② 被评估资产必须是随时间的推移,具有贬值特性的资产,否则不能运用重置成本法。比如,古董、文物等,虽然可能具有可复制的特点,并且被评估资产与复制品在实体特征、功能效用等方面具有可比性,但随着时间的推移,其价值不降反升,因此不能采用成本法。

③ 应当具备可利用的历史资料。成本法的应用是建立在历史资料基础之上的,许多信息资料、指标需要通过历史资料获得。同时,现时资产与历史资产具有相同性或可比性。

3. 重置成本

重置成本(replacement cost, reproduction cost)的定义是:按现行市场条件重新购置一项全新资产所支付的成本。理解重置成本需要注意以下3点:① 重置成本是全成本的概念,不仅包括形成资产的实际耗费,也包括必要的利润,因此是不同于会计成本的概念;② 重置成本是客观成本,反映了市场重置资产的必要耗费和合理的利润水平,不反映个别企业或个人所耗费的实际成本；③ 重置成本是反映在评估基准日购置相同资产所支付的成本，而不是被评估资产的历史成本。

重置成本在概念上可以有两种理解：复原重置成本（reproduction cost）和更新重置成本（replacement cost）。复原重置成本是指"原样复制"，即采用与评估对象相同的材料、建筑或制造标准、设计、规格及技术等，以现时价格水平重新购建与评估对象相同的全新资产所发生的费用。更新重置成本是指"功能重置"，即采用新型材料、现代建筑或制造标准、新型设计、规格和技术等，以现行价格水平购建与评估对象具有同等功能的全新资产所需的费用。更新重置成本和复原重置成本的相同之处在于采用的都是资产的现时价格，不同之处在于技术、设计、标准方面的差异。如果某些资产，其生产技术和材料消耗等几十年一贯制，则更新重置成本等于复原重置成本。应该注意的是，无论是更新重置成本还是复原重置成本，资产本身的功能不变。

如果新工艺、新设计已成为市场普遍使用的资产重置方式，则一方面意味着更新重置成本将低于复原重置成本；另一方面，更新重置成本的数据也更容易获得。所以，即使可同时获得复原重置成本和更新重置成本的数据，按照重置原则，评估师通常也会选择更新重置成本作为评估参数。复原重置成本大于更新重置成本的金额可理解为功能性贬值。

重置成本的估算可采用以下方法。

1) 市场询价法

资产可分为外购型和自制型两类。对于外购型资产，若不需要考虑运杂费和安装调试费，则重置成本可通过市场询价的方式获得。在评估基准日，如果与被评估资产完全相同或功能相同的全新资产仍在公开市场销售，那么市场价格就是资产的重置成本。若需要考虑运杂费、安装调试费等成本项目，那么重置成本是市场价格与运杂费、安装调试费等项目累加的结果。

2) 功能价值法

功能价值法是指在无法通过市场询价直接获得被评估资产重置成本的情况下，评估师首先分析同类资产的功能（主要以生产能力指标反映）与重置成本的相关关系，然后查询同类资产的市场价格，并根据该类资产的功能－价值关系估算被评估资产重置成本的方法。具体可分为生产能力比例法和规模经济效益指数法。

如果资产的功能与重置成本之间呈线性关系，功能价值法称为生产能力比例法。此时重置成本的计算公式为：

$$重置成本 = 参照物资产的重置成本 \times \frac{被评估资产的生产能力}{参照物资产的生产能力}$$

不过，由于存在规模经济效益的作用，许多资产的成本与其生产能力之间不存在线性关系，而是指数关系，当资产甲的生产能力比资产乙的生产能力大 1 倍时，其成本却不是正好大 1 倍（通常是小于 1 倍），也就是说，资产生产能力和成本之间只是同方向变化，而不是等比例变化。Chilton（1959）[①] 最早提出了成本与生产能力之间存在指数关系的概念。他通过对化学工业的研究，认为成本－生产能力指数为 0.6，并将其称为"6/10 规则"。后来又

---

① CHILTON C H. Six-tenth factor applies to complete plant costs [J]. Chemical Engineering, 1959 (57): 112-114.

有多位学者对其他行业成本与生产能力的关系进行了研究，认为成本-生产能力指数（cost to capacity factor，国内习惯称之为"规模经济效益指数"）通常在 0.5～0.85 之间[①]。

当成本与生产能力存在指数关系时，功能价值法称为规模经济效益指数法。此时重置成本的计算公式为：

$$重置成本 = 参照物资产的重置成本 \times \left(\frac{被评估资产的产量}{参照物资产的产量}\right)^x$$

公式中的 x 是规模经济效益指数。

3）重置核算法

重置核算法是指通过估算评估基准日重新取得资产所需要的客观费用以及合理利润，并将其累加得到资产重置成本的方法。

对于非标准的自制型资产，评估师同样无法直接获得资产的市场价格，也没有同类资产市场价格作为参考，因此需要逐项估算重新取得资产所需的各类人工、材料、能耗、设计、管理等直接和间接成本，并考虑合理的制造利润（外购型资产的合理利润已包含在资产的市场价格中，无须单独估算），然后累加得到资产的重置成本。其中，合理的利润可根据资产开发者或制造者所在行业的平均投资利润率水平确定。

【例2-7】根据以下资料估计某设备的重置成本，过程如表2-6所示。

表2-6 某设备的重置成本估算——重置核算法

	项目	计算过程	金额/万元
(1)	直接材料费	已知条件	50
(2)	直接人工费	已知条件	20
(3)	直接能源费	已知条件	10
(4)	间接制造成本	已知条件	5
(5)	运杂费	已知条件	0.3
(6)	安装调试费	已知条件	1.56
(7)	合理利润	已知条件	—
(8)	重置成本	(1)+(2)+(3)+(4)+(5)+(6)+(7)	86.86

4）价格指数调整法

价格指数调整法是指根据资产的有关原始成本记录和国家公布的价格变动指数，估计评估基准日被评估资产重置成本的方法。其计算公式为：

$$重置成本 = 资产原值 \times (评估基准日价格指数/购建日价格指数)$$

或

$$重置成本 = 资产原值 \times (1 + 价格变动指数)$$

价格指数可以是定基价格指数，指以某一年份价格为基数确定的指数；或环比物价指数，指与前一年相比的价格指数。

---

① ELLSWORTH R K. Cost to capacity factor development for facility projects [J]. Cost Engineering, 2007, 49 (9): 26-29.

【例2-8】某台机器设备购建于2022年,账面原值为20 000元,当时该类资产的定基物价指数为92%,评估基准日该类资产的定基物价指数为120%,则

$$被评估资产重置成本 = 20\ 000 \times (120\%/92\%) = 26\ 087(元)$$

【例2-9】某资产账面价值为300 000元,2017年建成,2022年进行评估,经调查已知同类资产环比价格变动指数分别为:2018年为10.7%,2019年为14%,2020年为21.2%,2021年为4.9%,2022年为4.2%,则

$$被评估资产重置成本 = 300\ 000 \times (1+10.7\%) \times (1+14\%) \times (1+21.2\%) \times$$
$$(1+4.9\%) \times (1+4.2\%) = 501\ 556.14(元)$$

价格指数调整法依照国家统计部门或行业协会发布的价格指数,简便易行、可控性好。但需要注意的是,选用的价格指数应当能恰当地反映被评估资产的价格变动,最好采用反映被评估资产价格变动的分类价格指数或价格物价指数,而不能笼统地将通货膨胀指数用于资产的评估。尽管如此,价格指数调整仍然只是一种对资产账面价值的粗略调整,没有考虑到技术变化、资产功能变化等对重置成本的复杂影响,仅适用于对技术进步不明显、资产功能变化不大的资产重置成本的估算。

4. 实体性贬值

资产的实体性贬值(physical deterioration)是指资产由于使用和自然力作用导致资产的物理性能下降而引起的资产价值损失。其计算公式为:

$$实体性贬值 = 重置成本 \times 实体性贬值率 = 重置成本 \times (1 - 成新率)$$

其中,实体性贬值率和成新率均用百分数表示,二者的关系是:

$$实体性贬值率 + 成新率 = 100\%$$

实体性贬值率的估算一般可以采用以下几种方法。

1) 观察打分法

观察打分法是指由具有专业知识和丰富经验的工程技术人员和评估人员对被评估资产的实体各主要部位进行技术鉴定,并综合分析资产的设计、制造、使用、磨损、维护、修理、大修理、改造情况和物理寿命等因素,将评估对象与其全新状态相比较,判断由于使用磨损和自然力作用对资产的功能、使用效率带来的影响,以此确定评估资产的实体性贬值率。实体性贬值率与成新率相对应,二者相加得1。

实务中,对被评估资产的观察鉴定有以下两种方法。

① 总体观察打分法。是指对资产总体进行观察打分,确定一个实体性贬值率,一般用于结构较为简单的资产,或资产各部分的贬值程度较为一致的资产。

② 加权平均打分法。是指将资产总体分解成若干部分,分别对各部分观察鉴定,确定其实体性贬值率或成新率,然后再按各组成部分对资产总体功能的重要性程度确定权数,用加权平均法计算出资产的实体性贬值率或成新率。

2) 使用年限法

使用年限法是指利用被评估资产的实际已使用年限与其总使用年限的比值来判断其实体贬值率。使用年限法暗含的假设是:资产的实体性贬值与其使用时间呈线性关系变化。

使用年限法的计算公式为:

$$\text{实体性贬值率} = \frac{\text{实际已使用年限}}{\text{总使用年限}} = \frac{\text{实际已使用年限}}{\text{实际已使用年限} + \text{尚可使用年限}}$$

应当注意:使用年限分为名义使用年限和实际使用年限。名义使用年限是指资产从购置到评估基准日所经历的日历时间;实际使用年限是指考虑资产使用、维护、修理等因素后确定的、反映资产实际损耗的使用时间。资产在非正常使用(如闲置或超负荷运转)、维护不当,或进行了主要部件更换的情况下,实际使用年限将不等于名义使用年限。由于在使用年限法中,我们将资产的使用年限作为反映资产磨损程度的指标,因此不能简单使用名义使用年限作为评估参数,必须调整成为实际使用年限。同样,尚可使用年限也不能简单等于资产的法定寿命减去名义使用年限的余值,需要根据资产过去的使用状况和实际使用年限加以判断估计。

在评估实务中,通常使用资产利用率将名义使用年限调整为实际使用年限。资产利用率的计算公式为:

$$\text{资产利用率} = \frac{\text{截至评估日资产累计实际使用时间}}{\text{截至评估日资产累计法定使用时间}} \times 100\%$$

当资产利用率小于1时,表示开工不足,资产实际已使用年限小于名义已使用年限;当资产利用率大于1时,表示资产超负荷运转,资产实际使用年限大于名义已使用年限。

【例2-10】根据以下资料估算某设备的评估值,过程如表2-7所示。

表2-7 某设备评估值的计算过程

项 目	计算过程	数量
重置成本/万元	已知条件	50
名义使用年限/年	已知条件	5
平均资产利用率/%	已知条件	80
尚可使用年限/年	已知条件	6
实际使用年限/年	5×80%	4
实体性贬值率/%	4/(4+6)	40
实体性贬值/万元	50×40%	20
评估值/万元	50-20	30

3)修复费用估算法

这种方法适用于某些特定结构部件已经磨损,但能够以经济上可行的方式进行修复的情况。对机器设备来说,修复费用包括主要零部件的更换、修复、改造费用等。这种为修复有形损耗而发生的费用即为实体性贬值。实体性贬值率的计算公式为:

$$\text{实体性贬值率} = \frac{\text{修理费用}}{\text{资产重置成本}}$$

5. 功能性贬值

功能性贬值(functional obsolescence),也称为技术性贬值(technical obsolescence),是

指由于技术进步引起的资产价值损失。具体来说,由于技术进步,致使被评估资产的运营效率降低或再生产成本降低,从而导致价值降低。例如,在完成相同产出的情况下,当前普遍使用的机器设备造价更低;由于环保建筑材料的普遍应用,当前同类建筑的能耗更低等。

功能性贬值可分为以下两类。

1)超额投资成本(excess capital cost)带来的功能性贬值

生产工艺改进或新材料的应用,使得在提供相似功能的情况下,资产的更新重置成本低于复原重置成本。另外,被评估资产的过度设计(例如过于豪华的厂房建筑,并不会带来使用功能的相应提高),也是超额投资的表现。此时,资产的更新重置成本也将低于复原重置成本。

复原重置成本高出更新重置成本的金额反映了由于超额投资成本带来的功能性贬值。其计算公式为:

$$功能性贬值 = 复原重置成本 - 更新重置成本$$

如果重置成本直接采用更新重置成本的概念,便无须估算这一类功能性贬值。

2)超额营运成本(excess operating cost)带来的功能性贬值

以机器设备为例,如果与目前普遍使用的同类设备相比,操作使用被评估设备需要更多的劳动力成本、原材料成本或者能耗成本等,则表明设备存在超额营运成本。各年超额营运成本的现值之和就是机器设备的功能性贬值。其具体估算步骤如下。

① 计算被评估资产与同类资产的营运成本差额,即超额营运成本。由于成本具有抵税效应,因此使用被评估资产所支出的超额营运成本应该是税后成本。

② 估算被评估资产的剩余经济寿命。

③ 用适当的折现率,把整个剩余寿命期内各年的税后超额营运成本折算为现值,该现值即为被评估资产的营运性功能贬值。

功能性贬值额的计算公式为:

$$被评估资产功能性贬值额 = \sum_{t=1}^{n} \frac{被评估资产年超额营运成本 \times (1 - 税率)}{(1 + 折现率)^t}$$

6. 经济性贬值

资产的经济性贬值(economic obsolescence)是指由宏观经济、政策、市场环境等外部因素造成的贬值。例如,宏观经济环境恶化、资产使用的限制政策出台、原材料供应短缺、产品需求减少等,都可能造成资产的利用率下降或收益能力下降,由此形成的资产价值损失称为经济性贬值。

对于资产利用率下降造成的经济性贬值,可采用以下方法进行估算:

$$经济性贬值率 = \left[1 - \left(\frac{预计生产能力}{资产设计生产能力}\right)^x\right] \times 100\%$$

式中:x 为规模经济效益指数,数值一般在 0.5~0.85 之间。

$$经济性贬值 = (重置成本 - 实体性贬值 - 功能性贬值) \times 经济性贬值率$$

$$评估值 = (重置成本 - 实体性贬值 - 功能性贬值) \times (1 - 经济性贬值率)$$

如果是资产收益能力下降造成的经济性贬值,可采用以下方法进行估算:

$$经济性贬值额 = \sum_{t=1}^{n} \frac{资产年经营损失额 \times (1-所得税税率)}{(1+折现率)^t}$$

需要注意的是,收益能力下降导致的经济性贬值通常只针对整体资产(企业或资产组),单项资产的经济性贬值一般通过经济性贬值率进行估计,或者将整体资产的经济性贬值进行合理分摊。

7. 成本法的优缺点

成本法的优点有以下几个方面。

① 可应用于不易估算资产未来收益,又难以取得市场参照物的单项资产的价值评估。
② 适合于对全新资产的评估。
③ 能够识别出资产的各类贬值。
④ 适合于特殊目的业务的评估,如保险评估等。

成本法的缺点有以下几个方面。

① 经济性贬值难以可靠估计。在资产长期闲置的情况下,如果不能可靠估计经济性贬值,成本法将不能合理评估资产的价值。
② 使用观察打分法估计实体性贬值时,主观判断因素较多。
③ 资产的剩余经济寿命有时难以估计,尤其是对于进行过更新改造的机器设备。
④ 不适用于整体资产(如企业)的价值评估。

阅读材料

功能性贬值、经济性贬值及变现折扣的概念及运用浅析

2.5 评估方法的关系与方法选择

1. 评估方法之间相互关联

资产评估的市场法、收益法和成本法及由此衍生出来的其他评估方法共同构成了资产评估的方法体系。各种评估方法的理论基础与评估思路各不相同,但也存在一定的联系。正确认识资产评估方法之间的内在联系及各自的特点,对于恰当地选择评估方法是十分重要的。

1)*资产评估方法之间的区别*

各种评估方法具有不同的理论基础:成本法和收益法从资产价值的决定因素出发,对资产价值进行计量。成本法源于马克思的劳动价值论,从资产重置的角度评估资产价值;收益法源于效用价值论,从资产预计能够创造未来收益的角度评估资产价值。市场法源于市场均衡论,它绕开资产价值的决定因素,直接根据同类资产的交易价格来判断被评估资产的价值。

不同的理论基础决定了每一种评估方法都有其自成一体的运用方法和过程,都要求具备相应的信息基础,评估结论也都是从某一角度反映资产的价值。因此,各种评估方法的计算技术是有区别的,而且各有不同的利弊。

2)*资产评估方法之间的联系*

尽管各种评估方法的理论基础和评估思路各不相同,但也有一定的内在联系。当评估资产市场价值时,三种方法在理论上具有内在一致性。

① 市场法与收益法、市场法与成本法的评估结论将趋于一致。市场法所依据的是"同类资产的市场价格",而"市场价格"正是无数个买方和卖方在不断审视自身的成本－收益因素、不断博弈的过程中形成的。因此,市场价格既体现了资产的获利能力因素(效用因素),也体现了成本因素(市场价格等于成本加利润),表现为资产的获利能力越大,市场价格越高;或资产的成本越大,市场价格越高。

② 对于可大规模复制的资产而言,收益法与成本法的评估结论将趋于一致。从定性角度而言,成本越高(将导致价格越高)的资产,其效用必然越大,否则提供该资产的企业无法在充分竞争的市场中生存下去。从定量角度而言,在充分竞争的完美市场中,如果资产未来收益的现值小于其重置成本(当前市价),将无人购买这项资产,那么该资产的价格将会下跌,直到收益现值与重置成本相等;反之,如果资产未来收益的现值大于重置成本,投资人便会竞购该资产,最终导致该类资产的价格上升(重置成本上升),直到未来收益现值等于重置成本。可见,从理论上说,在完美市场中,收益法与成本法的评估结论应该一致。

③ 对于不可大规模复制的资产(如土地、文物等)而言,收益法和市场法的评估结论应该趋于一致,而成本法则不能适用。这类资产的价值取决于其稀缺性,换句话说,取决于资产为投资人带来的收益或边际效用。资产的边际效用或收益能力越高,资产的价值越高,市场价格也越高。因此,收益法和市场法的评估结论应该趋于一致,而成本法则无法合理估计这类资产的价值。企业也属于难以复制的资产,成本法(在企业价值评估中称为资产基础法)无法评估单项资产之间的协同效应或企业中存在的某些特殊的无形资源价值,因此对于持续经营的企业而言,运用成本法的评估结果通常低于运用收益法评估的结果。

2. 资产评估方法的比选

为了客观、高效、合理地估测资产的价值,在评估方法的选择过程中应注意遵循以下原则。

① 考虑被评估资产的市场条件。对于存在发达交易市场的资产,应首先考虑使用市场法。

② 考虑资产自身的特征。例如,对于能够测算预期收益的资产,可选择收益法进行评估;对于可大规模复制的资产,可选择成本法进行评估。

③ 考虑资料的可获得性。理论上适用的方法,如果不能获得足够的信息,就不具有可操作性。在这种情况下,评估师应考虑采用替代的方法进行评估。

阅读材料

资产评估方法

④ 考虑评估方法之间的校验。如果被评估资产适用一种以上的评估方法,应使用多种方法进行评估,并将评估结果进行比较,以便发现评估过程中存在的不恰当之处,从而增加评估结论的可靠性。

总之,评估方法的选择应注意因地制宜和因事制宜,不可机械地按某种模式或某种顺序进行选择。但是,不论选择哪种评估方法进行评估,都应保证评估目的、评估时所依据的各种假设和条件与评估所使用的各种参数数据及其评估结果在性质和逻辑上一致,要保证每种评估方法运用符合各种假设、前提条件。

思考题

1. 什么是市场法？运用市场法的基本程序是什么？
2. 什么是成本法？如何区分更新重置成本和复原重置成本？
3. 在成本法应用中如何确定重置成本？
4. 什么是实体性贬值、功能性贬值和经济性贬值？在运用成本法进行评估时如何确定这三种贬值？
5. 什么是收益法？收益法有哪些具体的评估途径？收益法需要涉及哪些基本参数？
6. 在资产评估中如何选择具体的评估方法？

练习题

一、选择题（包括单选题和多选题）

1. 采用市场法评估资产价值时，可以作为参照物的资产应该是（ ）。
   A. 全新资产　　　　　　　　B. 与被评估资产相同或相似的资产
   C. 旧资产　　　　　　　　　D. 全新资产，也可以是旧资产

2. 折现率本质上是（ ）。
   A. 期望投资报酬率　　　　　B. 无风险报酬率
   C. 超额收益率　　　　　　　D. 风险报酬率

3. 资产评估三大方法中的评估方法是指（ ）。
   A. 一种具体方法
   B. 多种评估方法的集合
   C. 一条评估思路
   D. 一条评估思路与实现该思路的各种评估方法的总称

4. 对于外购资产，构成资产重置成本的项目可能包括（ ）。
   A. 评估基准日的市场价格　　B. 安装调试成本
   C. 运杂费　　　　　　　　　D. 日常维修成本

5. 用市场法评估资产的市场价值时，应当参照相同或类似资产的（ ）。
   A. 重置成本　　　　　　　　B. 市场价格
   C. 清算价格　　　　　　　　D. 收益现值

6. 运用市场法评估单项资产需要考虑的差异因素可能包括（ ）。
   A. 资产的功能　　　　　　　B. 交易条件
   C. 资产的物理状况　　　　　D. 资产所处的地理位置

7. 收益法涉及的基本要素包括（ ）。
   A. 被评估资产的实际收益　　B. 被评估资产的预期收益
   C. 折现率或资本化率　　　　D. 被评估资产的总使用年限
   E. 被评估资产的预期获利年限

8. 成本法涉及的基本要素包括（ ）。
   A. 资产的重置成本　　　　　B. 资产的实体性贬值

C. 资产的功能性贬值   D. 资产的经济性贬值
E. 资产的获利年限

二、计算题

1. 已知资产的价值与功能之间存在线性关系，参照物与评估对象仅在功能方面存在差异，参照物的年生产能力为 1 200 件产品，成交价格为 1 500 元，评估对象的年生产能力为 1 000 件，则评估对象的价值为多少？

2. 评估企业预计未来 5 年的预期收益为 100 万元、120 万元、150 万元、160 万元和 200 万元，假定折现率和资本化率均为 10%，企业经营期永续。另外，假定被评估企业从未来第 6 年开始，企业的年收益维持在 200 万元的水平，试评估企业的整体价值。

第 3 章　机器设备评估

> **学习目标**
>
> 学完本章，应该能够：
> - 列举机器设备重置成本的估算方法；
> - 描述机器设备评估中贬值的概念、各类贬值的内涵及形成原因；
> - 列举机器设备实体性贬值的估算方法；
> - 陈述收益法和市场法评估机器设备的适用范围和优缺点。
>
> **关键术语**
>
> 重置成本　实体性贬值　功能性贬值　经济性贬值　成新率　经济寿命　加权投资年限

> **内容提要**
>
> 本章介绍了机器设备价值评估的成本法、市场法、收益法的基本原理、主要步骤和适用范围，其中重点讲述了成本法的应用。

3.1　机器设备评估概述

1. 机器设备的含义和分类

1）机器设备的含义

按照《资产评估准则——机器设备》中的定义，机器设备是指"人类利用机械原理以及其他科学原理制造的、特定主体拥有或控制的有形资产，包括机器、仪器、器械、装置、附属的特殊建筑物等"。

2）机器设备的分类

企业在生产过程中所用的各种机器设备，其形状、大小、性能、用途等方面的差异较大，种类极其繁多。根据资产评估的要求和企业管理的需要，可以按照不同的分类原则和标准对机器设备进行分类。

（1）按现行财务制度分类

我国目前企业会计核算领域按使用性质将机器设备分为以下六大类：

① 生产机器设备，指直接为生产经营服务的机器设备。
② 非生产机器设备，指企业所属的福利部门、教育部门等使用的设备。
③ 租出机器设备，指企业出租给其他单位使用的机器设备。
④ 未使用机器设备，指企业尚未投入使用的新设备、库存的正常周转用设备、正在修理改造尚未投入使用的机器设备等。
⑤ 不需用机器设备，指已不适合本单位使用、待处理的机器设备。
⑥ 融资租入机器设备，指企业以融资租赁方式租入使用的机器设备。

（2）按机器设备在生产中的作用分类

① 生产工艺类设备。它是生产加工类企业的主力设备。该类设备能改变产品原材料的物理状况或化学性能，使其成为半成品或成品，例如机械加工设备中的车、铣、锻、镗、刨、磨、拉床等，纺织机械中的梳棉、粗纺、细纺、织布等机床，化工设备中的各种换热器、蒸发器、结晶器、结晶罐、洗涤器等。

② 辅助生产设备。它是保证生产工艺设备完成生产任务的二线设备，例如空气压缩机、蒸汽锅炉、水泵、变压器等供风、供热、供水、供电设备，车辆、船舶、装卸机、吊车等交通运输装卸设备。

③ 服务设备，如通信设备、计算机、测试用仪表、仪器等。

（3）按机器设备的技术性特点分类

① 通用机器设备。指适用于一般机械制造企业的设备。该类设备大多具有常规的生产加工能力，如各种金属切削、锻压、铸造、运输、动力等设备。

② 专用机器设备。指各行业、各企业的专用机器设备。该类机器设备的行业特点较强，工程技术要求又有较大的差异，在企业机器设备中往往占有较大的比重，所以可根据其行业特性进一步分为：专用机械制造设备，专用港口码头设备及铁路施工设备，石油化工专用设备，冶金、矿山专用设备，纺织专用设备，轻工专用设备，食品专用设备，电力工业专用设备，运输专用设备，邮电通信专用设备，其他行业专用设备。

③ 非标准机器设备。指非国家定型设备，通常在市场上无法直接购买到，而是根据企业需求自制或委托外单位加工制造的各种设备。

（4）按机器设备的来源分类

① 自制设备。指企业针对生产、工艺等实际需要，自己制造的非标准设备，主要包括附属配套设备，以及为特定目的而生产的设备。

② 外购设备。指企业从专业生产厂家购买的设备。这些设备的材质、设计、规格、型号、功能等都遵循一定的标准。外购设备又可分为国内购置设备和进口设备两种。

（5）按机器设备的组合程度分类

按照机器设备的组合程度，评估对象可分为单台机器设备和机器设备组合。单台机器设备是指以独立形态存在、可以单独发挥作用或者以单台的形式进行销售的机器设备。机器设备组合是指为了实现特定功能，由若干机器设备组成的有机整体。机器设备组合的价值不必然等于单台机器设备价值的简单相加。生产线、车间甚至工厂都可能是机器设备组合的形式。生产线是指完成产品全部或部分制造过程的生产系统。车间则包括一条或几条生产线，可完成某些工序或单独生产产品。工厂是包括几个车间的生产单位，特别是由大量机器设备组成的生产单位。

当然，机器设备的分类除了以上介绍的几种外，在实际工作中还可以根据需要采用其他的分类标准来进行。例如，按机器设备的自动化程度可分为自动化设备、半自动化设备及其他设备。虽然可以按照不同的标准对机器设备进行分类，但这些分类都是相互关联的。如外购设备，可能是通用设备，也可能是专用设备，还可能是进口通用设备或进口专用设备；成套设备中可能部分是外购的，部分是自制的。

之所以将设备进行分类，主要是考虑到不同类别的设备，其评估方法和技巧也有所不同。① 通用设备的应用范围广，市场交易相对活跃，市场法可能是一个可行的评估方法；而非标准设备是根据企业的特殊需求制造的，交易案例较少，因此往往采用成本法对其价值进行评估。② 单台设备的收益往往难以测算，因此一般不采用收益法进行评估；而对于具有独立获利能力的机组或成套设备来说，在能够测算其收益的情况下，收益法则是可行的。而且，机器设备组合的市场价值一般不等于组合中各单台设备独立进行交易时所能实现的市场价值之和。③ 外购机器设备的重置成本通常采用市场直接询价法进行估算，如果没有被评估设备的市场报价，则以同类设备的市场价格为基础进行调整。自制机器设备通常是企业自用的非标准资产，没有市场价格，也没有同类资产，其重置成本的估计一般采用价格指数调整法或重置核算法。

另外，从机器设备的分类可以看出，机器设备种类繁多，涉及国民经济各行各业，机器设备评估要求评估师必须具备一定的机械专业知识，熟悉机器设备的基本特点，必要时应当聘请专家协助工作。

阅读材料

机器设备评估的目的与价值类型

2. 机器设备评估的方法

机器设备的评估可以采用成本法、市场法及收益法。

市场法是评估机器设备市场价值的首选方法。市场法运用的前提条件是：被评估设备有一个比较成熟的二手交易市场，评估师能够收集到足够的交易比较案例。市场法的概念非常简单，但实际操作并不简单。评估师需要对参照物设备的市场价格进行多方面的调整，如使用时间、设备功能状态、地理位置、型号、交易时间和交易方式（如零售、拍卖）等，这些均影响机器设备的成交价格。如果是评估持续经营企业中机器设备的在用价值，还需要在市场法评估结果的基础上加上运杂费和安装调试费。

对于具备独立获利能力的机器设备（通常是机器设备组合）而言，收益法应当作为评估其市场价值的主要方法之一。不过，由于单台机器设备通常不具备独立获利能力，难以采用收益法进行评估，因此收益法是机器设备评估实践中采用较少的方法。

当机器设备缺乏足够的市场交易案例，又无法合理计量其未来收益时，成本法几乎成为评估其市场价值的唯一方法。成本法建立在重置原则基础上，该原则假设购买者为被评估机器设备支付的价格不会高于其购建功能相同的等价物的成本，即更新重置成本。更新重置成本是被评估机器设备的价值上限。在此基础上，对机器设备的实体性贬值、功能性贬值和经济性贬值进行合理估算，从而得到评估值。由于我国大量的单台机器设备缺乏活跃的二手交易市场，预期收益也难以直接计量，因此成本法事实上成为评估其市场价值最主要的方法。

3. 机器设备评估的资产范围

1）机器设备与不动产

在资产评估中，机器设备与不动产的关系可能出现以下几种情况。① 有些设备是附着在土地、房屋及构筑物上，它们对后者的功能会产生很大的影响，如油井、旋转餐厅的机械装置，以及建筑物中的供水、供暖、供电管道和设备、电梯设备等。由于这些机械装置或设备属于土地或建筑物不可分割的部分，因此通常将其价值包含在不动产的评估价值中，不再单独作为机器设备进行评估。② 许多加工设备都有设备基础等构筑物，在续用条件下不能将设备基础漏评。一般情况下，简易基础，如机床设备基础等可以含在设备评估价值中，大型设备基础要单独作为构筑物评估。通常小型基础等构筑物以及随机器设备购入的技术性无形资产、试车材料及备件等可以归入设备一起评估，大型独立建筑物的附属设备则归入房屋建筑物评估范围。③ 为使机器设备正常运转而建造的构筑物，在机器设备出售时只有将构筑物拆除才能交易的，如果构筑物的金额较大，应考虑其对评估结论的影响。

2）机器设备与无形资产

无形资产是与机器设备截然不同的资产，但有时无形资产会对机器设备的价值产生重大的影响，因为机器设备（尤其是复杂机器设备）往往内嵌专利技术、软件等无形资产。在交易假设下，机器设备价值中是否应包含无形资产的价值，取决于交易对象的范围。如果机器设备的交易中包含相应的技术或操作软件的交易，则技术或软件等无形资产的价值应包含在其中。

3.2 成 本 法

1. 重置成本

机器设备的重置成本，是指使设备处于在用状态所需花费的全部货币总额，机器设备的重置成本是指以评估基准日的现行价格重新购买或自行制造取得被评估设备并使之处于正常使用状态的全部成本及需要承担的费用金额，是获得同样功能全新设备的全部投资额。重置成本包括：① 现行市场购置成本（或现行自制成本）；② 安装调试费；③ 运杂费。如果是进口设备，还需考虑境外运杂费、保险费及进口的相关税费。

1）现行市场购置成本的估算

（1）市场询价法

市场询价法是确定机器设备重置成本最简单、最有效、最可信的方法。通过市场询价，评估师可以方便地获得被评估机器设备全新状态下的现行市场销售价格资料。同时，由于市场价格的变化本身就反映了资产的技术、功能状态及市场供求情况，因此由于功能下降引起的功能性贬值，以及由于外部因素引起的经济性贬值已经反映在市场价格中，评估师不必另外计算。这样不仅大大简化了评估师的工作，而且提高了评估精度。

需要说明的是，进口设备的市场询价，需要考察设备在进口国的市场价格。

（2）功能价值法

由于技术进步，一些机器设备更新换代的速度较快。如果在评估时市场上已没有完全相同的设备出售，取而代之的是技术更为先进、功能更为强大的换代产品，那么可以以替代品的价格为参考，比较被评估设备与其替代品在功能上的差异，根据经验或一定的方法估算出被评估设备的重置成本。这种通过比较被评估设备与其替代品功能上的差异,从而估算被评估设备现行购置成本的方法,称为功能价值法。

功能价值法的核心问题是如何确定代表机器设备功能的指标,以及如何确定功能成本关系式或功能成本函数。对单一功能的机器设备来说,通常采用反映生产能力的功能(如年产量);对于具有复合功能或多用途的机器设备,通常应根据实际应用情况,为各项功能评定一个系数,并把复合功能折合成可直接比较的约当功能。

下面以生产能力比例法为例介绍功能价值法的应用。

假设资产的成本与其生产能力呈等比例线性变化关系,当被评估设备与同类设备的功能差异表现为生产能力的不同时,可以以同类设备的市场价格为基础,根据二者生产能力的差异来调整同类设备的市场价格,从而计算被评估设备的购置成本,用公式表示为:

$$被评估设备购置成本 = 参照物设备市场价格 \times \frac{被评估设备年生产能力}{参照物设备年生产能力}$$

【例3-1】被评估设备是一条年设计生产能力为2万t的瓦楞纸生产线。评估时,市场上已无相同设备出售,目前普遍使用的是作业速度更快、操控性能更好的生产线。评估师选择了年生产能力为3万t同类产品的生产线作为参照物,经市场询价,其平均市场价格为360万元。试估算该设备当前的购置成本。

$$被评估设备购置成本 = 360 \times (20\ 000/30\ 000) = 240(万元)$$

由于规模经济的原因,当机器设备的生产能力扩大1倍时,其成本的增加往往不到1倍。通过引入规模效益指数,可以在估算被评估设备购置成本时,将规模经济因素考虑进去,用公式表示为:

$$被评估设备购置成本 = 参照物设备市场价格 \times \left(\frac{被评估设备年生产能力}{参照物设备年生产能力}\right)^x$$

这里,x 称为规模效益指数。在机器设备评估中,通常取 $0.5 \sim 0.85$。

生产能力比例法是一种简便的功能价值法。使用这种方法时,要求参照物与被评估设备的功能、设计标准基本相同,且具有较强的可比性。

(3)价格指数调整法

对于无法通过市场询价法获得现行购置价格的机器设备,还可以通过价格指数调整法来估计。所谓价格指数调整法,是指根据同类设备的价格变动指数,调整被评估设备的原始购买价格,从而估算其现行购置价格的方法。其计算公式为:

$$被评估设备现行购置成本 = 设备账面原值 \times \frac{评估时定基价格指数}{购建时定基价格指数}$$

或
$$被评估设备现行购置成本 = 设备账面原值 \times (1 + 价格变动率)$$

【例3-2】被评估资产为某加工工业机器设备,该设备于2017年购建,其账面原值为200万元,2022年对其进行评估。经调查,评估时市场上已没有完全相同的设备出售。该设备2017—2022年加工工业机器设备的价格指数如表3-1所示。试估算该设备的现行购置价格。

表 3-1　2017—2022 年加工工业机器设备价格指数　　　　　　　　上年 = 100

年份	2017	2018	2019	2020	2021	2022
价格指数	100	96.4	97.8	98.3	97.9	98.9

$$设备现行购置价格 = 200 \times (96.4/100) \times (97.8/100) \times (98.3/100) \times (97.9/100) \times (98.9/100)$$
$$\approx 179.46（万元）$$

价格指数调整法具有简便快捷、所需经济技术参数少且参数容易取得等优点。但由于设备的市场价值主要取决于其技术含量和技术水平的高低,而价格指数的变化并不能准确反映技术进步对设备价值的影响。因此,价格指数调整法只在一定范围内适用,例如:

① 评估时,被评估设备已不再生产,无现行市价可查询;

② 市场上难以找到可比参照物,无法运用功能价值法等类比的方法进行评估;

③ 被评估设备的获利能力无法单独估算,因而无法运用收益法进行估价;

④ 被评估设备在技术和功能方面仍未被淘汰,评估时仍在较大范围内使用。

另外,在使用价格指数调整法时还应注意以下几个问题。

① 公式中使用的物价指数一般为分类产品价格指数(应避免使用综合物价指数),它反映的是某一类设备综合的价格变化程度,而不是个别设备的价格变化。因此,使用该方法计算重置成本,若具体到单台设备,结果可能是不准确的;但如果评估的该类设备数量越多,样本越大,整体误差将越小。

② 设备的原始成本是计算重置成本的基础,评估人员应注意审查原始成本的真实性。

③ 企业账面的设备原始成本一般还包括运杂费、安装费、基础费及其他费用,这些费用的物价指数与设备价格变动指数往往是不相同的,应分别计算。

④ 计算进口设备的重置成本时,要区分设备原值中用外汇支付的部分与用人民币支付的部分,分别使用设备生产国的分类价格指数及国内有关的价格变动指数。

⑤ 物价指数最好是相同产品的价格变动指数,其次是同类设备的物价指数。指数概括的范围越宽,其误差越大。

(4) 重置核算法

对自制设备,评估师需要核算重新制造被评估设备所需要的各项费用并逐项累加,从而估算其重置成本。采用重置核算法时,如果按相同的材料、相同的工艺重新制造同类型的机器设备,计算得到的是设备的复原重置成本;但若按新材料、新工艺重新制造相同生产能力的机器设备,则计算得到的是设备的更新重置成本。重置核算法的具体形式很多,但基本计算思路为:

$$重置成本 = 直接制造成本 + 分摊的间接费用 + 安装调试费 + 合理制造利润$$

式中:直接制造成本包括直接人工费、直接材料费、直接能源动力费、车间管理费等;分摊的间接费用包括应分摊的管理费用及设计、论证等前期费用。

(5) 统计分析法

在运用成本法评估大量同一类型的资产价值时,为了节约评估作业的成本,还可以使用统计分析法。统计分析法是根据统计学原理,选择有代表性的资产,运用前述方法估算代性资产的重置成本,并进一步推算出全部资产的重置成本。

该方法运用的步骤如下。

① 在核实资产数量的基础上,把全部资产按照功能适当标准划分为若干类型。

② 在各类资产中抽样选择适量具有代表性的资产作为样本资产,运用市场询价法、价格指数法或功能价值法等方法估算样本资产的重置成本。

③ 根据样本资产的重置成本与账面原值的比例计算出各类资产账面成本的调整系数,计算公式为:

$$K = R'/R$$

式中:K——资产账面成本的调整系数;

R'——样本资产的重置成本;

R——样本资产的账面成本。

④ 根据调整系数K估算被评估资产总体的重置成本,计算公式为:

$$全部资产的重置成本 = 全部资产的账面原值 \times K$$

【例3-3】根据以下资料估算某类设备的重置成本,过程如表3-2所示。

表3-2 某类设备的重置成本估算——统计分析法

	项 目	计算过程	金额/万元
(1)	样本设备的重置成本之和	已知条件	42
(2)	样本设备的账面原值之和	已知条件	35
(3)	全部被评估设备的账面原值之和	已知条件	360
(4)	调整系数K	(1)/(2)	1.2
(5)	全部被评估设备的重置成本之和	(3)×(4)	432

抽样是一种评估技巧,能够节约评估师的作业时间,降低评估成本。但是,抽样调查仅在评估师认为从样本的调查中可以获得对机器设备总体的确切了解的情况下才适用。因此,评估师应当充分考虑抽样风险,在制订抽样方案时,对抽样风险进行测算。同时,评估师在评估报告中应该将抽样方法的局限性及风险进行恰当的披露。

2) 设备的运杂费及安装调试费的估算

(1) 设备运杂费的估算

对国产设备而言,运杂费是指从生产厂家到安装使用地点所发生的装卸、运输、采购、保管、保险等费用。计算设备运杂费,可以根据设备的性质、重量、体积及运输距离,按照铁路、公路等有关运输部门的运费标准计算,也可以根据不同类型设备运杂费率经验值估算,计算方法为:

$$运杂费 = 国产设备现行购置成本 \times 国产设备运杂费率$$

对于进口设备,其境内运杂费是指设备从进口国运抵我国后,从到达的港口、车站、机场等地运至使用目的地现场所发生的港口费用、装卸费用、运输费用、保管费用、保险费用等。其中,港口费用是指进口设备从卸货至运离港口所发生的各项费用,包括港口建设费、港务费、驳运费、倒垛费、堆放保管费、报关费、转单费、监卸费等。进口设备的境内运杂

费估算也可以参考相应的运杂费率经验值,计算方法为:

运杂费=进口设备现行购置成本×进口设备运杂费率

(2)安装调试费的估算

由于设备的复杂性,许多设备必须经过安装调试才能处于使用状态。机器设备的安装调试工程一般包括:①设备的装配、安装工程;②锅炉及其他各种工业锅窑的砌筑工程;③设备附属设施的安装工程;④设备附属管线的敷设;⑤设备及附属设施、管线的绝缘、防腐、油漆、保温等工程;⑥为测定安装工程质量进行的单机试运转和系统联动无负荷试运转。

设备的安装调试费包括上述工程中所发生的材料费、人工费等一切费用,也可以根据不同设备安装调试费的经验值进行简单估算,计算方法为:

安装调试费=设备现行购置成本×设备安装调试费率

3)进口设备从属费用的估算

进口设备的从属费用包括境外运杂费、境外运输保险费、关税、消费税、增值税、银行手续费、海关监管手续费、外贸手续费等。

进口设备的从属费用,可以根据评估时境外运杂费、运输保险费及各项税费的现行标准逐一估算。

阅读材料

进口大型机器设备的价值评估方法研究

2. 实体性贬值

实体性贬值是指机器设备投入使用后,由于使用磨损和自然力的作用,导致其物理性能不断下降而引起的价值降低,也称有形损耗。由于机器设备的各种损耗机理较为复杂,所以评估时主要依靠其工作环境、工作量、工作时间以及维护修理的状况来估算设备的实体性贬值率。实体性贬值率的估算一般包括观察打分法、工作量法或使用年限法、修复费用法。

1)观察打分法

观察打分法也称经验鉴定法或专家鉴定法,是指有经验的评估师或本专业的专家凭借现场勘查,向厂方人员了解,查看合同、设计任务书、维修改造记录等,最后由估算和经验对设备的实体性贬值做出判断。

在采用观察分析法评估时要观察和收集的相关信息有:设备的现时技术状态、设备的已使用时间、设备的正常负荷率、设备的原始制造质量、设备的维修保养状况、设备重大故障(事故)经历、设备大修和技改情况、设备工作环境和条件、设备的外观和完整性等。此外,评估师还可以借鉴《机器设备实体性贬值率评估参考表》(见表3-3)判断机器设备的成新率。

表3-3 机器设备实体性贬值率评估参考表

分 类	状 态 说 明	实体性贬值率/%	成新率/%
新设备及使用不久设备	全新或刚使用不久的设备,在用状态良好,能按设计要求正常使用,无异常现象	0~10	100~90
较新设备	已使用一年以上或经过第一次大修恢复原设计性能后使用不久的设备,在用状态良好,能满足设计要求,未出现过较大故障	11~35	89~65

续表

分　类	状态说明	实体性贬值率/%	成新率/%
半新设备	已使用两年以上或大修后已使用一段时间的设备，在用状态较好，基本上能达到设备设计要求，能满足工艺需求，需经常维修以保证正常使用	36～60	64～40
旧设备	已使用较长时间或几经大修，目前仍能维持使用的设备，在用状态一般，性能明显下降，使用中故障较多，经维护仍能满足工艺要求，可以安全使用	61～85	39～15
报废待处理设备	已超过规定使用年限或性能严重劣化，目前已不能正常使用或停用，即将报废	86～100	14～0

资料来源：刘玉平. 资产评估学. 北京：中国人民大学出版社，2015：51.

观察打分法虽然是一种主观判断的方法，但在评估实务中的应用却较为普遍，并具有较强的可靠性，因为该方法运用了行业专家和评估师多年的经验。为了避免主观判断中可能出现的偏颇或重大失误，一般需要多人进行观察打分；还可以使用德尔菲法，通过多次反复达到一致。

评估师在聘请专家协助工作时，需要：① 综合考虑拟聘专家的专业特长、职称、专业资格、声望和职业道德等因素，综合分析评判专家的专业胜任能力；② 了解专家的工作程序和方法等，以确信专家工作可以满足评估业务的需要；③ 确保评判专家的独立性。通常，如果专家受雇于委托方或者相关当事方，与委托方或者相关当事方存在关联关系，专家工作的独立性可能受到影响。

阅读材料

关于资产评估中机器设备成新率问题的探讨

2) 工作量法或使用年限法

工作量法或使用年限法是不直接评估设备的状态，而是通过对某一台设备的使用情况或寿命进行分析，确定设备已完成的工作量（或已使用年限）和还能完成的工作量（或尚可使用年限），进而估算设备实体性贬值率的一种方法。这种方法的依据是：设备的使用年限越长，工作量越多，其状态越差。其计算方法为：

$$实体性贬值率 = 已完成工作量/预计完成工作总量$$
$$= 已完成工作量/(已完成工作量 + 尚可完成工作量)$$

或

$$实体性贬值率 = 已使用年限/总使用年限$$
$$= 已使用年限/(已使用年限 + 尚可使用年限)$$

对机器设备而言，工作量和使用年限是两个高度正相关的指标。本书以使用年限为例来说明该方法的具体应用。

(1) 总使用年限

机器设备的总使用年限（寿命），是指从开始使用到淘汰的整个过程。导致设备淘汰的原因，可能是自然磨损使得设备不能正常工作，或技术进步使得设备功能落后，或经济上不合算等。因此，设备的寿命可分为物理寿命、技术寿命和经济寿命。

物理寿命又称自然寿命,是指机器设备在规定的使用条件下,从开始使用到报废为止所经历的时间。设备物理寿命的长短取决于机器设备的制造质量、使用强度、使用环境、保养和维护情况。正确的使用、维护和修理可以延长设备的物理寿命;相反,不正确的使用、不良的维护和修理会缩短设备的物理寿命。

技术寿命是指机器设备从投入使用到因技术落后而被淘汰所经历的时间。技术寿命在很大程度上取决于社会进步和技术更新的速度与周期。设备通过现代化改造可以延长其技术寿命。

经济寿命是指机器设备从投入使用到因继续使用不经济而退出使用所经历的时间。经济寿命受有形损耗和无形损耗的共同影响。设备到了物理寿命后期,由于其不断老化,必须支出的维修费用、能源消耗费用越来越高,次品率也越来越高,使得设备的使用成本高于收益,继续使用在经济上不合算。

理论上说,如果设备继续使用在经济上已经不合算,企业将会用新的设备取而代之。经济寿命一般小于物理寿命和技术寿命,实务中通常以机器设备的经济寿命作为其总使用年限。

确定设备总使用年限的另一个可行的方法是:首先合理估计机器设备的尚可使用年限,然后用实际已使用年限与尚可使用年限之和作为总使用年限。

(2) 已使用年限

已使用年限是指机器设备从开始投入使用至评估基准日所经历的实际工作时间。确定机器设备的已使用年限,需要考虑以下两种情况。

① 已使用年限不同于名义使用年限。评估中的已使用年限是指实际使用年限,反映了机器设备按照正常使用和维修保养条件下所经历的使用时间。名义使用年限是指机器设备从购建日到评估基准日所经历的日历时间,不反映机器设备的实际使用强度和维修保养状况。在名义使用年限相同的情况下,超负荷使用的机器设备比开工率不足的机器设备磨损程度要大得多。因此,实际已使用年限的估算不仅要考虑名义使用年限,也要考虑设备实际的运行记录,即:

$$实际已使用年限 = 名义使用年限 \times 设备利用率$$

名义使用年限可从会计账目中查到(即已提折旧年限),而设备利用率可由下列公式求出:

$$设备利用率 = 至评估基准日累计实际工作时间 / 至评估基准日累计额定工作时间$$

【例3-4】某设备2017年2月购进,2022年2月评估。根据该设备的技术指标,其设计使用年限为10年,正常的运转时间为每天12 h。考虑到季节性闲置和开工不足等因素,该设备实际平均每天的运转时间为10 h。试估算设备的实体性贬值率。

$$资产利用率 = [5 \times 360 \times 10 / (5 \times 360 \times 12)] \times 100\% \approx 83.33\%$$
$$实体性贬值率 = (5 \times 83.33\%) / 10 \approx 41.67\%$$

② 对机器设备进行大规模更新改造将延长设备的寿命或提高其成新率。如果机器设备在使用的过程中进行过多次更新改造,可以各次投资重置成本占全部投资重置成本的比重为权重,对各次投资的"已使用年限"进行加权平均,确定等效的已使用年限,也称为加权投资年限。其计算方法如下:

$$加权投资年限 = \sum_{i=1}^{n} \left(\frac{第 i 次投资的重置成本}{全部投资的重置成本} \times 第 i 次投资的投资年限 \right)$$

式中，n 为投资的次数。这里，购置设备视为第一次投资。

如果考虑加权投资年限，则：

实体性贬值率 = [加权投资年限/(加权投资年限 + 尚可使用年限)] × 100%

成新率 = [尚可使用年限/(加权投资年限 + 尚可使用年限)] × 100%

【例 3-5】某被评估设备购建于 2012 年，其账面原值为 1 500 000 元，该设备于 2017 年和 2020 年曾进行过两次更新改造，投资额分别为 600 000 元和 300 000 元。2022 年对该设备进行评估。假设从 2012 年至 2022 年该类设备价格每年上升 5%，该设备的尚可使用年限经检测和鉴定为 5 年。试计算该设备的实体性贬值率。

第一步，利用价格指数调整法估算设备的重置成本及投资年限，如表 3-4 所示。

表 3-4　设备投资重置成本及投资年限估算表

投资日期	原始投资额/万元	价格变动系数	重置成本/万元	投资年限
2012 年	150	1.63	244.5	10
2017 年	60	1.28	76.8	5
2020 年	30	1.1	33.0	2
合计			354.3	

第二步，计算设备的加权投资年限。

加权投资年限 = (244.5/354.3) × 10 + (76.8/354.3) × 5 + (33.0/354.3) × 2
　　　　　　　≈ 8.17（年）

第三步，计算实体性贬值率：

实体性贬值率 = [8.17/(8.17 + 5)] × 100% ≈ 62%

成新率 = 1 - 62% = 38%

(3) 尚可使用年限

机器设备的尚可使用年限，是指设备至评估基准日后的剩余使用寿命。评估师应该通过对设备的技术检测和专业技术鉴定，并采用技术经济分析方法，确定机器设备的尚可使用年限。当然，在评估中要对每一台设备进行这种分析是很难做到的，评估师通常只对企业中价值量大的少数关键设备采用这种分析方法。对于大量的一般设备，可采用一些变通的替代方法：

① 对于较新且使用维护正常的设备，可用设备的总使用年限减去设备的实际已使用年限得到设备的尚可使用年限；

② 对那些已经接近甚至超过总使用年限的设备，可以通过专业技术人员的判断，直接估算其尚可使用年限；

③ 对那些不准备通过大修理继续使用的设备，可以利用设备的一个大修理周期作为设备尚可使用年限的上限，减去设备上一次大修理至评估基准日的时间，其余下的时间便是尚可使用年限；

④ 对于国家明文规定限期淘汰、禁止超期使用的设备，如严重污染环境及高能耗的设备，不论设备的现时状态如何，其尚可使用年限不能超过国家规定禁止使用的日期。

3）修复费用法

修复费用是指修复被评估资产的实体性损耗，使其恢复原有精度和功能所需支出的金额。在使用这种方法时，需要把机器设备的实体性贬值分成可修复和不可修复两部分。可修复是指机器设备的实体性贬值在技术上是可修复的，而且这种修复在经济上是合算的，例如机器设备主要零部件的更换或者修复、改造等费用支出；不可修复是指实体性贬值在技术上无法修复，或者可以修复，但在经济上不合算。对于设备可修复部分的实体性贬值，可以直接以支出的修复金额来估算；对于不可修复部分的实体性贬值，则可以运用前述的观察法、工作量法等方法进行估算。可修复和不可修复部分的实体性贬值之和，构成被评估设备的全部实体性贬值。此时实体性贬值率的计算公式为：

实体性贬值率＝（可修复部分实体贬值＋不可修复部分实体贬值）/重置成本

【例3-6】评估某工业企业的一台已使用4年大型设备，经评估人员了解，该设备即将进行大修理，主要是更换一些部件，计划支出30万元。大修理完成后，设备预计尚可再使用5年。评估人员已经估算出该设备的复原重置成本为300万元，现采用修复费用法估测该设备的实体性贬值率。

可修复部分实体性贬值为300 000元

不可修复部分实体性贬值率＝[4/(4＋5)]×100%＝44.4%

不可修复部分复原重置成本＝3 000 000－300 000＝2 700 000（元）

不可修复部分实体性贬值＝2 700 000×44.4%＝1 200 000（元）

设备全部实体性贬值率＝(300 000＋1 200 000)/3 000 000＝50%

成新率＝1－50%＝50%

修复费用法有着比较广泛的应用领域，尤其适用于需定期更换易损件的机器设备（如纺织机械、机组等）的成新率评估。

4）估算结果的处理

对同一设备，如果可以用不同的方法计算其实体性贬值，应以哪一种方法的计算结果为准呢？评估界目前存在两种观点。一种观点认为，应该按照加权平均的原则，给每种方法的结果赋予一定的权重，以各种结果的加权平均值作为最后的结论。这种方法的好处是可以在一定程度上减少由于估计不当或方法本身的缺陷所造成的误差，其弊端在于各种结果权重的确定难以找到严格的依据。另一种观点认为，对同一设备用不同方法估算的成新率，应该按照孰低原则，选择最低的成新率作为该设备的成新率。该观点的理由是：用任何一种方法有根据的、认真估算的低成新率，不应该用加权平均的方法把它拉高。实务中，按第一种观点计算成新率的做法居多。

3. 功能性贬值及其估算

机器设备的功能性贬值是指由于技术进步导致的被评估机器设备价值的贬损，通常包括以下两种情况。

1）超额营运成本造成的功能性贬值

由于技术进步，市场上出现了功能相同，但营运成本（如人工成本、能耗成本等）更低的同类设备，造成了被评估设备价值的贬损。估计该类功能性贬值的方法如下：

功能性贬值＝超额营运成本折现值＝$(C_1 - C_2) \times (1 - t) \times (P/A, r, n)$

式中：C_1——被评估设备年营运成本；

C_2——参照物设备年营运成本；

t——被评估设备所在企业的所得税税率；

r——被评估设备所在企业的必要报酬率；

n——被评估设备的剩余使用年限。

【例3-7】对某型号卧式快装水火管链条炉排锅炉进行评估。评估时，该型号的锅炉在市场上已没有销售，取而代之的是新型的拱形管板螺纹管链条炉排锅炉。与老产品相比较，新型锅炉的热效率高出18.85%，由此折算出每小时节煤15 kg，每年节煤100 t，折合人民币104 520元。估计该锅炉的剩余使用寿命为15年，折现率取8%，被评估设备所在企业的所得税税率为25%。根据以上资料，被评估设备的功能性贬值估算如下：

年税后超额营运成本 = 104 520 × (1 - 25%) = 78 390（元）

功能性贬值 = 78 390 × (P/A, 8%, 15) = 78 390 × 8.559 5 ≈ 670 979（元）

2）超额投资成本引起的功能性贬值

由于技术进步（如生产工艺改善、生产效率提高等），被评估设备的再生产成本降低，表现为评估时设备的市场价格低于账面原值，造成了价值贬损。该类功能性贬值可通过设备的复原重置成本与更新重置成本之差来计量，其计算公式为：

功能性贬值 = 复原重置成本 - 更新重置成本

如果估算重置成本时已经采用了更新重置成本口径，则该类功能性贬值不必单独计算。

4. 经济性贬值及其估算

机器设备的经济性贬值是指由于外部因素使生产能力不能充分利用而引起的贬值。通常通过计算经济性贬值率来估算经济性贬值，计算公式为：

经济性贬值率 = $[1 - (设备开工率)^x] \times 100\%$

式中：x 为生产规模效益指数，机器设备评估中常取为 0.5～0.85。

【例3-8】被评估对象为某PVC食品保鲜膜生产线。该生产线设计年生产能力为1 200 t。由于近期的检验报告显示，PVC食品保鲜膜对人体有害，国家开始限制PVC食品保鲜膜的使用，市场需求量大幅下降，导致该生产线的实际产量只有设计能力的70%，估计这样的局面将一直持续下去。假设规模效益指数取0.6，估算该生产线的经济性贬值率。

经济性贬值率 = $[1 - (70\%)^{0.6}] \times 100\%$ = (1 - 0.81) × 100% = 19%

并不是所有的利用率不足的设备都一定存在经济性贬值，只有同时存在以下两种情况时，才需要考虑机器设备的经济性贬值。① 设备在评估基准日之后利用不足的现象将长期存在。也就是说，季节性停用的设备不存在经济性贬值，评估基准日之前的闲置也不作为判断存在经济性贬值的依据。② 该类设备闲置的状况在全行业普遍存在。也就是说，个别企业由于自身经营管理不善，产品销量不佳导致的机器设备利用率不足，不能代表行业的普遍状况，因此不能作为评估设备市场价值的依据。

当估算了重置成本、实体性贬值、功能性贬值和经济性贬值等各个参数之后，机器设备评估的成本法公式为：

评估值 = (重置成本 - 实体性贬值 - 功能性贬值) × (1 - 经济性贬值率)

5. 成本法评估案例

【例 3-9】SCR 生产线评估。

1) 评估对象概况与评估目的

被评估对象为 SCR 铜杆连续生产设备，生产 $\phi 8$ mm 规格的铜条，最大生产能力为 12 万 t/年。该设备系 2018 年 10 月从美国 South Wire 公司引进的二手设备。在引进之前，该设备已在我国台湾使用 4 年，截至评估基准日，在大陆使用也近 5 年。

本次评估是企业整体资产评估中所涉及的机器设备评估。

2) 重置成本的确定

该生产线的重置成本由设备购置费、安装调试费、其他费用和资金成本组成。其中，设备购置费包括设备价款、运杂费和设备成套费。

(1) 设备购置成本

在评估基准日，设备制造商 South Wire 公司对该生产线到岸价的报价为 650 万美元。根据经验，最终成交价通常为公司报价的 98% 左右，因此设备的购置成本可能为 637 万美元 (650 × 98%)。

同时，经过评估师调查，了解到江苏常州金源电缆有限公司最近有一套新引进的同类生产线，设备合同价为 750 万美元。该生产线的生产能力为 15 万 t/年。根据生产能力调整法，规模效益指数取 0.7，可估算被评估生产线的购置成本。具体过程如下：

$$被评估设备购置成本 = 参照物设备市场价格 \times \left(\frac{被评估设备年生产能力}{参照物设备年生产能力}\right)^x$$
$$= 750 \times (12/15)^{0.7} = 641 （万美元）$$

经过以上分析，评估师认为被评估生产线的现行购置价为 640 万美元比较合理。

(2) 安装调试费率的确定

设备购置时的安装调试费占设备购置价款的 8.8%。通过现场勘查，评估师认为该设备与冶金行业的设备比较类似，而冶金行业的设备安装费率一般为设备价款的 8%，故本次评估安装调试费率取 8%。

设备重置成本的计算过程如表 3-5 所示。

表 3-5 SCR 生产线重置成本计算表

编号	项 目	计算公式	费率	计算结果
A	设备的到岸价/美元	—	—	6 400 000.00
B	关税/美元	合资企业免税	0	0
C	增值税/美元	合资企业免税	0	0
D	银行财务费/美元	A × 银行财务费率 (0.5%)	0.005 0	32 000.00
E	外贸手续费/美元	A × 外贸手续费率 (1.5%)	0.015 0	96 000.00
F	海关监管手续费/美元	A × 海关监管费率 (0.3%)	0.003 0	19 200.00

续表

编号	项　　目	计算公式	费率	计算结果
G	小计/美元	A+B+C+D+E+F	—	6 547 200.00
H	合计折合人民币/元	G×汇率	8.276 7	54 189 210.24
I	设备成套费/元	A×汇率×设备成套费率（1%）	0.010 0	529 708.80
J	国内运杂费/元	A×汇率×国内运杂费率（1%）	0.010 0	529 708.80
K	设备购置费合计/元	H+I+J		55 248 627.84
L	安装调试费/元	A×汇率×安装调试费率（8%）	0.080 0	4 237 670.40
	重置成本/元	K+L		59 486 298.24

3）成新率的确定

该设备属于二手设备，此前已使用4年多，系统中的一些部件已经更换。2018年10月在南京启用至今，运行状态一直良好，设备运转率在90%以上。根据评估人员的现场勘查，该设备生产出的产品质量符合生产工艺要求，控制装置传动灵活，操作可靠，无机件缺损现象，属完好设备。该类设备的经济寿命一般为16～18年，目前已累计使用9年多。评估人员根据以上勘查，并充分听取了该设备管理人员、使用人员的使用情况介绍后，确定该设备的尚可使用年限为8年。

成新率=尚可使用年限/（已使用年限+尚可使用年限）=8/(9+8)=47%（取整）

4）评估结论

由于被评估设备的使用状况正常，故在评估时没有考虑经济性贬值，因此评估值为：

$$评估值 = 59\ 486\ 298.24 \times 47\% \approx 27\ 958\ 560（元）$$

3.3　机器设备评估的其他方法

1. 市场法

1）市场法的概念

机器设备评估的市场法，是指在市场上选择近期内交易的若干相同或近似的设备作为参照物，针对各项价值影响因素，将被评估设备分别与参照物逐个进行价格差异的比较调整，然后综合分析各项调整结果，从而确定设备评估值的一种方法。

适用市场法前提条件：符合公开市场条件、市场有效、评估对象与参照物相似或者可比。

2）运用市场法评估机器设备的基本步骤

（1）选择交易市场

根据确定的评估目的和使用的价值类型，在同一供需圈内，选择合适的交易市场，如旧设备交易市场、典当拍卖行和罚没处置市场等。

（2）明确鉴定被评估对象

鉴定主要包括设备类别、名称、规格型号、生产厂家、生产日期、设备性能、现时技术状况及有效役龄。

（3）选择参照物

这里的参照物，是指在公开市场交易、与被评估机器设备相同或相似的同类资产。在市场中选择参照物，最重要的是要具有可比性且其成交价具有代表性和合理性，数据可靠。运用市场法评估机器设备价值时，需要考虑和调整的因素一般包括：① 设备的规格型号；② 设备的生产厂家；③ 设备的制造质量；④ 设备的零部件、配件情况；⑤ 设备的有效役龄（即实际已使用年限）；⑥ 设备的技术状况；⑦ 设备的成新率情况（包括外观、磨损程度、大修记录等）；⑧ 设备的出售目的和出售方式；⑨ 设备的成交数量和成交时间；⑩ 设备交易时的市场状况；⑪ 设备的存放和使用地点。

（4）调整参照物价格及估算被评估设备的评估值

阅读材料

运输设备的
市场法评估案例

参照物通常与被评估设备是可比的，但不一定是相同的。所以，必须按照可比因素逐一调整参照物的价格，使之接近被评估设备的价格。一般用多个参照物设备调整后价格的算术评估数或加权平均数作为被评估设备的评估值。

如果被评估机器设备有成熟、发达的交易市场，市场法就是一种可行的评估方法，而且是首选的评估方法。因为该方法以市场价格为基础，充分反映了市场参与者对机器设备价值的估量，其评估结论具有较强的可靠性和说服力。

2. 收益法

1）收益法的基本原理

收益法是通过预测机器设备的获利能力，对其未来产生的净现金流量按适当的折现率折为现值，作为被评估设备的价值。用公式表示为：

$$P = \sum_{i=1}^{n} \frac{R_i}{(1+r)^i}$$

式中：P——评估值；

R_i——设备第 i 年产生的净收益；

r——折现率。

收益法根据设备的获利能力来确定其价值，适用的前提条件是：评估师能够识别并量化被评估机器设备的未来现金流。

2）收益法的应用

① 能够独立测算其收益能力的机器设备组合（如成套设备、生产线等），可以应用收益法评估。此时需要预测机器设备组合所产生的未来现金流，并选择适当的折现率对现金流进行折现。如果评估师不能直接获得机器设备组合所产生的现金流，那么需要将该机器设备组合所在的业务单元所产生的现金流在业务单元中的所有资产和资源之间进行分配，这是因为业务单元的现金流不仅来自被评估机器设备组合的贡献，还包含其他资源（例如管理、品牌、其他辅助设备等）的贡献。只有将归属于被评估机器设备组合的现金流进行折现或资本化，才能得到合理的评估值。

② 能够获得持续租金收入的出租设备，也可以采用收益法评估。此时应将设备的租金收入减去出租业务正常的经营费用之后的净租金进行折现或资本化，得到设备的价值。

③ 企业自用的单台机器设备大部分不具有独立获利能力，一般不采用收益法。

阅读材料

资产评估执业准则——机器设备

思考题

1. 简述机器设备重置成本的构成。
2. 简述机器设备重置成本的估算方法。
3. 简述机器设备功能性贬值的含义及估算方法。
4. 简述机器设备实体性贬值的含义及估算方法。

练习题

一、单选题

1. 成本法可作为（ ）价值评估首选的评估方法。
   A. 具有活跃交易市场的设备　　　　B. 具有独立收益能力的设备
   C. 不具有独立获利能力，又没有活跃交易市场的设备

2. 估算一台在用续用的设备的重置成本，首选方法应该是（ ）。
   A. 价格指数法　　　　　　　　　　B. 询价法询价再考虑其他费用
   C. 重置核算法　　　　　　　　　　D. 功能价值法

3. 采用价格指数调整法评估进口设备所适用的价格指数是（ ）。
   A. 进口国零售商品价格指数　　　　B. 出口国零售商品价格指数
   C. 出口国综合价格指数　　　　　　D. 出口国该类设备的价格指数

4. 机器设备的经济寿命是指（ ）。
   A. 从投入使用到设备继续使用在经济上不合算的时间
   B. 机器设备从使用到营运成本过高而被淘汰的时间
   C. 机器设备从使用到出现了新的技术或更好的设备而被淘汰的时间

5. 按成本法评估设备的重置成本，如果被估资产在市场上已没有销售，评估应采用（ ）。
   A. 替代设备的价格　　　　　　　　B. 被估设备的账面净值
   C. 收益法　　　　　　　　　　　　D. 参照替代设备价格并采用类比法估算

6. 运用使用年限法估测设备的实体性贬值率，是假设设备在整个寿命期间，其实体性贬值是随时间呈（ ）变化的。
   A. 指数　　　　B. 代数　　　　C. 线性　　　　D. 递减

7. 设备的技术寿命与（ ）有关。
   A. 使用强度　　　　　　　　　　　B. 技术更新速度
   C. 使用时间　　　　　　　　　　　D. 维修保养水平

8. 运用价格指数法评估机器设备的重置成本仅仅考虑了（　　）。
   A. 技术因素　　　B. 功能因素　　　C. 地域因素　　　D. 时间因素
9. 与目前普遍使用的同类设备相比，被评估机器设备的营运成本较高，从而引起设备的贬值，称为（　　）。
   A. 实体性贬值　　　B. 功能性贬值　　　C. 经济性贬值

二、多选题

1. 对经过技术改造的设备进行评估，应根据技术改造的程度适当（　　）。
   A. 增加其实际使用年限　　　　　　B. 减少其实际已使用年限
   C. 增加其总使用年限　　　　　　　D. 减少其总使用年限
2. 进口设备的重置成本的构成项目包括（　　）。
   A. 设备离岸价　　　　　　　　　　B. 境外运杂费和保险费
   C. 关税等相关税费　　　　　　　　D. 境内运杂费和安装调试费
3. 计算重置成本时，应计入的费用是（　　）。
   A. 购买成本　　　B. 维修费用　　　C. 安装费用　　　D. 运杂费用

三、计算题

1. 评估对象：某进口机床

资料：① 经询价，目前该设备的 CIF 为 116 818.00 美元。② 评估基准日美元与人民币的汇率为 1∶6.72。③ 机床类关税税率为 9%，适用增值税税率为 13%，外贸、银行手续费按 CIF 的 2% 计算，国内运杂费按 CIF 的 2% 计算，安装调试费按（CIF + 运杂费）的 3% 计算。

要求：评估该进口机床的重置成本。

2. 某企业有一套自制生产设备，2016 年 8 月投入使用，账面原值为 100 万元，其中材料费为 70 万元，安装费为 22 万元，其他费用为 8 万元。2022 年 8 月进行评估。评估师了解设备使用状况后认为，在过去的 6 年中该设备正常使用，预计尚可使用 9 年。在设备使用的 6 年中，材料费每年上涨幅度分别为：10%、11%、12%、15%、20%、25%；安装费和其他费用平均上涨幅度分别为：9%、10%、12%、14%、18%、20%。合理的利润率估计为 10%。由于企业所在行业受国民经济的影响很大，目前生产普遍不景气，开工率为 80%。预计这种状况将一直持续下去。该类设备的规模效益指数取 0.6。假设不存在功能性贬值。

要求：评估该套设备 2022 年 8 月的市场价值。

3. 评估背景：A 公司收购 B 公司，需要评估 B 公司各单项资产的公允价值，以便并购后合并会计报表。

评估对象：B 公司的某机器设备

资料数据：经评估师市场询价，发现市场上已无相同的设备出售，取而代之的是功能更好的同类设备，表现在年产量方面，比被评估设备高出 20%。同类设备的平均市场价格为 220 万元。被评估设备已经使用了 5 年，但经评估师了解，由于 B 公司经营管理不善，导致公司产品市场需求不足，设备过去 5 年的利用率只有正常的 70%。经过与设备工程师及专家多方讨论，评估师认为该设备尚可使用 10 年，且经过并购重组后，公司绩效将逐渐好转，产品需求将日益增加，设备利用不足的现象将消失。

要求：评估该设备的公允价值。（假设：该类设备的产能与价格呈等比例变化趋势；运杂费等相关费用可忽略不计）

第4章 不动产评估

学习目标

学完本章，应该能够：
- 掌握市场法、收益法、成本法、假设开发法的基本原理；
- 熟悉市场法、收益法、成本法、假设开发法的适用范围；
- 理解不动产评估的价值类型；
- 理解不动产价值的影响因素。

关键术语

建筑物重置成本　土地重置成本　建筑物实体性贬值　建筑物功能性贬值　建筑物经济性贬值　潜在毛收入　有效毛收入　可比实例　交易情况　交易时间　区域因素　个别因素　容积率　基准地价　假设开发法

内容提要

本章分析了不动产价格形成与影响因素，介绍了不动产评估的主要原则和常用的评估方法，包括市场法、收益法、成本法和假设开发法。

4.1 不动产评估概述

1. 土地与土地市场

土地是地球表面上由土壤、岩石、气候、水文、地貌、植被等组成的自然综合体，它包括人类过去和现在的活动结果。因此，从土地管理角度，可以认为土地既是自然的产物，也是人类过去和现在活动的结果。作为自然的产物，土地具有面积有限性、位置固定性、质量差异性、功能永久性等自然特征，因此土地价值的形成与变化规律不同于其他由人类劳动形成的资产；然而作为人类活动的结果，土地价值又与人类的劳动具有一定程度的联系。

1) 土地的价值与价格特征

（1）土地价值形成的特殊性

土地价值形成与一般商品价值形成的机理不同。根据马克思的劳动价值论，一般商品的价值是由生产该商品所耗费的必要劳动时间所决定的。土地不是人类劳动的产物，因此不存在马克思所定义的"价值",但土地和其他经济资源或资产一样,能够为其占有者带来经济利益,具有使用价值。土地创造的经济利益越大,其价值越高。因此,土地价值的高低不取决于"凝结在商品中的无差别的人类劳动",而取决于土地的效用。尽管人类的活动在一定程度上能够改变土地的使用价值(如"五通一平"的土地价值大于未开发土地的价值),但土地价值形成的决定性因素仍然是土地自身的自然属性(如区位、土质、地形等。)

(2) 土地价格波动规律的特殊性

土地与一般商品一样,价格都受供求变化的影响,但土地市场的供求关系与一般商品不同。从全社会的角度看,土地数量是固定的,人们无法增加土地的自然供给,即土地的自然供给几乎是没有弹性的,不会像一般商品那样,随着价格的变化而增减。相反,土地的需求却随着人口的增加、城市的扩展和经济的增长而不断扩张。所以,在市场供求关系中,土地价格基本上是由需求决定的,这是一种特殊的市场供求关系。不过,对于某种特定用途的土地来说,情况又有所不同。土地的用途具有多样性,如既可用于商业、居住,也可用于工业、农业等。通过改变土地的用途,可以调节某类用途土地的经济供给。

(3) 土地价格变化趋势的特殊性

一般商品由于自然损耗和使用损耗、劳动生产率提高或功能更好的替代产品出现,会产生实体性贬值和功能性贬值,导致商品价值和价格随着时间的推移而逐渐降低。但是在土地合理利用的前提下,土地价格不仅不会随着时间的推移而降低,反而可能呈现出不断上升的趋势。原因在于:第一,在合理使用和保护的条件下,农用土地会不断改良,肥力不断提高,从而生产力不断提高,地租不断增加;第二,非农用地可以反复利用,而且随着城市经济的发展,土地的交通及其他基础设施会更加完备,使土地收益不断提高,从而地租也随之提高;第三,随着社会经济的发展、人口的不断增长,人们对土地的需求不断扩张,土地市场供求关系的特殊性会推动土地价格不断上扬。当然,土地价格会由于经济周期、政府宏观调控等因素的影响而上下波动,但这并不妨碍从长期看,其价格不断上升的趋势。

2) 我国的土地市场

根据《中华人民共和国土地管理法》的规定,我国城市市区的土地属于国家所有;农村和城郊的土地,除法律规定属于国家所有以外,属于农民集体所有;宅基地和自留地、自留山,属于农民集体所有。国家为了公共利益的需要,可以依法对集体所有的土地进行征收或者征用并给予补偿。任何单位和个人进行建设,需要使用土地的,必须依法申请。国家通过出让的方式,将土地使用权出让给单位、个人。

单位和个人使用国有土地的方式有3种:① 行政划拨,主要针对国家机关和军事用地、城市基础设施和公益性用地、国家重点扶持的能源、水利等基础设施用地等,土地无偿使用;② 土地使用权协议出让,主要针对工业用地,采取半市场化方式协议定价;③ 土地使用权招拍挂出让,主要针对商业、娱乐、旅游、商品住宅四类经营性用地,实行完全的市场出让,价高者得到土地使用权。土地出让市场被称为"一级市场"。我国现行法规还对土地使用权出让的最高年限进行了规定:居住用地70年;工业用地50年;教育、科技、文化、卫生、体育用地50年;商业、旅游、娱乐用地40年;综合或其他用地50年。

从现有土地使用者手中获得土地的交易市场,被称为土地的"二级市场"。在二级市场中,土地使用权可以被转让(包括出售、交换和赠与)、出租和抵押,此时地上建筑物和其他附着物随之转让、出租和抵押。

2. 不动产价格影响因素

不动产价格的影响因素错综复杂，涉及经济、政治、社会、文化、心理等诸多方面。从评估需要的角度，可将这些因素分为宏观因素、中观因素（区域因素）和微观因素（个别因素）。评估师只有把握各种影响不动产价格的因素，并研究分析各因素之间的相互关系，才能对不动产进行合理估价。

1) 宏观因素

宏观因素是指影响不动产价格的一般、普遍、共同的因素。它们通常会对整个不动产市场产生影响，所以是影响不动产价格的基本因素。

宏观因素主要包括以下几个方面。

(1) 社会因素

社会因素包括人口数量、政治安定状况、社会治安状况、城市化状况等。人口数量与不动产的价格正相关；政局稳定、民族团结、人民安居乐业，不动产价格就会呈上升趋势；社会治安状况对房价的影响主要指不同区域的治安状况对该地区房价的影响；城市化意味着人口向城市地区集中，造成城市不动产需求不断增大，带动城市不动产价格上涨。

(2) 经济因素

经济因素包括经济发展状况、储蓄及投资水平、财政收支及金融状况、物价、居民收入及就业水平、利率等。其中，经济发展状况、就业、居民收入对不动产价格的影响最大。

(3) 政策因素

政策因素是指影响不动产价格的制度、政策、法规、行政措施等方面的因素，主要有：土地制度、房地产交易政策、城市规划、土地利用规划和税收政策等。我国城镇土地所有权归国家所有，政府可以通过调控土地供应量及改变土地使用权出让方式，达到调整土地供应价格的目的，从而影响房地产市场价格。除此之外，如果政府试图抑制过高的房价，还可以采取一系列税收、交易政策来抑制房地产需求。

2) 区域因素

区域因素是指不动产所在地区的自然、社会、经济等因素相结合所产生的地区特性对不动产价格水平的影响因素。在不动产价值的评估中，对于不同类型（如住宅、商业、工业等）的不动产，所考虑的区域因素是不同的。

对住宅类不动产来说，考虑的区域因素主要有：① 离市中心的距离及交通设施状况；② 商业街及商业网点配置状况；③ 学校、公园、医院等的配置状况；④ 噪声、空气污染等的程度；⑤ 景观环境状况；⑥ 当地居民的职业、教育水平、社会阶层等居住环境的状况；⑦ 街道的宽度、构造等状况；⑧ 变电所、污水处理场等危险设施或污染源的状况等。

对商业类不动产来说，考虑的区域因素主要有：① 宗地的大小及其商业群落状况；② 顾客的来源及其购买能力状况；③ 顾客的交通手段及交通状况；④ 营业类别及竞争状况等。

对工业用不动产来说，考虑的区域因素主要有：① 道路、港口、铁路等运输设施的便利程度及建设状况；② 动力供应和供水排水状况；③ 与关联产业的位置关系；④ 与生产紧密相关的气候、地质、水文条件等。

3）个别因素

个别因素是指不动产的个体特性对不动产个别价格的影响因素。由于个别因素的差异，使得处于相同区域的不动产具有不同的价格。

影响土地价格的个别因素主要有：① 面积、地势、地质；② 形状、宽度、深度；③ 容积率；④ 剩余使用年限。

影响建筑物价格的个别因素主要有：① 面积、构造、材料；② 设计、设备；③ 施工质量；④ 楼层、朝向。

另外，从广义来说，不动产的交易状况（如被交易的权益、付款方式、交易方式等）也可理解为个别因素。交易状况不同，不动产的价值也是不同的。

3. 不动产评估的含义

1）资产评估中"不动产"的含义

在资产评估中，不动产是指"土地、建筑物及其他附着于土地上的定着物，包括物质实体及其相关权益，不包含海域、林木等"。也就是说，不动产有两层含义：一是物理意义上的不动产，强调不动产的资产属性；二是法律意义上的不动产，强调不动产的权利属性。

物理意义上的不动产（real estate）由3部分构成：① 土地及地上植被，如树木、花草等。由于我国法律规定矿藏资源和文物归国家所有，因此地下矿藏和文物不随不动产交易而转让，不属于不动产评估的范畴。② 地上人工改良物，包括建筑物及桥梁、水井等构筑物。③ 建筑物中的永久性设施，如供暖系统、供水系统、电气系统、电梯等。这些设施是建筑物不可分割的部分，在进行不动产交易时，它们将随建筑物一并被转让。法律意义上的不动产也称为不动产权益（real property），是指与不动产所有权相联系的一组权利和利益，包括所有权、租赁权益等。在实务中，不动产和不动产权益通常不做专门区分，可以互换使用。本书下文中的不动产和不动产权益也具有相同的含义。

2）不动产评估的概念

不动产评估是指"资产评估机构及其资产评估专业人员遵守法律、行政法规和资产评估准则，根据委托对评估基准日特定目的下的不动产价值进行评定和估算，并出具资产评估报告的专业服务行为。不动产评估包括单独的不动产评估和企业价值评估中的不动产评估"。可以看出，我国的不动产评估业务包括两个方面：一是在不动产出让、转让（包括出售、赠与、交换）、抵押和课税等经济活动中，涉及的单独的不动产评估；二是由于资产基础法仍然是我国企业整体价值评估中经常使用的方法（而不动产是企业的资产要素之一），因此在企业价值评估中也涉及不动产评估业务。在企业中，不动产可能以存货、固定资产、投资性房地产、在建工程、无形资产等多种形态存在，并在多个会计科目中核算。评估师需要分析企业中各类不动产的价值影响因素，选择恰当的方法对其进行评估。本章主要介绍以交易为目的的不动产评估，在第9章介绍以财务报告为目的的评估。

就具体评估对象的分类而言，从不动产的资产属性出发，可将不动产评估分为3个层面：一是房地合一状态下的不动产价值评估，即标的资产是指建筑物与所占用的土地；二是单纯的土地价值评估，即没有地上建筑的空置土地价值的评估，或者是附有地上建筑，但出于某些原因需要单独进行土地价值评估；三是不包含土地的地上建筑物部分的价值评估。从不动产的权利属性出发，可将不动产评估分为所有权评估、使用权评估等。因此，在不动产评估业务中，既要明确评估对象的物理状态，也要明确评估所涉及的法律权益。

4. 不动产的权益种类

不动产权益的种类往往与国家的不动产相关法律有关。在我国的评估实务中，常见的不动产权益主要包括所有权和租赁权益。

1）所有权

在土地私有制国家，不动产的所有权也被称为完全产权权益或绝对所有权（fee simple interest），是指不受任何限制的所有权权益，但政府课税、不动产征收、警察权力等除外。

我国是以公有制为基础的国家，《宪法》规定："城市的土地属于国家所有。农村和城市郊区的土地，除由法律规定属于国家所有的以外，属于集体所有；宅基地和自留地、自留山，也属于集体所有。"从这个意义上说，个人、企业法人、行政事业单位或非营利组织等机构只能取得有限时间内的土地使用权。因此，我国评估实务中所指的不动产所有权并非"完全产权权益"，而是一种带有使用限制的产权权益。

2）租赁权益

租赁权益（lease interest）是由不动产的租赁行为而产生的权益，分为出租人权益（leased fee interest）和承租人权益（leasehold interest）。

出租人权益是业主所拥有的所有权。出租人权益来源于承租人按照租约条款支付的租金，以及租约期满后重新获得不动产的完全产权权益。在租约期内，出租人有权出卖、抵押或遗赠不动产。租约到期后，出租人拥有不动产的完全产权权益，表现在：出租人可以按公平市场价格销售不动产，也可以以市场租金出租不动产。

承租人权益是指承租人在一定期限内，通过租约由出租人转让给承租人的不动产权益，包括在租约期内对不动产的使用权和占有权。有时根据租约，承租人还可能享有转租不动产，或在租约限制范围内改良不动产的权利。作为义务，承租人必须在租约期内向出租人交纳租金，在租约期满后交还对该不动产的占有权，并清除所做的改良（如果租约规定的话）。

阅读材料

不动产评估的目的与价值类型

5. 不动产评估的原则

1）最高最佳使用原则

不动产的用途是影响不动产价值的重要因素。例如，某写字楼作为商业用途和行政事业单位办公用途，其评估值是完全不同的。评估不动产的市场价值时，必须遵循最高最佳使用原则。

所谓最高最佳使用，是指法律上允许、技术上可能、经济上可行，经过充分合理的论证，能使估价对象产生最高价值的使用。遵循最高最佳使用原则，应以估价对象的最高最佳使用为前提估价。如果估价对象已经做了某种使用，估价时应根据最高最佳使用原则对估价前提做出下列之一的判断和选择，并应在估价报告中予以说明。① 保持现状前提：认为保持现状继续使用最为有利时，应以保持现状继续使用为前提估价。② 转换用途前提：认为转换用途再予以使用最为有利时，应以转换用途后再予以使用为前提估价。③ 装修改造前提：认为装修改造但不转换用途再予以使用最为有利时，应以装修改造但不转换用途再予以使用为前提估价。④ 重新利用前提：认为拆除现有建筑物再予以利用最为有利时，应以拆除建筑物后再予以利用为前提估价。⑤ 上述情形的某种组合。

最高最佳使用原则是评估不动产市场价值时必须遵循的基本原则。

2) 替代原则

替代原则是指在同一个市场中，同类不动产的价格将相互牵引、相互接近，不动产的价值通常可由替代不动产的价格所决定，因此估价结果不应明显偏离类似不动产在同等条件下的正常价格。替代原则构成了市场法评估的基础，在市场法下，被评估不动产的价值根据同类不动产的成交价格进行调整；替代原则对成本法也很重要，成本法假定买方的出价不会高于重新开发该不动产的成本；替代原则还可应用于收益法，根据替代原则，被评估不动产的租金水平与同类不动产相比应具有竞争性。

3) 预期原则

不动产的价值应与不动产的预期用途相关，并根据该用途应带来的预期利益来衡量。因为买方关心的是不动产的未来用途和未来的收益，而不是过去的用途和收益；买方愿意支付的价格应等于不动产未来收益的现值。预期原则是不动产估价时收益法的基础。

4.2 市 场 法

1. 基本概念

市场法，也称为销售比较法（sales comparison approach），是将被评估不动产与同一供需圈内近期已发生交易的类似不动产进行比较，并根据后者的成交价格，修正得到被评估不动产在一定时点、一定产权状态下市场价值的一种估价方法。

这里的"同一供需圈"包括邻近地区和类似地区。邻近地区是指被评估不动产所属的地区；类似地区是指与被评估不动产所属地区具有相同或相似的用途和市场供需状况的区域，比如同为城市一级地区的商业不动产。

用于与被评估不动产进行比较的交易案例称为比较案例或可比实例。可比实例应选择公开交易的案例，并考虑其在用途、区位、交易时间、价值类型等方面与被评估不动产的相似性。

2. 适用范围

市场法是评估不动产价值最直接的方法，只要存在可比不动产的销售，评估师都将首先选用这种方法。这种方法适用于任何用途的不动产价值评估，包括住宅类不动产、商业类不动产、工业类不动产等，前提条件是该类不动产的市场交易比较活跃。不动产交易越活跃，交易案例就越丰富，相关的数据也越容易收集。一般认为，在采用市场法评估不动产时，理想的交易案例资料要有10宗以上，以便在其中选取不少于3宗的可比实例。如果可供选择的案例过少，容易造成比较、判断的偏差；如果交易案例与被评估不动产差异过大，则会加大差异调整的难度，同时降低差异调整的精度。

市场法在下述情况下一般不宜采用：① 在市场发育不够充分的地区进行不动产评估；② 交易案例很少的不动产评估，如古建筑等。

3. 计算公式

由于土地的不可移动性，使得不存在完全相同的两处不动产，可比实例与待估不动产之间总是存在差异。采用市场法进行不动产估价时，必须将待估不动产与可比实例进行差异分析，并定量估测由此产生的价值差异，进而评估目标不动产的市场价值。

运用市场法估价的一般公式为：

$$评估值 = 可比实例的交易价格 \times 差异调整系数$$

这里的差异调整系数包括的因素比较多，主要有交易情况因素、交易日期因素、区域因素和个别因素4类。通过交易情况的修正，将可比实例修正为正常交易情况下的价格；通过交易日期的修正，将可比实例的价格修正为评估基准日的价格；通过区域因素的修正，将可比实例的价格修正为待估不动产所处区域条件下的价格；通过个别因素的修正，将可比实例的价格修正为待估不动产自身状况下的价格。个别因素中的土地剩余使用年期和容积率，由于影响力较大，有时也拿出来单独进行修正。

如果用 A、B、C、D 分别表示交易情况修正系数、交易日期修正系数、区域因素修正系数和个别因素修正系数，那么上式可以进一步写成：

$$P = P' \times A \times B \times C \times D$$

式中：P 表示评估值，P' 表示可比实例的交易价格。

具体来说：

$$P = P' \times A \times B \times C \times D = P' \times \frac{100}{(\quad)} \times \frac{(\quad)}{100} \times \frac{100}{(\quad)} \times \frac{100}{(\quad)}$$

这里，

$$A = \frac{100}{(\quad)} = \frac{正常交易情况指数}{可比实例交易情况指数}$$

$$B = \frac{(\quad)}{100} = \frac{评估基准日价格指数}{可比实例交易日价格指数}$$

$$C = \frac{100}{(\quad)} = \frac{待估对象所处区域因素条件指数}{可比实例所处区域因素条件指数}$$

$$D = \frac{100}{(\quad)} = \frac{待估对象个别因素条件指数}{可比实例个别因素条件指数}$$

如果土地的容积率和剩余使用年限因素单独修正，则计算公式为：

$$P = P' \times A \times B \times C \times D \times 容积率修正系数 \times 土地剩余使用年期修正系数$$

需要说明的是，区域因素和个别因素分别是由多个子因素构成的，每一个子因素都可以独立扩展出来单独修正。

4. 选取可比实例

用于与被评估不动产进行比较的交易案例称为比较案例或可比实例。可比实例应选择公开交易的案例，并考虑其在用途、区位、交易时间、价值类型等方面与被评估不动产的相似性，具体的考虑因素包括：

① 与估价对象区位条件相似（在同一地区或处于同一供求范围内）；
② 与估价对象的用途相同；
③ 成交日期应与估价时点接近（尽量选择在一年内成交的可比实例）；
④ 与估价对象的规模相当；
⑤ 与估价对象的档次及建筑结构相当；

⑥ 与估价对象的权利性质相同；
⑦ 成交价格应为正常价格或能够修正为正常价格。

5. 差异修正

1) 交易情况修正

交易情况修正是指剔除可比实例交易过程中的一些特殊因素造成的价格偏离，将可比实例的非正常交易价格修正为正常情况下的交易价格。导致成交价格偏离正常情况的因素主要包括：

① 有利害关系人之间的交易；
② 急于出售或急于购买的交易；
③ 交易双方或某一方对市场行情缺乏了解的交易；
④ 交易双方或一方有特别动机或偏好的交易；
⑤ 特殊交易方式的交易；
⑥ 相邻房地产的合并交易。

对于与公开市场交易存在一定偏差的可比案例，应予以修正。准确测定其交易价格与正常价格之间的偏差程度是比较困难的，往往需要依靠评估师对市场的了解及丰富的评估经验来做出判断。

交易情况修正的计算公式为：

正常情况交易价格 = 可比实例交易价格 × (正常交易情况指数/可比实例交易情况指数)

$$= P' \times \frac{100}{(\quad)}$$

上式中"（ ）"的数值根据实际成交价格偏离正常交易价格的程度确定。如果实际成交价低于正常价格，则分母的条件指数小于100，反之则大于100。

2) 交易日期修正

可比实例的成交日期与估价时点如果不是同一个时点，而在此期间不动产的市场价格水平又发生了变化，则必须进行交易日期修正，将可比实例在其交易日的成交价格修正为估价时点的价格。

交易日期因素一般通过不动产价格指数或价格变动率来进行修正。修正公式为：

$$修正后价格 = 可比实例的成交价格 \times \frac{评估基准日地价指数}{交易日地价指数}$$

或

$$修正后价格 = 可比实例的成交价格 \times (1 \pm 价格变动率)$$

【例4-1】 评估北京市某二手住宅楼2022年7月的价格。选取的可比实例成交价格为20 000元/m²，成交日期为2022年3月。经查询，2022年3月至2022年7月，北京市二手住宅的价格当月比上月上涨的幅度分别为：2.9%、-1.6%、-0.9%、-0.5%，则对该可比实例进行交易日期修正后的价格如下：

修正后价格 = 20 000 × (1 + 2.9%) × (1 - 1.6%) × (1 - 0.9%) × (1 - 0.5%)
≈ 19 968（元）

3) 区域因素修正

区域因素修正是指以待估不动产所处的区域环境条件为标准,根据可比实例区域环境与待估对象区域环境的差异分析,对可比实例价格进行修正的过程。区域因素修正的具体内容应根据估价对象的用途确定。比如,住宅类不动产应考虑:景观(如周边绿化)、噪声、交通设施、商业配置、教育与社会福利设施(如医院)等;商业类不动产应考虑:地段繁华程度、交通条件(包括顾客到达方便、进货卸货便利)等;工业类不动产应考虑:交通条件(如是否与公路干线相连、是否有临近的河道或海岸可供利用等)、基础设施、地理位置(如水泥厂附近若有煤矿和石灰矿,则可减少原材料的运输费用)等。进行区域因素修正时,需要将可比实例与估价对象的区域因素子项目逐项进行比较,定量分析由于区域因素优劣对价格产生的影响,并进行调整。

区域因素修正一般采用打分法,即以估价对象的区域因素为基准,可比实例的区域因素与它逐项比较打分,并根据每项区域因素被赋予的权重,计算可比实例的区域因素得分。在估价实务上为了统一标准,都以估价对象所在区域为标准(按100计算),因此区域因素修正的公式可以表示为:

$$修正后价格 = 可比实例交易价格 \times (待估对象区域条件指数/可比实例区域条件指数)$$
$$= P' \times \frac{100}{(\quad)}$$

【例4-2】某估价对象为一宗住宅用地,与可比实例A、B、C的区域因素对比及修正如表4-1所示。

表4-1 估价对象与可比实例A、B、C的区域因素对比及修正

区域因素	权数	估价对象	实例A	实例B	实例C
自然条件	0.15	100	100	105	95
社会环境	0.15	100	90	95	115
街道条件	0.05	100	95	95	95
离市中心的距离及交通设施	0.20	100	95	98	110
商业的配置情况	0.05	100	105	95	95
教育与社会福利设施状况	0.10	100	95	105	115
危险设施与污染设施状况	0.03	100	100	110	100
灾害发生的危险性	0.08	100	100	100	100
公害发生的程度	0.04	100	95	95	100
景观等方面	0.05	100	95	105	98
其他状况	0.10	100	105	100	105
比较结果	1.00	100	97	100	105

根据区域因素的比较结果,其修正率如下:实例A为100/97,实例B为100/100,实例C为100/105。

4) 个别因素修正

个别因素修正是指以待估不动产的个别因素为标准,将可比实例与估价对象的个别因素逐项进行比较,对个别因素优劣所造成的价格差异进行调整的过程。不动产个别因素修正的内容主要包括面积、土地形状、临街状况、建筑质量、建筑风格等。个别因素的修正系数计算也可以采用打分法,具体步骤与区域因素调整相同,计算公式如下:

$$修正后价格 = 可比实例交易价格 \times (待估对象个别条件指数/可比实例个别条件指数)$$

$$= P' \times \frac{100}{(\quad)}$$

5) 容积率修正

容积率是土地价值评估中需要修正的因素。所谓容积率,是指地上建筑物的建筑总面积与土地总面积的比值。对同一块土地而言,规划的容积率不同,建筑物的建筑总面积也不一样。一般而言,容积率越高,意味着土地的利用效率越高,从而地面地价与土地的容积率应呈正相关关系,即容积率越高,地价越高。容积率修正一般通过容积率修正系数表(见表4-2)来进行,计算公式如下:

$$修正后价格 = 可比实例交易价格 \times \frac{待估宗地容积率修正系数}{可比实例容积率修正系数}$$

表4-2 成片住宅容积率修正系数参考表

容积率 r	修正系数
$r < 0.1$	2
$0.1 \leq r < 0.2$	1.9
$0.2 \leq r < 0.3$	1.8
$0.3 \leq r < 0.4$	1.7
$0.4 \leq r < 0.5$	1.6
$0.5 \leq r < 0.6$	1.5
$0.6 \leq r < 0.7$	1.4
$0.7 \leq r < 0.8$	1.3
$0.8 \leq r < 0.9$	1.2
$0.9 \leq r < 1$	1.1
$r \geq 1$	1.0

北京市住房和城乡建设委员会,北京市国有土地上房屋征收评估暂行办法,2016.

如果可比实例的地面地价为1 000元/m^2,容积率为3,待估宗地规划容积率为5,则待估宗地容积率修正计算如下:

$$经容积率修正后可比实例价格 = 1\,000 \times (5/3) \approx 1\,666.67(元)$$

6) 土地使用年期修正

由于我国土地的使用建立在有偿有限期使用这一基本制度上,在土地年收益一定的情况下,剩余使用期限越长,总收益就越多,土地的价格也就越高。因此,在我国运用市场法评估土地使用权价值时,必须增加土地剩余使用年期修正这一步骤。通过剩余使用年期的修正,可以消除由于使用期限不同对土地价格造成的影响。土地使用年期修正的计算公式为：

$$K = \left[1 - \frac{1}{(1+r)^m}\right] \bigg/ \left[1 - \frac{1}{(1+r)^n}\right]$$

式中，K 表示土地使用年期修正系数，m 为待估土地的使用年限，n 为可比实例的使用年限，r 为土地折现率。

【例 4 – 3】可比实例的成交价为 1 000 元/m²，剩余使用年限为 30 年；被评估土地的出让年期为 20 年，资本化率为 8%，则使用年限修正如下：

$$修正后价格 = 1\,000 \times \frac{1 - 1/(1+8\%)^{20}}{1 - 1/(1+8\%)^{30}} = 872（元/m²）$$

以上介绍了各种差异因素修正的方法。需要说明的是，在估价实务中，每项修正对可比实例成交价格的调整一般不超过 20%，综合调整一般不超过 30%。经过各种差异修正后得到的价格称为比准价格。为了保证评估结果的准确性，一般要选择 3～5 个可比交易案例，计算出 3～5 个比准价格，并采用简单算术平均法、加权算术平均法、众数法、中位数法等方法确定评估值。

6. 应用举例

【例 4 – 4】试用市场法评估宗地 A 的市场价格。

1）项目基本情况

① 待估宗地 A 为住宅型用地。现收集到 4 宗类似宗地作为可比实例（B、C、D、E），待估地产与 4 宗可比实例的比较情况如表 4 – 3 所示。

表 4 – 3 待估宗地与可比实例比较表

宗类号	待估 A	案例 B	案例 C	案例 D	案例 E
交易价格/（元/m²）		1 200	1 300	1 400	1 100
交易情况		正常	正常	正常	正常
交易时间	2022.10	2021.10	2021.12	2022.3	2022.8
利用类型	住宅	住宅	住宅	住宅	住宅
土地剩余使用年期	50	50	40	50	50
规划容积率	2	2	3	4	2
区域因素					
交通条件		+3%	+2%	−1%	0
福利设施		−2%	0	+2%	+3%
街道环境		+2%	+2%	0	−2%
商业配置		0	+3%	+2%	−3%
个别因素					
面积		+2%	0	−1%	−2%
基础设施		0	0	−1%	+1%
形状		+4%	+2%	0	−4%
平整程度		−1%	−1%	0	0

表中的区域因素、个别因素中的数字为各可比案例与待估宗地比较时各因素修正的程度。"+"表示因素条件比待估对象好,"-"表示因素条件比待估对象差。

② 容积率修正系数表如表4-4所示。

表4-4 容积率修正系数表

容积率	1	2	3	4	5
修正系数	1.0	1.8	2.0	2.2	2.5

③ 已知该类地产价格指数自2021年10月以来,每月平均上涨1%。

2)估价要求

计算A宗地在2022年10月的市场价值。

3)计算过程

(1)交易情况修正

各可比实例均为正常交易,故不做修正,交易情况修正系数均为100/100。

(2)交易时间修正

根据2021年10月以来的地产价格指数,各可比实例的交易时间修正系数为:

案例B:$(1+1\%)^{12}=112.68\%$ 案例C:$(1+1\%)^{10}=110.46$

案例D:$(1+1\%)^{7}=107.21\%$ 案例E:$(1+1\%)^{2}=102.01\%$

(3)区域因素修正

案例B:100/(100+3-2+2+0)=100/103

案例C:100/(100+2+0+2+3)=100/107

案例D:100/(100-1+2+0+2)=100/103

案例E:100/(100+0+3-2-3)=100/98

(4)个别因素修正

案例B:100/(100+2+0+4-1)=100/105

案例C:100/(100+0+0+2-1)=100/101

案例D:100/(100-1-1+0+0)=100/98

案例E:100/(100-2+1-4+0)=100/95

(5)容积率修正

案例B:1.8/1.8   案例C:1.8/2.0

案例D:1.8/2.2   案例E:1.8/1.8

(6)土地使用年期修正

因可比实例B、D、E与待估宗地的使用年期相同,故不做修正;C宗可比实例修正系数的计算如下(取土地资本化率为7.5%):

可比实例C的修正系数:$K=\left[1-\dfrac{1}{(1+7.5\%)^{50}}\right]\bigg/\left[1-\dfrac{1}{(1+7.5\%)^{40}}\right]=1.0302$

(7)案例修正计算

案例 B：$1\,200 \times \dfrac{100}{100} \times \dfrac{112.68}{100} \times \dfrac{100}{103} \times \dfrac{100}{105} \times \dfrac{1.8}{1.8} \times 1.00 = 1\,250.26$

案例 C：$1\,300 \times \dfrac{100}{100} \times \dfrac{110.46}{100} \times \dfrac{100}{107} \times \dfrac{100}{101} \times \dfrac{1.8}{2.0} \times 1.030\,2 = 1\,231.99$

案例 D：$1\,400 \times \dfrac{100}{100} \times \dfrac{107.21}{100} \times \dfrac{100}{103} \times \dfrac{100}{98} \times \dfrac{1.8}{2.2} \times 1.00 = 1\,216.60$

案例 E：$1\,100 \times \dfrac{100}{100} \times \dfrac{102.01}{100} \times \dfrac{100}{98} \times \dfrac{100}{95} \times \dfrac{1.8}{1.8} \times 1.00 = 1\,205.27$

经分析，各比准价格较接近，故采用算术平均法计算被评估土地的市场价值：

$$市场价值 = (1\,250.26 + 1\,231.99 + 1\,216.60 + 1\,205.27)/4 = 1\,226.03\ (元/m^2)$$

在实践中，市场法的应用形式还有基准地价修正法和路线价法。

阅读材料　　　　　　　　　　　　　　　　阅读材料

基准地价修正法　　　　　　　　　　　　　路线价法

4.3 收益法

1. 基本概念

收益法也称收益资本化法，是指通过预测被评估不动产未来的正常收益，再选用适当的折现率或资本化率将其转换为当前的价值。

收益法适用于评估不同权益类型和价值类型下不动产的价值。当评估不动产所有权的市场价值时，估价模型中所采用的预期收益、折现率、资本化率等参数应来源于市场，或根据市场参数进行调整，以反映典型的市场参与者对不动产价值的判断。

2. 评估模型

收益途径可以通过直接资本化和现金流折现法两种模式实现。

1）直接资本化法

直接资本化法是将单一年的预期收益（通常是未来第一年的预期收益）直接转化为价值的方法。用公式表示为：

$$评估值 = R_1/r$$

式中，R_1 表示标的不动产未来第 1 年的预期收益，r 表示资本化率，即将收益转化为价值的比率。在直接资本化法中，评估师通常根据市场同类不动产交易的实例分析收益与价值的关系，计算出资本化率。如果评估师能够找到足够多的可比实例，收集到它们交易的售价、收益、费用等资料，那么任何有收益的不动产权益，均可使用直接资本化法进行估价。

直接资本化法的计算过程相对简单，评估师只需将单一的年收益转换成价值。但是，公式中的资本化率是一个高度依赖市场的数据，需要根据市场上同类不动产收益和价值的比率进行估算。而且，标的不动产的价值变动特征、报酬率或影响报酬率的特征必须与可比不动产相同，否则通过可比不动产推算的资本化率不能直接用于评估标的不动产。例如，假设可比不动产的净租金每年增加3%，其资本化率为10%，而标的不动产的净租金每年增加2%。若用10%作为标的不动产的资本化率，则会高估标的不动产的价值。

2）现金流折现法

现金流折现法是以一个适当的报酬率将未来各期的利益分别折算成现值的方法。标准的现金流折现模型如下：

$$评估值 = \sum_{i=1}^{n} \frac{R_i}{(1+r)^i}$$

式中，R_i表示标的不动产未来第i年的预期收益；r表示折现率；n表示收益年限。

现金流折现法的计算过程相对复杂，评估师需要对标的不动产未来的运行状态进行分析，预测未来一段时间内每年的收益，并且分析投资人所要求的报酬率，以此作为折现率。与直接资本化法中从市场的可比交易直接获取资本化率的方式不同，现金流折现法中的折现率通常通过评估师的分析来推算，它反映了投资者期望的投资报酬率。

3. 适用范围

收益法适用于能够独立计量收益的不动产价值评估，如商铺、写字楼、宾馆、酒店、出租型公寓等，不适用于政府机关、学校等非营利性组织所拥有的不动产的价值评估。

适用收益法评估的不动产又可分为两类：投资性不动产（investment property）和经营性不动产（trade related property）。投资性不动产是指所有者为了获取租金或（和）资产增值目的、而不是为了生产经营或管理目的而持有的不动产，也不是随着企业的交易过程而出售的不动产。典型的投资性不动产包括用于出租的写字楼、商铺、公寓等。投资性不动产的收入主要以租金的方式取得。经营性不动产是指所有者为生产经营目的而持有的不动产。这类不动产为特定的经营业务而设计，其价值与企业经营业务的价值密切相关。典型的经营性不动产包括宾馆、餐馆、加油站等。经营性不动产的收入难以直接识别，因为它们包含在企业的经营业务收入中。本书以投资性不动产为例介绍收益法应用及相关的参数估计过程，这是收益法应用的典型领域；同时简要介绍收益法在经营性不动产评估中的应用。

4. 相关指标的估算

1）预期收益

不动产价值评估中的预期收益，是指总收入扣除运营费用之后的净收益（通常用现金流量表示）。所以首先需要了解不动产经营中有关收入和费用的概念。

（1）收入

租金是投资性不动产收入的主要形式。为了准确评估不动产在不同权益类型、价值类型下的价值，评估师通常将租金分为市场租金（market rent）和合同租金（contract rent）两大类。市场租金是指不动产在公开市场上最有可能获得的租金收入；合同租金是指现有租约上由出租人和承租人约定的实际租金。合同租金可能低于、高于或等于市场租金。当评估不动产完全产权权益的市场价值时，无论被评估不动产是否附带租约，都应该使用反映同类不动产正常租金水平的市场化租金作为评估参数。同时，市场租金还可用于对自用型、暂时空置但具有收益潜力的不动产所有权市场价值的评估。

如果被评估不动产附带租约，主要评估的法律权利是出租人权益。当不动产附带租约时，只要租约合法有效，通常以出租人权益，而不是以完全产权权益来估价，在租约期内采用合同租金（无论其与市场租金相同或不相同），租约到期后采用预期的市场租金作为评估参数，即：出租人权益价值等于租约期内的合同租金资本化价值与租约期满后市场租金的资本化价值之和。

合同租金与市场租金不一定相等，当合同租金高于市场租金时，出租人权益价值将大于完全产权权益价值，而承租人权益价值为负。如果合同租金低于市场租金，那么租金差额带来的价值将从出租人转移至承租人，此时承租人权益价值为正。

从以上分析可以看出，完全产权权益价值与租赁权益价值存在以下关系：

完全产权权益价值 = 出租人权益价值 + 承租人权益价值

租金收入的计量包括潜在毛收入和有效毛收入两个指标。潜在毛收入（potential gross income）是指假定不动产在全部出租、无租金拖欠情况下可获得的全部租金收入。有效毛收入（effective gross income）是指由潜在毛收入扣除正常的空置、拖欠租金及其他原因造成的收入损失后不动产所能获得的收入。由于空置、欠租造成的损失通常根据潜在毛收入的一定百分率来估算，该比率应反映市场中同类不动产正常的空置率和欠租率水平。

（2）运营费用

运营费用（operating expenses）是指维持不动产正常经营或使用必须支出的费用，主要包括以下几个方面。① 管理费：对出租的房屋进行管理所需的费用，包括人力资源成本、设备费、能源费等，通常按有效毛收入的一定比例估计。② 维修费：为保证房屋正常使用每年所支付的修缮费。③ 保险费：一般按房屋造价乘以保险费率计算。④ 税金：如房产税、土地使用税、城建税、教育费附加等。

运营费用中一些是固定费用，如不动产税和建筑物保险费等，它们一般不会随租金收入的变化而变化；另一些是变动费用，如管理费等，它们会随租金的变化而变化。评估不动产市场价值时，运营费用应反映市场同类不动产的一般水平，评估师应该逐类将它们与该地区同类不动产的数据进行比较，对标的不动产的运营费用进行切合实际的预测。

不动产估价中运营费用的估算不同于会计上对成本的计量，在估算运营费用时，以下项目需要专门说明。

① 所有者可能通过借款购置不动产，然后将其出租。但在评估不动产整体价值时，借款利息不应扣除。换句话说，在分析不动产的租金现金流量时，不考虑融资活动现金流量。这是因为，利息受到不动产所有者的融资结构和借款条件的影响，但并不影响不动产整体的收益能力。如果扣除借款利息，意味着收益能力和其他条件完全相同的不动产，由于其所有者的融资结构和借款条件的不同而具有不同的价值。这是不符合替代原则要求的：按照市场交易的替代原则，效用相同的资产应该具有相同的价格。因此，当评估资产的市场价值时，资产的融资结构不应作为考虑的因素。但是，当评估不动产的股东权益价值时，则需要在扣除运营费用的基础上再扣除借款的还本付息额，即使用税前现金流量（pre-tax cash flow）进行折现或资本化。

② 建筑物折旧和土地的摊提费①属于会计成本，但不会引起现金流出，不应计入运营费用。不动产市场与其他市场一样，投资者期望投入的资本能够全部返还，并获得报酬。投资返还（return of capital）是指投入资本本金的回收，投资报酬（return on capital）是指投资人在收回本金之外，对其投入的本金所要求获得的报酬。投入资本可能通过每年的租金收入得以回收，也可能在投资结束时一次性回收。由于建筑物的寿命有限，其价值将随着使用年限的增加逐渐减少，因此投资人对建筑物的投入资本将随着租金（以折旧的方式）逐年回收；土地的价值不会随着使用年限的增加而减少，土地所有权人可永续获得租金，或者可在投资结束时以某一价格（可能高于、低于或等于期初购置价格）出售土地收回投资，因此租金中不包含土地投资的回收，但是现金流量分析中要考虑土地再出售价值的折现。然而需要说明的是，我国城镇土地归国家所有，任何单位或个人只能在一定期限内有偿获得土地的使用权，使用权期满后国家将收回土地。在这样的情况下，对土地的投入资本也应该包含在租金中以土地摊提费用的形式逐年收回。因此，建筑物折旧和土地摊提费事实上构成了租金现金流的一部分，而不是运营费用。

③ 所得税不能包含在运营费用中进行扣减。运营费用中只包含运营过程中发生的、与租金收入的规模和不动产规模相关的税金，如房产税、土地使用税等。所得税是与特定业主性质及其整体财务或税收状况相关，而不是与房地产经营直接相关的现金流出，考虑所得税将影响对不动产客观价值的判断（如个人所得税税率与公司所得税税率不同）。

（3）净收益

净收益（net income, net operating income）是指由有效毛收入扣除运营费用后得到的归属于不动产的收益。净收益的计算公式为：

$$净收益 = 潜在毛收入 - 空置等造成的收入损失 - 运营费用$$
$$= 有效毛收入 - 运营费用$$

2）资本化率与折现率

不动产投资者某一年的收益与不动产价值的比率称为收益率。投资者每年获得的收益一部分来自投入资本的回收，另一部分则来自投入资本获得的报酬。相应地，收益率也包括了投资回收率和投资报酬率两个部分：投资回收率是指投入资本本金的回收率，投资报酬率是指投入资本本金所能赚取的报酬率。资本化率是收益率的概念，折现率是报酬率的概念。

（1）资本化率与折现率的估算方法

① 租价比法。在不动产市场同类交易案例非常丰富，租金、费用、售价等资料容易收集的情况下，可采用租价比法计算资本化率，即将同类不动产的净收益除以销售价格。实际操作时，需要注意：第一，要有足够的可比销售实例，一般至少需要3~4笔近期的可比销售；第二，需要对每个可比实例的净收益进行研究。净收益应反映市场租金的水平，而且是有效租金收入扣减所有运营费用之后的数额。

【例4-5】通过市场调查，收集了5个最近发生的与待估不动产相似的交易实例，其相关资料与待估不动产折现率的估算如表4-5所示。

---

① 土地摊提费，指一次性支付的土地出让金每年在土地使用年限内的摊销。

表4-5 待估不动产的有关资料

编号	年净收益/万元	价格/万元	折现率/%
1	15	130	11.54
2	48	390	12.31
3	26	220	11.81
4	70	620	11.29
5	55	430	12.79

表4-5中5个参考对象折现率的算术平均值为：

$$(11.54\% + 12.31\% + 11.81\% + 11.29\% + 12.79\%)/5 \approx 11.95\%$$

租价比法计算的资本化率可用于直接资本化法，这个比率包含了投资回收与投资报酬两个方面，但没有精确区分投资回收率与投资报酬率各为多少。

② 安全利率加风险报酬率法。安全利率可选用同一时期的国债年利率或中国人民银行公布的定期存款年利率，这是任何投资回报的起点；风险报酬率应根据投资的风险程度进行估算，这里需要考虑的因素包括估价对象所在地区的经济现状和前景、估价对象的用途及新旧程度等。

安全利率加风险报酬率法估计的是不动产投资者期望的投资报酬率，不包含投资回收率。其优点在于：它说明了投资的各种风险因素；其缺点在于：估算风险报酬率时主观性较大，估算的结果可能不够准确。

（2）资本化率与折现率的关系

如果投资人在期末可以以与期初相同的价格出售不动产收回全部投资，则每年的收益额中将不包含投资回收，此时收益率（即资本化率）等于投资报酬率（即折现率）；如果不动产价值下跌，投资者在期末无法通过出售不动产收回全部投资，则年收益中必须包含资本返还，此时收益率高于投资报酬率，投资回收率为正值；如果期末不动产升值，投资人通过期末出售不动产不仅可以收回全部投资，还可赚取资本利得，此时收益率将低于投资报酬率，投资回收率为负值。

直接资本化法中，资本化率包含了投资报酬率和投资回收率。现金流折现法是通过估计折现率，将每年预期的现金流量进行折现来估算不动产价值。虽然没有采用资本化率的数据，但事实上，折现计算的过程中已隐含资本化率。

3）收益年限

在评估基准日，土地使用权的剩余使用年限与建筑物的剩余经济寿命的关系可能出现以下3种情况：建筑物剩余经济寿命等于土地使用权剩余期限；建筑物剩余经济寿命小于土地使用权剩余期限；建筑物剩余经济寿命大于土地使用权剩余期限。

针对以上第二种和第三种情况，不动产价值的估算应采取不同的处理方法。

① 建筑物剩余经济寿命小于土地使用权剩余期限。

不动产价值 = 以建筑物剩余经济寿命计算的收益现值 + 建筑物剩余经济寿命结束后土地使用权价值的折现值

② 建筑物剩余经济寿命大于土地使用权剩余期限。

- 如果土地使用权出让合同中未约定不可续期：

$$不动产价值 = 以土地使用权剩余期限计算的收益现值 + \\ 土地使用权剩余期限结束时建筑物残值的现值$$

- 如果土地使用权出让合同已约定不可续期：

$$不动产价值 = 以土地使用权剩余期限计算的收益现值$$

5. 收益法在经营性不动产价值评估中的应用

经营性不动产是指为某种经营业务而设计的不动产，如宾馆、加油站、电影院、餐厅等。这类不动产通常经过专门设计和装修，在用途选择上缺乏灵活性，一般只适用于某种指定用途。经营性不动产的收益通常与企业的经营业务有着紧密联系，并且对经营业务收入有着显著贡献。

与投资性不动产不同，经营业务的收入并不完全归属于经营性不动产，而是归属于包括不动产、家具和设备、管理资源、品牌等在内的全部经营资产。例如，宾馆的收入不仅取决于宾馆的地理位置及宾馆建筑的档次，而且取决于宾馆的各类设施、管理水平、品牌等其他要素。因此，当采用收益法评估经营性不动产价值时，必须将经营业务的净收益分配至各类资产，然后将分配给不动产的净收益进行资本化，才是不动产的价值。相比之下，在投资性房地产评估中，房地产是对租金贡献最大的资源，因此将归属于其他资源的收益以运营成本的形式从租金中扣除，这样净收益就表示归属于房地产的收益。

【例 4-6】评估某宾馆不动产的价值。评估过程如表 4-6 所示。

表 4-6　某宾馆不动产的市场价值评估过程

宾馆经营业务的经营利润/万元	3 000
不动产贡献的经营利润/万元	2 000
其他经营要素贡献的经营利润/万元	1 000
宾馆行业的资本化率/%	12
不动产行业的资本化率/%	10
宾馆整体经营业务的价值/万元	3 000/12% = 25 000
宾馆不动产的价值/万元	2 000/10% = 20 000

阅读材料

不动产评估
剩余技术法

以上例子仅提供了收益性不动产价值评估的思路和方法。在实务操作中，要将经营业务的利润合理分配给不动产与其他经营资产，这并不是一件容易的事情。

4.4 成 本 法

1. 建筑物价值评估

1) 基本概念

建筑物价值评估的成本法,是通过估计重新购建相同效用的全新建筑物的成本,再扣减一定的贬值(实体性贬值、功能性贬值和经济性贬值),来估计建筑物的价值。正确理解建筑物的重置成本需要把握以下3个要点:① 重置成本是评估时点的成本,而不是账面成本或历史成本;② 重置成本按市场一般的成本水平来估算,而不是个别建筑物的实际成本;③ 重置成本是全成本的概念,即不仅包括建造成本,还包括开发商应获得的合理利润。

2) 适用范围

成本法适用于对诸如政府大楼、学校教学楼等通常不会在公开市场上租赁或买卖的建筑的市场价值进行评估。成本法也可应用于不能独立产生收益、无法用收益法评估其价值的建筑物,如工厂的厂房建筑。同时,成本法还可对其他估价方法的评估结果进行验证。

由于对建筑物贬值的计算可能很困难和非常主观,因此在对已使用年限比较长的建筑物进行评估时,尽量避免使用成本法,除非没有其他方法可使用。

3) 重置成本的构成

站在不同的视角,建筑物的成本构成项目不尽相同。图4-1显示了在建筑承包商、房地产开发商及房地产购买者3个层面的建筑物成本构成。

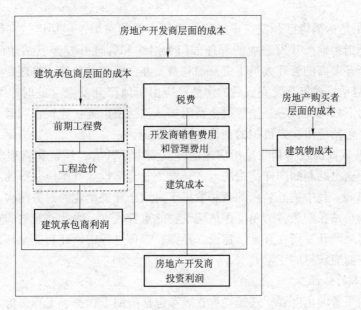

图4-1 建筑物成本构成示意图

站在建筑承包商层面,建筑物成本是指完成建筑产品所花费的成本,包括前期工程费和工程造价;再加上建筑承包商的合理利润,就构成了房地产开发商的成本之一。

① 前期工程费主要包括前期规划、设计、可行性研究、水文地质勘测、工程勘察，规划及建筑设计，以及"三通一平"（通水、通电、通路及平整场地）等开发项目前期工作所发生的费用。这些费用通常按照工程造价或项目总投资的一定比例估计。

② 工程造价指建筑物的土建成本，这是建筑成本的主体部分，从成本内容上一般可分为建筑安装工程费（包括建筑工程、安装工程、装饰工程和管道工程）、基础设计建设费（如果是熟地开发，则此项费用已包含在土地取得成本中）、公共配套设施建设费（主要针对住宅小区建设项目）等。从成本与工程项目的关系，可将工程造价分为直接成本和间接成本。直接成本是指可直接归属到被评估的建筑项目的成本，包括人工费、材料费、机械费、临时设施费、现场经费等。间接成本是指建筑承包商管理层面发生的、需要分摊到各个建设项目的成本，主要包括企业管理费（包括管理层的工资、办公费、差旅费等）、各类税费等。

③ 承包商利润是指建筑承包商应获得的正常投资利润。与其他企业一样，建筑企业在提供建筑产品的同时，也需要获得正常的企业利润。这里的企业利润是指企业全部投入资本应获得的利润，包括债务利息及股东的利润，债务利息的数额取决于建筑承包商的财务结构。因此，每一份建造合同的报价中，不仅包含建筑承包商为建筑项目支付的成本，也包含建筑承包商应获得的正常利润。建造合同的报价则构成了房地产开发商的成本。在分析承包商利润时需要考察工程造价中所包含的项目，如果工程造价中已包含了建筑商应获得的合理利润，则建筑商利润不必另算。

对于房地产开发商而言，建筑物成本不仅包括按建筑合同支付给建筑商的价格，还包括开发商的销售费用、管理费用及相关税费；再加上开发商的合理利润，就构成了房地产购买者的成本。

① 销售费用是指销售已开发完毕的房地产所必需的费用，包括广告宣传费、销售代理费等。管理费是指房地产开发企业的管理部门为组织和管理开发经营活动而发生的各种费用，包括房地产开发商的管理人员工资及福利费、办公费、差旅费、修理费等。

② 销售税费是指销售开发完成后的房地产应由房地产开发商（此时作为卖方）缴纳的税费，又可分为下列两类：一是销售税金及附加，包括城市维护建设税和教育费附加；二是其他销售税费，包括应由卖方负担的交易手续费等。

③ 房地产开发商的投资利润是指房地产开发商由于开发、经营和管理房地产所应该获得的合理利润。这里的利润同样是指房地产开发企业全部投入资本应获得的利润，包括债务利息及股东的利润。其中债务利息的数额取决于房地产开发企业的财务结构。

由于评估师是站在购买者的角度评估建筑物的重置成本，因此建筑物的重置成本应包含建筑承包商、房地产开发商在开发、建设、经营、管理过程中所耗费的全部成本，以及建筑商、房地产开发商应获得的正常利润。

4）重置成本的估计

从不动产购买者的角度看，建筑物重置成本包括前期工程费、工程造价、建筑承包商利润、开发商管理费用、开发商销售费用及税金、开发商利润。各项成本的估算方法如表4-7所示。

第4章 不动产评估

表4-7 建筑物重置成本各项目的估算方法

成本项目	估算方法	费率、税率、利润率、单位成本等的取值依据
前期工程费	工程造价×前期工程费率	• 各部委相关文件 • 行业市场调查
工程造价	单位成本法、分部分项法、价格指数法、工料测量法	• 城市的工程概算定额与造价信息 • 城市的建筑价格指数
分摊的开发商管理费用和销售费用	工程造价×费率	行业市场调查
税金	销售收入×税率	税法
建筑承包商利润	建筑承包商对该建筑的投入资本×行业投资利润率	行业市场调查
房地产开发商利润	开发商对该建筑的投入资本×行业投资利润率	行业市场调查

在重置成本所有的构成项目中，工程造价的估算是最复杂的，下面介绍工程造价估算的主要方法。

(1) 单位成本法

单位成本法是指通过查阅有关部门定期公布的成本手册或调查近期建成的类似建筑物的单位造价市场资料，并根据它们在建筑时间和建筑规格方面的差异进行相应修正，得到待估对象的单位成本，进而计算待估对象的工程造价。其计算方法如下：

$$待估建筑工程造价 = 单位造价标准 \times 修正系数 \times 建筑面积 + 附加项目造价$$

许多城市都会定期发布各类工程建筑造价标准，为评估师运用单位成本法提供了参考。

【例4-7】评估一幢建筑面积为300 m^2 的独立式住宅的工程造价，评估过程如表4-8所示。

表4-8 工程造价估算示例（单位成本法）

同类建筑物单位造价标准	2 000 元/m^2
规模和形状修正系数	0.973
修正后单位造价	2 000×0.973=1 946（元/m^2）
基本价格	1 946×300=583 800（元）
附加项目造价	+45 000 元
其中：厨房设备	20 000 元
空调设备	15 000 元
车库	10 000 元
待估不动产工程造价	628 800 元

运用这种方法的准确性依赖于所收集资料的正确性、一致性以及评估人员对同类建筑物和待估建筑物相似程度的判断与修正。

(2) 分部分项法

分部分项法是指分别计算建筑物每个部分的重置成本。典型的建筑部分包括地基、墙壁、地面、屋顶、天花板和供暖、装修等。评估师首先按照各部分的单位造价和被评估建筑物中该部分相应的数量，对该部分的重置成本进行估算，然后将各部分的成本加总，就得到建筑物的总造价。其计算公式为：

$$工程造价 = \sum 建筑物每个部分的造价 + 正常税费$$

分部分项法适用于大小、形状和高度与"标准建筑"差异很大，难以使用单位成本法估计其成本的建筑，如某些工业建筑。另外，分部分项法是对前述单位成本法的评估结果进行修正或调整时常用的方法。在例4-8中计算空调设备和厨房设备的步骤实际上就是分部分项法。

【例4-8】表4-9是一个运用分部分项法估算建筑物工程造价的例子。

表4-9 重置成本估算示例（分部分项法）

项目	数量/m²	单位成本/(元/m²)	成本总额/元
基础工程	1 500	200	300 000
墙体工程	1 600	400	640 000
楼地面工程	1 500	200	300 000
屋面工程	1 500	300	450 000
给排水工程			250 000
供暖工程			150 000
电气工程			200 000
合计			2 290 000
正常税费		建设成本的20%	458 000
重置成本			2 748 000

（3）价格指数法

价格指数法是指根据公布的建筑成本指数，将建筑物的原始成本调整为评估时的成本水平，用公式表示为：

$$当前工程造价 = 原始工程造价 \times (评估时价格指数/购建时价格指数)$$

【例4-9】待估对象为一木框架建筑，原始成本为80 000元，建于2022年。经调查，该建筑没有进行过重大改建。2022年该类建筑价格指数为426，评估时点的价格指数为639。则该建筑重置成本的估算如下：

$$80\ 000 \times (639/426) = 120\ 000（元）$$

价格指数法的缺点在于估算精度较低，但它常常作为估价的辅助工具。

（4）工料测量法

工料测量法首先估算出建造建筑物所需的各种材料、设备的数量和标准人工时数，然后逐一乘以估价时点各材料、设备的单位价格和人工劳务费标准，再累加求和得到建筑物的重置成本。使用这种方法需要有书面说明和图纸。

尽管工料测量法是估算建筑工程造价最精确的方法，但评估师应谨慎采用。因为这是一个非常专业的方法，要求评估师具备非常丰富的建筑技术知识，否则各项费用累加后的误差将会很大。另外，该方法耗费的时间和精力也比其他方法多。

5）建筑物重置成本估算举例

【例 4-10】表 4-10 显示了某办公楼重置成本计算的分析过程，其中工程造价采用单位成本法估算。

表 4-10 某办公楼重置成本估算示例

已知条件	
项　　目	数　　量
建筑面积/m²	800
单位造价标准/(元/m²)[已含建筑承包商利润]	1 000
单位造价调整系数	0.9
前期工程费/工程造价	9.0%
开发商销售费和管理费/工程造价	7.8%
税金/工程造价	3.3%
开发商利润率：开发商利润/全部投入额	6.3%
单位造价/(元/m²)	$1\,000 \times 0.9 = 900$
A. 工程造价/元	$900 \times 800 = 720\,000$
B. 前期工程费/元	$720\,000 \times 9\% = 64\,800$
C. 开发商销售和管理费用/元	$720\,000 \times 7.8\% = 56\,160$
D. 税金/元	$720\,000 \times 3.3\% = 23\,760$
开发商全部投资额/元	$A+B+C+D=864\,720$
E. 开发商利润/元	$864\,720 \times 6.3\% = 54\,477.36$
重置成本/元	$A+B+C+D+E=919\,197$（取整）

6）建筑物贬值的估算

（1）建筑物的贬值与会计折旧

建筑物的折旧和贬值都是反映其价值减少的指标，二者之间有一定的联系，有时在金额上甚至会很接近。但是，这两个概念有不同的含义，前者是从会计的角度给出的定义，用于核算成本和计算所得税；后者是从评估的角度给出的定义，用于成本法的评估过程。

会计师计算建筑物的折旧金额是以资产的账面成本为基数的。因此，会计折旧的重要特征是：它是由资产的账面成本及允许的折旧期决定的，而不考虑建筑物的市场价值发生了什么变化。随着折旧的逐年扣减，建筑物的账面价值也随之减少。因此，当不动产市场价值增加时，拥有大量不动产资产的公司的资产价值实际上可能比公布的账面价值高得多。

评估中贬值的估算所遵循的规则与会计中所使用的规则有所不同。首先，在评估中，是以资产的重置成本而不是账面历史成本为基础来计算贬值额的；其次，评估中的贬值额是在与全新建筑物进行比较之后，评估师对实际的市场价值的损失做出的准确估计，而会计折旧则是理论损失。这样，评估中的贬值实际上是资产当前重置成本与当前市场价值之间的差额，即总价值损失。这些价值损失可以由实体、功能、经济方面的原因引起，分别称为实体性贬值、功能性贬值和经济性贬值。

(2) 实体性贬值的测算

不管建筑物的质量和设计如何,所有建筑物的物质特性都将随着时间的推移而逐渐老化。建筑物的实体性贬值是指建筑物由于使用、年限、天气、无人照管、失修,甚至故意破坏等原因而引起的价值损耗。

常用的估算实体性贬值的方法有两种:使用年限法和打分法。

① 使用年限法。是指利用建筑物的实际已使用年限占其耐用年限的比率作为建筑物的实体性贬值率来估算实体性贬值的方法。用公式表示为:

$$建筑物的实体性贬值率 = (实际已使用年限/耐用年限) \times 100\%$$

这里有几点需要注意:第一,由于我国的土地市场只是使用权有限期的出让和转让市场,所以建筑物的耐用年限受到土地使用权年限的制约。当建筑物耐用年限短于土地剩余使用权年限时,可按建筑物耐用年限计算;当建筑物耐用年限长于土地剩余使用权年限时,应考虑土地使用权是否可续期对建筑物耐用年限取值的影响。第二,由于维修、改造等方面的差异,同样使用年限的建筑物在实体性贬值方面往往存在一定差异。例如,一个已存在30年的建筑物,如果经过现代化改造和很好的维修后,其成新率可能接近一个只有20年的建筑物。因此,评估师需要考虑大规模维修、装修和设备更换对建筑物成新率的影响。

② 打分法。是指评估师借助建筑物成新率的评分标准,根据建筑物的实际状况进行对照打分,得出建筑物的成新率。由于建筑物的实体性贬值分为可修复部分(如装修、设备等)及不可修复部分(如结构、基础等),所以建筑物不同部分的成新率可能不同。例如,同样是使用了20年的建筑物,经过重新装修并更换设备的建筑物,成新率将高于没有进行重新装修的建筑物。因此,评估师通常对建筑物不同部分的成新率分别打分,并根据重要性程度将各部分的成新率分别赋予一定的权重,通过加权平均的方法估算建筑物的成新率。

【例4-11】运用打分法评估某办公楼的成新率,评估过程如表4-11所示。

表4-11 用打分法评估某办公楼成新率的估算示例

	部件名称	标准分	具体情况	评定分
结构部分	基础	25	有足够承载能力,基础稳定	24
	承重构件	25	有少量损坏,基本牢固	23
	非承重墙	15	有少量损坏,但基本牢固	13
	屋面	20	局部渗漏,积尘较多,排水基本畅通	18
	地面	15	整体面层稍有裂缝、空鼓、起砂	13
	综合求取时权重取为0.65			91
装修部分	门窗	25	基本良好,能正常使用	23
	外粉饰	20	较好	18
	内粉饰	20	稍有空鼓、裂缝、剥落	18
	顶棚	20	无明显变形、下垂,抹灰层稍有裂缝	18
	其他装修	15	基本良好,能正常使用	13

续表

部件名称		标准分	具体情况	评定分
设备部分	综合求取时权重取为 0.15			90
	动力电照	40	电器设备、线路、各种照明装置完较牢固，绝缘较好	38
	给排水采暖	30	设备、管道基本畅通，稍有锈蚀，个别零件损坏，基本能正常使用	28
	其他	30	基本良好，能正常使用	28
综合求取时权重取为 0.2				94
合计得分			$91 \times 0.65 + 90 \times 0.15 + 94 \times 0.2 = 91.45$	
成新率			$91.45/100 = 91.45\%$	

(3) 功能性贬值和经济性贬值的测算

建筑物的功能性贬值是指由于建筑物的用途、使用强度、设计、结构、装修、设备配备等不合理造成的功能不足或浪费所形成的价值损失。建筑物用途和使用强度与其所占用的土地的最佳利用不符，被称为建筑错位。如果建筑物相对邻区的建筑物来说过大或过于豪华，所引起的功效损失称为建筑过度；如果相对邻区的建筑物来说过小或质量太差，由此引起的功效损失称为建筑不足。建筑物的设计及结构的缺陷，将导致建筑物不能充分发挥其应有的功能和最大限度地发挥其效用，从而引起价值损失。例如，不合理的设计及结构使建筑物的有效使用面积与其建筑面积的比例低于正常值所造成的价值损失即是一种功能性贬值。

经济性贬值又称为外部贬值，是指由于建筑物以外的原因引起的价值损失。造成经济性贬值的原因有：经济不景气、建筑物区域环境变化（如环境污染、灰尘、高速公路或机场噪声）等。这种贬值与其他两种贬值之间有着显著的区别。在实体性贬值和功能性贬值中，价值的损失是由于建筑物自身的原因造成的，而在经济性贬值中，价值的损失是由于外部环境的变化造成的。建筑物的经济性贬值往往表现为：商业用房的空房率增加，出租面积减少；工业用房大量闲置等。

对于功能性贬值和经济性贬值的估算，可以采用资本化法，即按照一定的资本化率将由于某种原因引起的收益损失资本化。其实，将损失资本化的方法不仅可用于估算由于单一原因引起的价值损失，也可用于估算由于各种原因（包括实体性贬值、功能性贬值、经济性贬值）引起的价值损失。例如，估算由于各种原因引起的损失，可以将待估建筑物的当前租金与同类全新建筑物的市场租金相比较，其差异就是由于使用年限或各种贬值引起的租金损失。将该租金损失资本化，就是建筑物应计的贬值总额。

收益资本化法用公式表示就是：

$$应计贬值 = 建筑物年收益净损失额 / 资本化率$$

这里的资本化率可以通过市场上类似建筑物的年租金和出售价格之比求得。

【例 4-12】假设一栋被评估的独户家庭住宅存在实体性贬值和功能性贬值。如果其月租金比新的类似资产少 300 元，市场研究表明资本化率为 10%，请通过收益资本化法计算该建筑的应计贬值总额。

$$应计贬值 = (300 \times 12)/10\% = 36\,000 \text{（元）}$$

7) 建筑物成本法应用举例

【例 4-13】待估对象为一独栋别墅，其基本资料和价值评估过程如表 4-12 所示。

表 4-12 待估对象的资料及成本法评估过程

	计算过程	计算结果
A. 估算建筑物重置成本		
居住	335 m² × 400 元/m²	134 000 元
天井	40 m² × 150 元/m²	6 000 元
车库	80 m² × 200 元/m²	+16 000 元
建筑重置成本		156 000 元
B. 应计贬值		
实体性贬值（贬值率10%）	156 000 × 10%	15 600 元
功能性贬值（厨房设备过时、平面布局不合理）		11 000 元
经济性贬值（接近高速公路、噪声、灰尘大）		+10 000 元
建筑应计贬值总额		36 600 元
C. 待估建筑评估值		119 400 元
D. 土地价值		500 000 元
E. 待估物业评估值		619 400 元

2. 土地价值评估

土地价值评估的成本法一般适用于成交实例不多且未来收益难以预测，无法利用其他方法进行估价的情形。在我国，成本法还常常用于国有土地使用权出让底价的评估。

土地属于自然资源，从理论上说，以折旧重置成本法为代表的成本途径并不适用于土地价值评估。事实上，在土地价值评估中，成本法是以"加和"① 的形式体现的。"加和"是将获得被评估资产所需要支付的成本进行累计加总的过程。土地的重置成本由土地取得费、土地开发费、投资利润、土地增值收益（也称为土地所有权收益）构成，在加和的思路下，土地价值的计算公式为：

$$土地价值 = 土地取得费 + 土地开发费 + 投资利润 + 土地所有权收益$$
$$= 成本价格 + 土地增值收益$$

① 土地取得费是指潜在的土地使用者为取得土地使用权而向土地所有权人或原土地使用权人支付的包括有关税费在内的各项费用。主要表现为取得农村集体土地发生的征地费用，或是为取得城市国有土地发生的拆迁安置费用。

② 土地开发费是为使土地达到一定的开发建设条件（如"五通一平"）而投入的包括有关税费在内的宗地内外的土地开发费用。宗地红线外的土地开发费用主要指基础设施配套费用、公共事业建设配套费用和小区开发费用；宗地红线内的土地开发费用主要指土地平整及宗地内的基础设施配套费用。

③ 投资利润是指土地开发商的投入资本应该获得的合理利润。土地开发商可能以自有资金投入土地开发，也可能使用贷款资金进行开发。无论资金的来源如何，投入资本应该获

---

① 国际评估准则委员会（IVSC）2011 年的技术文件之二《有形资产中的成本法》中，将成本途径分为两类：折旧重置成本法（DRC method）和加和法（summation method）。其中，折旧重置成本法是成本法的主要形式。本书中如果不加说明，成本法均指折旧重置成本法。

得土地开发行业必要的投资报酬。需要指出的是,借款利息虽然对于股东而言属于成本(即财务费用),但是站在全部投入资本的角度,利息只是对债权人投入资本的回报,这与净利润是对股东投入资本的回报一样,二者并没有本质区别。事实上,土地开发商全部投资的利润中既包含了对债权人的回报,也包含了对股东的回报。因此,借款利息不必单独计算,因为它已经包含在全部投入资本的投资利润中。换句话说,无论开发商的融资结构如何,都不会影响对投资利润的估算,也不会影响土地资产的价值。

④ 土地所有权收益也称为土地增值收益,是指国家作为土地的所有权人在出让土地使用权时向用地单位收取的经济报酬,它是绝对地租的资本化。土地所有权收益率或增值率取决于市场价格与成本价格的差异对成本价格的比率。计算土地所有权收益的基数是土地取得费、土地开发费、投资利润之和(即成本价格),而所有权收益率取值则存在地区差异,一般在15%～30%范围内。

4.5 假设开发法

1. 基本概念

假设开发法(hypothetical development method)又称剩余法、倒算法,是用于评估待开发土地的估价方法。它的基本思路是:假设有一块土地具有良好的开发和增值潜力,那么开发商愿意出多少钱来购买呢?开发商购买土地的目的是开发物业并赚取利润,为了最大限度地获得利润,开发商必须认真研究待售土地的坐落位置、面积大小、形状、周围环境、规划限制条件等,以便确定该地块在规划许可范围内最适宜的用途和最大的开发程度,并根据市场状况预测开发完成后的不动产价值,以及完成这一开发所需花费的各项成本和自己应得的正常开发利润。不动产的预计销售收入扣除开发费用和正常利润,就是这个开发商愿意为购买土地支付的最高价值。

因此,假设开发法是指在估算不动产未来市场交易价格的基础上,扣除建筑物的开发成本和开发商应获得的正常利润之后,以余额来确定待估土地价值的方法。

2. 估价公式

根据假设开发法的定义,其估价公式为:

$$宗地价值 = 开发价值 - 开发成本 - 利润$$

其中,开发价值、开发成本、利润解释如下。

① 开发价值是指土地开发完成后不动产的总价值。预测开发完成后的不动产价值,宜采用市场法,并应考虑类似不动产价格的未来变动趋势。

② 开发成本包括建筑费、专业费、不可预见费用、销售费用、税金等。建筑费包括直接工程费、间接工程费、建筑承包商利润等,一般按照当地现行的建筑工概(预)算标准测算,或参照当地统计局每年公布的各类物业建安成本统计值推算。专业费是指地质勘察费、建筑设计费、工程概预算费用等,通常按照建筑费用的一定比例估算,一般为建筑费用的5%～10%。出于谨慎性考虑,假设开发法估价中往往预备有不可预见费用,一般为建筑费和专业费之和的2%～5%。销售费用包括中介代理费、广告宣传费、交易手续费等。税金主要指不动产销售的印花税等。销售费用和税金一般按照不动产总价的一定比例计算。

③ 利润是指开发商的全部投入资本应获得的正常利润。计算利润的基数应为全部投入资本（包括地价、建筑费、专业费、销售费用、税金等）。即使开发商使用借款资金进行开发，无论借款多少，借款利息也已包含在投资利润中，不必另算。也就是说，开发商的融资结构不会影响开发项目的价值。

3. 适用范围及条件

假设开发法主要适用于：① 待开发土地（熟地）的估价；② 待拆迁改造的土地的估价，这时的开发总费用还应包括拆迁安置、平整土地等费用；③ 待开发生地的估价；④ 在建工程的估价。

采用假设开发法时，待估土地必须已经有明确的规划设计条件要求，如政府城市规划所允许的用途、容积率和覆盖率等。

采用假设开发法评估土地价值，其准确性主要取决于以下两个方面：一是正确选择土地的最佳开发方式；二是正确判断开发楼宇未来的出售价格。要使以上两个判断具有一定的准确性，就需要一个规范和稳定的不动产市场，这样评估师才能基本掌握不动产的供求变化及价格走势，这也是假设开发法运用的前提条件。

4. 应用举例

【例 4-14】试用假设开发法评估土地价值。

（1）估价对象概况

待估宗地为"七通一平"的建筑用地，已得到规划许可建设住宅楼，允许的总建筑面积为 12 000 m²，土地使用权年限为 70 年，现招标出让。

（2）估价过程如表 4-13 所示。

表 4-13　用假设开发法评估土地价值的过程

项目	计算过程
单位面积平均销售价格/（元/m²）	5 500
开发价值/元	5 500 × 12 000 = 66 000 000
单位面积建筑费和专业费/（元/m²）	1 500
建筑费和专业费/元	1 500 × 12 000 = 18 000 000
销售税费（开发价值的5%）/元	66 000 000 × 5% = 3 300 000
开发商利润（开发价值的20%）/元	66 000 000 × 20% = 13 200 000
计算土地价值/元	66 000 000 - 18 000 000 - 3 300 000 - 13 200 000 = 31 500 000

阅读材料

大数据时代应大力发掘
不动产登记数据价值

阅读材料

资产评估执业准则
——不动产

思考题

1. 不动产评估应遵循的专业性原则有哪些？
2. 影响不动产价格的因素有哪些？
3. 选择不动产评估方法要考虑哪些因素？各种方法的适用范围是什么？
4. 哪些因素会导致建筑物出现功能性贬值？

练习题

一、单选题

1. 城镇土地的基准地价是（　　）。
   A. 某时点城镇土地单位面积价格
   B. 一段时期内城镇土地单位面积的平均价格
   C. 某时点分级别、分用途的城镇土地平均单价
   D. 某时期城镇内各区域土地的平均单价

2. 很多项目的可行性研究都包括对空地的评估。如果被评估的是一个被划作商业用途的地段，并且没有现成的可比对象，那么最可能使用（　　）。
   A. 市场法　　　　B. 成本法　　　　C. 收益法　　　　D. 以上都不是

3. 在条件具备的情况下，市场法可以用于对以下（　　）用途的土地进行评估。
   A. 住宅　　　　　　　　　　　　　B. 商业
   C. 工业　　　　　　　　　　　　　D. 以上任何一种

4. 待估建筑物账面原值 100 万元，竣工于 2017 年底，假定 2017 年的价格指数为 100%，从 2018—2022 年价格指数每年增长幅度分别是 11.7%、17%、30.5%、6.9%、4.8%，则 2022 年底该建筑物的重置成本最有可能是（　　）。
   A. 1 048 000 元　　B. 1 910 000 元　　C. 1 480 000 元　　D. 19 100 000 元

5. 对于建筑物的功能过剩，在评估时可考虑按（　　）处理。
   A. 建筑物功能性贬值　　　　　　　B. 建筑物增值
   C. 建筑物经济性贬值　　　　　　　D. 建筑物经济性溢价

6. 待估建筑物为砖混结构单层住宅，宅基地为 300 m²，建筑面积为 200 m²，月租金 3 000 元，土地还原利率为 7%，建筑物还原利率为 8%。评估时，建筑物的剩余使用年限为 25 年，取得租金收入的年总成本为 7 600 元，评估人员另用市场法求得土地使用权价格每平方米 1 000 元，运用建筑物残余估价法所得到建筑物的价值最有可能是（　　）。
   A. 61 667 元　　　　B. 925 000 元　　　C. 789 950 元　　　D. 58 041 元

7. 估算成本时，使用价格指数将原始成本调整为现时成本的方法被称为（　　）。
   A. 单位成本法　　　　　　　　　　B. 分部分项法
   C. 指数法　　　　　　　　　　　　D. 工料测量法

8. 某二手房占地面积为 60 m²，建筑面积为 150 m²，重置单价为 1 200 元/m²，其耐用年限为 60 年，已使用 10 年，残值率为 0，用重置价格折旧法评估其现值为（　　）万元。（采用平均年限法计提折旧）

A. 10　　　　　B. 12　　　　　C. 15　　　　　D. 20

二、多选题

1. 如果一宗土地销售要确定为可比实例，那么该土地销售应该（　　）。
   A. 与被评估土地的用途相同
   B. 属于比较近期的销售
   C. 属于公开市场交易
   D. 与被评估土地处于同一供需圈

2. 在使用收益法评估不动产完全产权权益的市场价值时，关于净收益的计算正确的理解有（　　）。
   A. 净收益是有效收入减去运营费用之后的结果
   B. 净收益是有效收入减去运营费用和所得税之后的结果
   C. 有效租金收入应以市场租金为基础进行估算
   D. 运营费用中应包含建筑物的折旧

3. 评估中所使用的建筑物重置成本通常反映（　　）。
   A. 形成建筑物所需要的成本耗费和合理的投资利润
   B. 建筑物当前的成本水平，而不是账面成本水平
   C. 市场一般的造价水平
   D. 建筑物的实体性贬值程度

三、计算题

1. 某市区有6层砖混结构写字楼一幢，土地面积为1 000 m²，房屋可出租面积为3 000 m²。按照同类物业的市场租金水平和运营费用，预计未来月租金为4.5万元。每年的房租损失按半月租金计。未来的运营费用预期如下：房产税为年有效租金收入的12%，土地使用税每年每平方米2元，管理费以年有效租金收入的3%计，修缮费以建筑物重置成本的1.5%计，保险费按建筑物重置成本的3‰计。建筑物重置成本为250万元。假设不动产市场投资报酬率为8%，土地和建筑物的剩余使用年限均为50年。试评估该房地产的市场价值。

2. 有一宗地F需评估，现收集到与待估宗地条件类似的5宗地，具体情况见表4-14。

表4-14　待估宗地的具体情况

	成交价/ (元/m²)	交易时间	交易情况	区域因素	个别因素
A	7 100	2022年8月	+1%	0	+1%
B	6 300	2022年8月	0	0	-1%
C	7 000	2022年7月	+5%	0	-2%
D	6 900	2022年10月	-1%	0	+2%
E	7 300	2022年11月	0	+1%	0
F		2022年11月	0	0	0

该城市地价指数如表4-15所示。

表 4-15 城市地价指数表

时间	2022.5	2022.6	2022.7	2022.8	2022.9	2022.10	2022.11
指数	100	103	107	110	108	107	112

试根据以上条件,评估该宗土地 2022 年 11 月的市场价值。

3. ××仓库房地产的估价

(1) 基本情况:××仓库由 9 座库房组成,每座库房建筑面积为 1 920 m²,单层。库房建成于 2014 年 10 月。仓库库区所占土地总面积为 21 600 m²,2013 年 10 月由市政府出让给××储运有限公司使用,使用年限为 40 年。

(2) 评估基准日:2022 年 10 月。

(3) 评估方法要求:

① 采用房地分估的方法(其中建筑物的估价采用成本法);

② 采用房地产整体评估的方法(收益法);

③ 对以上两个计算结果采用算术平均,得出仓库房地产的评估值。

(4) 资料:

① 土地使用权价值经单独评估,为 3 200 万元;

② 按照市政建设管理站提供的 2022 年第三季度各类建筑物造价,该仓库库房的土建造价为 730 元/m²;

③ 该仓库建设的前期工程费、各类税费、利润等合计为土建造价的 15%;

④ 经实地观察,9 座仓库平均为 8 成新;

⑤ 库区围墙、道路等考虑成新率后的现值为 163 万元;

⑥ 经预测,9 座仓库今后能够正常使用,每年的租金总收入为 970 万元;

⑦ 每年各项经营管理费用合计为 260 万元;

⑧ 折现率为 14%。

试评估仓库房地产的价值。

第 5 章　长期投资评估

学习目标

学完本章，应该能够：
- 陈述长期投资的评估特点；
- 陈述评估债券价值的方法；
- 列举至少 3 个普通股价值评估的模型；
- 陈述优先股的评估方法。

关键术语

长期投资　债券　普通股　优先股　固定红利模型　红利增长模型　分段式模型

内容提要

长期投资是企业资产账户中不可或缺的组成部分。本章以长期投资的各种形态、收益形式、风险因素等为知识基础，重点介绍长期投资的评估特点、评估原则及主要评估方法。

5.1　长期投资评估概述

1. 长期投资的概念及分类

1) 长期投资的概念

长期投资是指投资者将资金投入不准备在一年内变现的资产，包括购买股票、股权、债券及以要素资产（如土地、房屋、无形资产等）进行的直接投资行为。但是，若从企业的角度出发，长期投资就有广义与狭义之分。

广义的长期投资是指企业投入财力、物力以期获得投资报酬的行为，包括向本企业和企业外部的投资。狭义的长期投资仅指企业的对外投资行为，即企业向那些并非直接为本企业使用的资产项目的投资。

作为企业资产评估对象的长期投资，是指狭义的长期投资概念，即不准备随时变现，持有期一年以上的企业对外投资。

2) 长期投资的方式及分类

长期投资的目的是多种多样的，因而长期投资的方式也不拘一格。较为普遍的长期投资方式有：购买有价证券，以现金、有形资产或无形资产直接投资到其他企业，企业联营、合资等。

（1）按照企业资产负债表中的资产账户，长期投资可分为长期股权投资、长期债权投资、投资性房地产、其他长期投资。

持有至到期投资是指到期日固定、回收金额固定或可确定，且企业有明确意图和能力持有至到期的非衍生金融资产，如企业准备持有至到期的国债、公司债券等。可供出售金融资产是指企业初始确认时即被指定为可供出售的非衍生金融资产，以及没有划分为以公允价值计量且其变动计入当期损益的金融资产、持有至到期投资、贷款和应收款项的金融资产。比如，企业购入的在活跃市场上有报价的股票、债券和基金等[①]。长期股权投资是指企业持有的对子公司、合营企业、联营企业的股权投资以及对被投资单位的少数股权投资。

（2）按照长期投资存在的形态，考虑到长期投资评估的需要，长期投资可分为债券投资、股票投资和股权投资。

① 债券投资，是指通过购买债券的方式进行的债权投资。
② 股票投资，是指为取得其他企业的所有权而购买股票所进行的投资。
③ 股权投资，是指以现金、有形资产或无形资产投入被投资企业，由被投资企业向投资者出具证明书，确认其股权的投资。

2. 长期投资评估的目的

① 在使用资产基础法（详见本书第 8 章）评估企业价值的过程中，需要评估企业各单项资产的价值。由于长期投资是企业资产负债表中的资产项目之一，因此企业价值的评估过程将会涉及长期投资的评估。

② 在合并对价分摊评估、资产减值评估等以财务报告为目的的评估业务（详见本书第 9 章）中，也将涉及对长期投资公允价值的评估。

③ 企业处置长期投资（如出售子公司、合营企业股权等），将会涉及对长期投资的评估。

3. 长期投资评估的特点

由于长期投资是投资企业以放弃对其自身资产的直接控制权为代价，换取从被投资者处获取投资收益和资本增值的权利的投资行为，因此对企业长期投资的评估就具有不同于评估其他资产的特点。

（1）长期投资评估是对被投资企业部分股东权益的评估

尽管长期投资的出资形式可以是实物资产、无形资产或货币资产，但是投放到被投资企业后，就会与被投资企业的其他资产融为一体，作为该企业资产的一部分，就被作为资本的象征；而对于投资者而言，它们只能被作为投资资本看待，发挥着资本的功能。因此对长期投资评估实质上是对被投资企业部分股东权益的评估，而不是一般意义上的单项资产评估。

阅读材料

长期投资评估程序

（2）长期投资评估是对被投资者的偿债能力和获利能力的评估

一项长期投资价值的高低主要取决于该项投资所能带来的收益。显然，

---

① 财政部.《企业会计准则第 22 号——金融工具确认和计量》应用指南。

这不取决于投资方，而是取决于被投资方的经营状况、财务状况。对债权形式的长期投资评估，主要考虑债务人是否有足够的偿债能力，能否按期支付利息和到期归还本金。对股权形式的长期投资评估，主要考虑被投资企业是否有较强的获利能力，能否使投资者获得较高的股息收入与资本利得。这样，长期投资评估将涉及对被投资企业经营状况和经营风险等方面的分析。但是在实践中，被投资企业往往不是评估业务的委托方或相关当事方，在某些情况下（如少数股权投资的情形），评估资料和数据的收集将受到一些限制，需要在评估中寻求恰当的途径与方法，尽可能对长期投资进行合理估价。

5.2 债券价值的评估

阅读材料

债券概述

1. 市场法

如果债券可以在公开市场上流通，并且具有活跃的市场报价，那么在市场交易正常的情况下，该债券的现行市价就可作为该债券的评估值。

采用市场法评估债券价值，一般以评估基准日的收盘价为准，其计算公式为：

$$债券评估价值 = 债券数量 \times 评估基准日债券市价（收盘价）$$

但在采用市场法评估债券价值时，应在评估报告中说明所用评估方法和结论与评估基准日的关系，并说明该评估结论应随市场价格的变化而进行适当调整。

【例 5-1】被评估企业持有 3 年期公司债券 1 000 张，每张面值 100 元，票面年利率为 5.8%。评估基准日，该公司债券的市场收盘价为 110 元，则评估基准日该企业持有的公司债券的评估值为：

$$评估值 = 110 \times 1\,000 = 110\,000（元）$$

2. 收益法

在债券没有活跃市场报价，或虽有活跃市场报价，但市场投机严重，债券价格严重扭曲的情况下，收益法是评估债券价值的基本方法。

收益法是在考虑债券风险的前提下，按适当折现率折现预期收益的方法。由于债券的利率、还本期限、利息支付方式等都是事先约定的，计算债券的预期收益并不困难。较为复杂的是如何确定适当的折现率。债券的折现率由无风险报酬率与风险报酬率两部分组成。无风险报酬率一般为国债利率。风险报酬率可根据债券发行企业的信用评级确定，级别越低，风险报酬率越高。若无信用评级，则需根据债券发行企业的经营、财务、信用、行业等多种状况判断。此外，风险报酬率的确定还需考虑通货膨胀率。

根据债券是否有息票，或还本付息方式不同，可以将债券分为每年（期）支付利息到期还本与到期一次还本付息两大类，其计算现值的具体方法有所区别。

（1）每年（期）支付利息，到期还本债券的评估

该类债券的评估采用有限期收益法，其现值公式为：

$$P = \sum_{t=1}^{n} \frac{R_t}{(1+i)^t} + \frac{P_0}{(1+i)^n}$$

式中：P——债券评估值；
　　R_t——债券在 t 年的利息收益；
　　i——适当的折现率；
　　P_0——债券的面值；
　　n——从评估时点至债券到期日所经历的期数。

如果一年内多次付息，上述现值公式还可演化为：

$$P = \sum_{t=1}^{n \cdot m} \frac{R_t \cdot \frac{1}{m}}{\left(1 + \frac{i}{m}\right)^t} + \frac{P_0}{\left(1 + \frac{i}{m}\right)^{n \cdot m}}$$

式中：m——每年支付利息的次数。

【例 5-2】某企业拥有另一企业发行的债券面值 100 000 元，2 年期，每年付息一次，到期还本，票面年利率为 7%。至评估基准日债券已购入 1 年，市场利率为 10%。则该债券的评估值为：

$$\text{评估值} = \frac{100\ 000 \times 7\%}{1 + 10\%} + \frac{100\ 000}{1 + 10\%}$$
$$= 7\ 000 \times 0.909\ 1 + 100\ 000 \times 0.909\ 1$$
$$\approx 97\ 274（元）$$

（2）到期一次还本付息债券的评估
其计算公式为：

$$P = F(1 + i)^{-n}$$

式中：F——债券到期时的本利和；
　　n——从评估时点至债券到期日所经历的期数。

另外，本利和 F 的计算要根据债券利息是采用单利计算还是复利计算来确定。

① 采用单利计算终值的公式为：

$$F = P_0(1 + m \cdot r)$$

式中：P_0——债券面值；
　　m——债券的计息期次数；
　　r——债券的利息率。

② 采用复利计算终值的公式为：

$$F = P_0(1 + r)^m$$

【例 5-3】被评估企业拥有某企业发行的 3 年期一次性还本付息债券面值 100 000 元，票面年利率为 6%，按复利计算利息。评估时债券的购入时间已满 2 年，当时的市场利率为 5%。该债券评估值为：

$$P = F(1 + 5\%)^{-1}$$
$$F = 100\ 000 \times (1 + 6\%)^3 = 100\ 000 \times 1.191 = 119\ 100（元）$$
$$P = 119\ 100 \times (1 + 5\%)^{-1} = 119\ 100 \times 0.952\ 4 \approx 113\ 430（元）$$

在对债券的价值进行评估时，也需要考虑期限对评估价值的影响。对于距评估基准日 1 年内到期的债券，可以根据本金加上持有期间的利息确定评估值；对于超过 1 年到期的债券，可以根据本利和的现值确定评估值，这时就宜采用收益法进行评估；但对于不能按期收回本金和利息的债券，评估人员应在调查取证的基础上，通过分析预测，合理确定评估值。

5.3 股票价值的评估

1. 股票特征及其类型

股票是股份有限公司发行的，用以证明投资者股东身份及权益，并据以获得股息和红利的有价证券。企业进行股票投资既可取得股利收入，又可按其股份占被投资企业总股份的比例参与被投资企业的经营管理。后者是债权投资所没有的权利。此外，由于股票投资不能要求股票发行公司还本，并且投资收益需根据股票发行公司的盈利水平来确定，因此与债权投资相比，股票投资具有风险大、价格波动性大、收益高等特点。

股票的种类较多，可以从不同角度进行分类。但是从资产评估的需要出发，根据股票持有人享有权利的大小和承担风险的大小，一般分为普通股与优先股；根据股票是否上市流通，可分为上市股票与非上市股票。

2. 股票评估的方法

1) 市场法

对于上市流通股票，在正常情况下，可采用评估基准日活跃市场的报价作为评估值。所谓正常情况，是指股市发育正常，股票自由交易，没有非法炒作现象。如果证券市场发育不完善，则市场价格一般不能直接作为股票评估的依据。这时要与非流通股票一样，采用收益法进行评估。

用市场法评估股票价格的公式为：

$$股票评估值 = 该股票评估基准日价格 \times 持有股数$$

然而，这个简单公式在实际应用中，存在评估基准日价格选择的问题。股票买卖的行情价格有开盘价、收盘价、最高价、最低价、成交价。在股市波动较大的情况下，这些价格之间的差异也较大，究竟应选用何种价格作为股票的评估值呢？

从公平合理的角度讲，应以被评估股票在评估基准日的加权平均成交价为准。其计算公式为：

$$\bar{P} = \frac{\sum P_i W_i}{\sum W_i}$$

式中：$\bar{P}$——每股平均成交价；

P_i——成交价格；

W_i——与 P_i 对应的成交股数。

但是，在股市波动较大的情况下，评估基准日的加权平均价有可能严重高于或低于评估基准日前后一段时期的价格，从而使评估基准日的加权平均价缺乏代表性。例如，若该股价看涨，就可能低估股票价值；反之，则会高估股票价值。在这种情况下，需要对加权平均价进行进一步调整。

在实践中,评估师大多采用评估基准日该股票的市场收盘价作为评估依据。

【例 5 - 4】对某企业进行评估,其拥有一上市公司股票 10 000 股,评估基准日股票收盘价为 17 元。则:

$$股票评估值 = 10\ 000 \times 17 = 170\ 000\ (元)$$

如果被评估企业持有被投资上市公司的股权比例达到控股的程度,尽管所持股票具有公开市场报价,但此时不能直接采用公开市场价格作为评估值,因为公开市场的股票价格代表缺乏控制权的"少数股东权益"。如果评估对象是控股股权,则需要在公开市场价格的基础上考虑控制权溢价[①]因素,经过调整之后,得到评估值。

举例来说,假设 A 公司持有 B 上市公司股票 1 亿股,占 B 公司股本总额的 50%,属于控股股东,评估基准日 B 公司的股票市场价格为 6 元。当对 A 公司所持有的 B 公司股票价值进行评估时,不能直接以 6 亿元(6 元/股×1 亿股)作为股票评估值。因为 A 公司可以控制 B 公司的重大经营决策,享有控股股东的特有权益,所以 A 公司所持有的股票具有控制权溢价,其价值应高于 6 元/股。假设控股溢价率为 66.67%,则 A 公司所持有的每股股票价值为 6 × (1 + 66.67%) = 10.00 元,即控制权溢价为 4 元/股。

Barclay 和 Holderness[②] 提出了大宗股权交易的控制权溢价模型,他们认为控制权变更时,收购价与交易宣布后的市场价之间的差值就是控制权的价值。在一个有效的市场上,股票市价反映了大股东进入后所能带来的公共收益,因此大额交易价格与其公告后股票市价的差额就代表控制权溢价。采用的模型为:

$$PBC = \frac{P_t - P_m}{P_t}$$

式中:PBC——控制权私人收益的水平;

P_t——股权转让价格;

P_m——股权转让当天股票的价格。

2)收益法

非上市交易的股票,没有活跃的市场报价,一般采用收益法评估,即综合分析股票发行主体的经营状况及风险、历史利润水平和分红情况、行业收益等因素,合理预测股票投资的未来收益,并选择合理的折现率确定评估值。

如果投资者打算永久持有股票,则采用收益法评估股票价值的公式如下:

$$V = \frac{D_1}{(1+k)^1} + \frac{D_2}{(1+k)^2} + \frac{D_3}{(1+k)^3} + \cdots + \frac{D_n}{(1+k)^n} = \sum_{t=1}^{n} \frac{D_t}{(1+k)^t}$$

式中:V——股票评估值;

D_t——分得的现金股利;

---

① 关于控制权溢价和少数股权折价的概念,详见本书第 8 章。

② BARCLAY M J, HOLDERNESS C G. Private benefits from control of public corporations [J]. Journal of Financial Economics, 1989 (25): 371 - 395.

k——折现率；

n——股票现金股利的收益期限。

如果投资者不打算永久持有股票，则采用收益法评估股票价值的公式如下：

$$V = \frac{D_1}{(1+k)^1} + \frac{D_2}{(1+k)^2} + \cdots + \frac{D_T}{(1+k)^T} + \frac{P_T}{(1+k)^T} = \sum_{t=1}^{T} \frac{D_t}{(1+k)^t} + \frac{P_T}{(1+k)^T}$$

式中：T——股票持有期；

P_T——第 T 年股票出售时的市场价格。

事实上，P_T 仍然取决于 T 年之后现金股利的折现值，将 P_T 展开，就得到第 1 个公式。因此，第 1 个公式是采用收益法评估股票价值的通式。

(1) 优先股价值评估

优先股价值评估主要考虑两大因素：一是评估优先股的风险；二是按优先股的性质和条款预测收益。由于优先股在发行时就已规定了股息率，所以对优先股风险的评估主要是判断股票发行主体是否有足够的税后利润用于优先股的股息分配。这种判断是建立在对股票发行企业全面了解与分析的基础之上的，包括股票发行企业生产经营情况、利润实现情况、股本构成中优先股所占比重及负债情况等。如果股票发行企业资本结构合理，实现利润较多，具有较强的支付能力，优先股就具备了"准企业债券"的性质；反之，则具有一定的风险，在确定折现率时应予以考虑。

优先股的股息一般固定，采用收益法评估优先股价值的计算公式为：

$$P = \sum_{t=1}^{\infty} \frac{R_t}{(1+r)^t} = \frac{A}{r}$$

式中：P——优先股评估值；

R_t——第 t 年的优先股的收益；

r——折现率；

A——优先股的年等额股息收益。

【例 5–5】A 企业持有 B 公司发行的优先股 500 股，每股面值 600 元，股息率为 15%。假设折现率为 10%，试评估该优先股的价值。

该优先股的每股价值为：

$$P = \frac{600 \times 15\%}{10\%} = 900 \text{（元）}$$

一些优先股不仅可以获得固定的股息，还可以与普通股一同参与利润分配，获得额外股利，这类优先股称为参与优先股。由于额外红利的风险大于额定股息，故其风险报酬率也应大于额定股息的风险报酬率。参与优先股的价值评估公式为：

$$P = \sum_{t=1}^{n} \frac{R_t}{(1+r)^t} + \sum_{t=1}^{n} \frac{R_t'}{(1+r')^t}$$

式中：R_t——t 年的额定股息；

R_t'——t 年的额外红利；

r——额定股息适用的折现率；

r'——额外红利适用的折现率，一般 $r'>r$。

(2) 普通股的评估

普通股股东在股票持有期内的收益由两部分组成：一是持有期内的红利收入；二是若干年后按当时的市场价格出售股票获得的收益。如前所述，股票未来的市场价格本质上也取决于后续的红利收入。与优先股不同，普通股的红利一般是不确定的，这取决于企业的经营状况和股利政策。当企业经营状况良好，又没有更好的投资机会时，可能大量分发红利；当企业经营状况不佳，或者虽然经营状况良好但存在投资机会时，可能不发或少发红利。因此，预测未来股利需要对股票发行企业进行全面的分析，主要考虑的因素有：该企业历史上的利润水平、收益分配政策、该企业所在行业的稳定性、该企业管理人员的素质和能力、该企业的经营风险与财务风险、该企业今后几年的利润发展趋势和投资趋势，以及国家的宏观经济政策与股市的发展趋势等。

对上述因素的评估分析相当于对企业的整体评估，具体方法参见本书第8章。本章假定上述分析已完成，仅探讨普通股的评估技巧。根据普通股收益变动的趋势，可以将普通股的评估分为3种类型：固定红利模型、红利增长模型和分段式模型。

① 固定红利模型。固定红利模型是假设企业今后分发的红利稳定地保持在一个相对固定的水平上。因此，该模型适用于生产经营一直比较稳定，红利派发亦比较稳定的企业的普通股价值评估。

假设企业持续经营，估价公式为：

$$P = A/r$$

事实上，企业每年派发的红利不可能完全相等。如果红利变动的幅度不大，可以通过下列公式将未来若干年不等额的红利折算成等额红利，然后再使用固定红利模型：

$$A = \sum_{t=1}^{n}[R_t \times (1+r)^{-t}] \times (A/P,r,n)$$

式中，$(A/P,r,n)$ 为投资回收系数。其他字母含义同上，余同。

【例 5-6】甲企业持有乙公司非上市股票 3 000 股，每股面额 1 元。乙公司经营稳健，盈利水平波动不大，预计今后 5 年每股红利分配分别为 0.20 元、0.21 元、0.22 元、0.19 元、0.20 元。乙公司的股权资本成本为 12%，试评估该股票的价值。

分析：乙公司经营平稳，红利发派也比较稳定，适用固定红利模型，但需计算固定红利。

$$P = A/12\%$$

$$\begin{aligned}
A &= \sum_{t=1}^{5}[R_t \times (1+12\%)^{-t}] \times (A/P,12\%,5) \\
&= 3\,000 \times [0.2/(1+12\%) + 0.21/(1+12\%)^2 + 0.22/(1+12\%)^3 + 0.19/(1+12\%)^4 + \\
&\quad 0.2/(1+12\%)^5] \times 0.277\,4 \\
&= 3\,000 \times 0.736\,8 \times 0.277\,4 \\
&\approx 613.16(\text{元})
\end{aligned}$$

$P = 613.16/12\% \approx 5\,109.67(\text{元})$

② 红利增长模型。红利增长模型是假设股票发行企业并未将企业的全部剩余收益以红利的形式分给股东,而是将其中一部分用于追加投资,扩大生产经营规模,增加企业获利能力,从而使股东的潜在获利能力增大,红利呈增长趋势。红利增长模型假设红利以某一恒定增长率 g 递增,适用于稳定成长型企业的股票价值评估。其计算公式为:

$$P = \frac{D_1}{1+r} + \frac{D_1(1+g)}{(1+r)^2} + \frac{D_1(1+g)^2}{(1+r)^3} + \cdots = \frac{D_1}{r-g} \quad (r>g)$$

式中:D_1——未来第一年该股票的股利。

在运用上述公式时,对 g 的估计要特别慎重。因为某一企业的当前红利增长率可能很高,但这绝不意味着该企业能持续维持这种增长率。股利增长率 g 的测定方法主要有两种:一是历史数据分析法,即在对企业历年红利派发数据分析的基础上,利用统计方法计算出红利历年的平均增长速度,可用算术平均也可用几何平均;二是发展趋势分析法,即以企业剩余收益中用于再投资的比例与企业股本利润率的乘积确定股利增长率。无论选择何种方法计算股利增长率,都必须符合 $g<r$ 的要求。因为从数学意义上讲,如果 $r<g$,当 $n\to\infty$ 时,级数不收敛,$P\to\infty$。从经济意义上讲,股利增长率长期高于股权资本成本,也是不现实的。

【例 5-7】甲企业拥有乙公司面值 500 000 元的非上市普通股股票。从已持有期看,每年红利派发相当于票面价格的 10% 左右,并且明年的红利仍维持这个水平。经评估人员调查了解到:乙公司今后打算在所实现的税后利润中拿出 20% 用于企业扩大再生产,其余部分用于红利派发。经分析,乙公司今后随投资的增加,其权益报酬率将保持在 15% 的水平上。假定乙公司股权资本成本为 12%,试评估该股票的价格。

分析:乙公司的股票适用于红利增长模型,但需先计算股利增长率,依据所给条件可以用再投资比例与权益报酬率的乘积计算。

$$g = 20\% \times 15\% = 3\%$$
$$D_1 = 500\,000 \times 10\% = 50\,000\,(元)$$
$$P = \frac{50\,000}{12\% - 3\%} \approx 555\,555.56\,(元)$$

③ 分段式模型。前两种模型一种是股利固定,另一种是固定的增长率,过于模式化。针对实际情况,采用分段式模型较为客观。计算方法是:按照红利收益是否稳定,将股票的收益期分为两个阶段。第一阶段的红利收益不稳定,评估师将逐年预测股票的未来收益并将各年收益折现;当红利分配进入稳定阶段,评估师采用固定红利假设或红利增长假设,计算股票在第二阶段的收益现值。最后将两阶段收益的现值相加,得出评估值。

【例 5-8】某公司进行评估,其拥有另一股份公司非上市普通股股票 10 万股,每股面值 1 元。在持有期间,每年股利收益率均在 15% 左右。评估人员对该股份公司进行调查分析,认为前 3 年保持 15% 收益率是有把握的;第 4 年一套大型先进生产线交付使用,可使收益率提高 5 个百分点,并将持续下去。假设折现率为 12%,则该股票的评估值为:

$P = $ 前三年折现值 + 第四年后折现值
$\quad = 100\,000 \times 15\% \times (P/A,12\%,3) + (100\,000 \times 20\%/12\%) \times (1+12\%)^{-3}$

= 15 000 × 2.401 8 + 20 000/12% × 0.711 8
≈ 36 027 + 118 633
≈ 154 660(元)

5.4 股权投资的评估

对一家公司进行股权投资或股票投资，本质上是相同的，都是持有被投资企业一定比例的股东权益。二者的区别是：股票投资仅指对股份有限公司的股东权益投资，而股权投资的含义更加宽泛，不仅包括对股份有限公司的股东权益投资，也包括对有限责任公司的股东权益投资。

与股票价值评估的原理相同，股权投资的价值也取决于持股企业从被投资企业分得的股利或利润的现值。根据股利或利润现金流分布的规律不同，股权投资的价值也可选择采用固定红利模型、红利增长模型和分段式模型进行评估。

当采用非货币性资产（如机器设备、无形资产等）进行股权投资，如设立子公司、组建合营企业、组建联营企业或参与少数股权，且被投资企业在公司章程中设有明确的经营期限时，长期股权投资就成为一种有期限的股权投资。此时长期股权价值评估不仅要考虑投资期间的利润分配，而且要考虑经营期结束后投入资本的回收。

绝大多数的股权投资评估都适用收益法，但也不仅限于收益法，在评估实务中也可根据实际情况采取资产基础法和市场法对股权进行评估。相比于债券和股票的评估，股权评估通常会面临更复杂的情况。评估人员在确定评估结论时，也应采取定性和定量相结合的方法，提供符合逻辑的依据，可重点考虑以下因素：

① 各种方法的评价范围及价值内涵是否一致。
② 不同方法与评估目的及测算结果的用途是否匹配。
③ 不同的企业特点与资产使用状况对不同方法测算结果的影响。
④ 不同方法的测算结果所依据信息资料的质量和可靠性是否满足要求。

【例 5-9】甲厂以机器设备作价 100 万元向乙厂投资，协议双方联营 10 年。甲厂按投资比重分配乙厂的利润。双方协议投资期满时，乙厂按甲厂投入机器设备的折余价值返还甲厂，设备年折旧率定为 5%，评估时双方已经联营 5 年，前 5 年甲厂每年从乙厂分得的利润分别为：10 万元、14 万元、15 万元、15 万元、15 万元。经评估人员调查分析，认为乙厂今后 5 年的生产经营情况基本稳定，甲厂每年从乙厂分得的利润可保持在 15 万元的水平。投资期满，乙厂将返还甲厂机器设备的折余价值 50 万元。根据评估时的银行利率、通货膨胀情况，以及乙厂的经营情况，将折现率定为 12%。则该项长期投资的评估结果如下：

$$P = \sum_{t=1}^{5} \frac{15}{(1+12\%)^t} + 50 \times (1+12\%)^{-5}$$
$$= 15 \times 3.604\ 8 + 50 \times 0.567\ 4$$
$$= 82.442\ (万元)$$

阅读材料

长期股权投资评估注意事项

思考题

1. 长期投资评估的特点是什么？
2. 债券评估的方法有哪些？
3. 股票价值评估的方法有哪些？
4. 股权投资如何进行评估？

练习题

一、单选题

1. 上市交易的债券最适合运用（   ）进行评估。
   A. 成本法　　　　　B. 市场法　　　　　C. 收益法　　　　　D. 期权法
2. 被评估债券为 2020 年发行，面值 100 元，票面年利率为 10%，3 年期。2022 年评估时，债券市场上同类债券的交易价为 110 元，该债券的评估值最接近（   ）元。
   A. 120　　　　　　B. 98　　　　　　　C. 100　　　　　　D. 110
3. 站在资产评估的角度，在股市发育不全、交易不规范的情况下，股票的评估价值应以股票的（   ）为基本依据。
   A. 市场价格　　　　B. 发行价格　　　　C. 收益法评估值　　D. 票面价格
4. 被评估企业以无形资产向 A 企业进行长期股权投资，该投资占股东权益的 10%。协议规定投资期为 10 年，A 企业以每年利润的 20% 作为投资方的回报，10 年后投资方放弃无形资产产权及股权。评估时此项投资已满 5 年，评估人员根据前 5 年 A 企业产品销售情况和未来 5 年的市场预测，认为今后 5 年 A 企业的净利润保持在 500 万元水平，折现率为 12%，则该项长期投资的评估值最有可能是（   ）万元。
   A. 360　　　　　　B. 57　　　　　　　C. 180　　　　　　D. 36
5. 非上市债券的风险报酬率主要取决于（   ）。
   A. 发行主体的具体情况　　　　　　B. 债券市场状况
   C. 债券购买方的具体情况　　　　　D. 股票市场状况

二、多选题

1. 非上市债券作为一种投资工具与股票投资相比，具有（   ）。
   A. 风险较小　　　　　　　　　　　B. 投资报酬率高
   C. 较强的流动性　　　　　　　　　D. 收益相对稳定
2. 非上市债券的评估类型可分为（   ）。
   A. 固定红利模型　　　　　　　　　B. 红利增长模型
   C. 每年支付利息，到期还本型　　　D. 到期后一次还本付息型
3. 非上市流通股票评估的基本模型有（   ）。
   A. 到期一次还本模型　　　　　　　B. 红利增长模型
   C. 固定红利模型　　　　　　　　　D. 分段式模型
4. 长期投资性资产评估是对被投资方的（   ）进行评估。
   A. 投资品　　　　　　　　　　　　B. 偿债能力

C. 获利能力　　　　　　　　　　　　D. 变现能力
5. 在红利增长模型中股利增长率 g 的计算方法主要有（　　）。
　　A. 重置核算法　　　　　　　　　　　B. 市场法
　　C. 统计分析法　　　　　　　　　　　D. 趋势分析法
6. 属于直接投资的经济行为有（　　）。
　　A. 以现金购买被投资企业的股票　　　B. 以实物资产购买被投资企业的股票
　　C. 将现金存入银行　　　　　　　　　D. 购买被投资企业的债券
7. 长期股权投资评估中需收集的资料主要包括（　　）。
　　A. 被投资企业的经营期限　　　　　　B. 被投资企业的股权资本成本
　　C. 现金股利的历史数据　　　　　　　D. 投资比例

三、计算题

1. 某企业购买另外一企业债券 50 000 元，票面利率为 5%，不计复利，4 年期，到期一次还本付息。评估时债券购入时间已满两年，假设市场利率为 6%，试评估该债券的市场价值。

2. 被评估企业拥有某石化企业发行的债券 100 000 元，3 年期，年利率为 6%，每半年付息一次，到期还本。评估时该债券已购入半年，第一次利息已收账。假设市场利率为 8%，试评估该企业所拥有债券的市场价值。

3. 被评估企业 A 拥有企业 B 优先股 100 股，每股金额为 1 000 元，股息率为 15%，假设折现率为 12%，根据上述资料计算企业 A 拥有的优先股的市场价值。

4. A 企业持有 100 万股 B 企业非上市股票，评估人员根据 B 企业未来收益水平比较稳定，决定按固定红利模型对 A 企业所持股票进行评估。据分析测算，B 企业未来 5 年的股票红利分配情况如表 5-1 所示。

表 5-1　企业未来 5 年股票红利分配情况表

第一年	第二年	第三年	第四年	第五年
150 万元	160 万元	180 万元	170 万元	180 万元

　　B 企业的股权风险报酬率为 3%，评估时国债利率为 3%。根据上述资料按固定红利模型计算每股股票的现值。

5. A 企业持有 100 万股 B 企业非上市法人股。评估人员根据 A 企业评估前各年从 B 企业得到的股票收益和对 B 企业未来经营情况及外部环境分析，认为 B 企业发行的股票呈红利增长趋势。在可预见的年份，红利递增率约为 2%。假设折现率为 12%，B 企业股票下一年的红利为每股 1.1 元。根据上述资料，试计算 A 企业拥有的每股股票的现值。

第6章 流动资产评估

学习目标

学完本章，应该能够：
- 阐述流动资产评估的特点及评估程序；
- 理解实物类流动资产的评估方法；
- 理解货币类流动资产及债权类流动资产的评估方法。

关键术语

流动资产评估　实物类流动资产　货币类流动资产　债券类流动资产

内容提要

流动资产形态多样，其评估内容包括实物类流动资产评估和货币类流动资产及债权类流动资产评估，前者具体分为材料、在产品、产成品及库存商品的评估；后者具体分为货币性资产、应收账项、预付账款、应收票据及其他流动资产的评估。

6.1 流动资产评估概述

阅读材料

流动资产的概念及分类

1. 流动资产评估的目的

① 在使用资产基础法（详见本书第 8 章）评估企业价值的过程中，需要评估企业各单项资产的价值。由于流动资产是企业资产负债表中的资产项目之一，因此企业价值的评估过程将会涉及流动资产的评估。

② 在合并对价分摊评估、资产减值评估等以财务报告为目的的评估业务（详见本书第 9 章）中，也将涉及对流动资产公允价值的评估。

2. 流动资产的评估特点

由于流动资产的流动性较强、容易变现，其账面价值与市场价值较为接近，因此流动资产的价值评估与其他资产的评估相比，具有以下特点。

① 流动资产评估是单项资产评估，不涉及对整体资产获利能力的分析，一般不采用收益法。

② 流动资产一般具有数量大、种类多的特点，清查工作量大，所以流动资产清查应分

清主次、掌握重点。往往需要根据不同企业的生产经营特点和流动资产分布的情况，采用抽查、重点清查和全面清查等方法对流动资产进行清查。

③ 流动资产周转快、变现能力强，正常情况下，流动资产的账面价值基本上可以反映出其现值，一般可以不考虑资产的功能性贬值因素，对实体性贬值的分析只适用于诸如低值易耗品、积压存货等流动资产的评估。

阅读材料

流动资产评估的程序

6.2 货币类流动资产及债权类流动资产的评估

货币类流动资产包括现金和各项银行存款。债权类流动资产包括应收账款、预付账款、应收票据、短期投资及其他费用（如长期待摊费用）等。

1. 货币类流动资产的评估

由于货币类流动资产不会因时间的变化而发生差异，因此对于现金和各项存款的评估，实际上是对现金的盘点，并与现金日记账和现金总账核对，实现账实相符，以及对各项存款的清查确认，核实各项存款的实有数额，并以核实后的实有数额作为评估值，如有外币存款，应按评估基准日的汇率折算成人民币计算。

2. 应收账款及预付账款的评估

企业的应收账款和预付账款主要指企业在经营过程中由于赊销等原因形成的尚未收回的款项，以及企业根据合同规定预付给供货单位的货款等。应收账款评估价值计算的基本公式为：

应收账款评估价值＝应收账款账面价值－已确定的坏账损失－可能发生的坏账损失

进行应收账款的评估时，基本程序如下。

（1）确定应收账款账面价值

除了进行账证核对、账表核对外，应尽可能要求按客户名单发函核对，查明每项应收账款发生的时间、金额、债务人单位的基本情况，并进行详细记录，作为评估时预计坏账损失的重要依据。特别注意对机构内部独立核算单位之间的往来必须进行双向核对，以避免重计、漏计。

（2）确认已发生的坏账损失

对于已确认的坏账损失，如评估时债务人已经死亡或破产，以及有明显证据证明实在无法收回的应收账款，必须从应收账款价值中扣除。

（3）确定可能发生的坏账损失

一般来说，应收账款的分类情况如下。

① 业务往来较多，债务人结算信用好。这类应收账款一般能够如期全部收回。

② 业务往来较少，债务人结算信用一般。该类应收账款收回的可能性很大，但收回时间不能完全确定。

③ 偶然发生业务往来，债务人信用状况不详。这类应收账款可能只收回一部分。

④ 债务人信用状况较差，有长期拖欠货款的记录。这类应收账款可能无法收回。

应收账款评估是按照实际可收回的可能性进行的。因此，评估后企业会计报表中的"坏账准备"科目应按零值计算。

对预计坏账损失的估计方法主要有以下几种。

① 坏账比例法。坏账比例法是指按坏账占全部应收账款的比例来判断不可收回的应收账款，从而确定坏账损失的数额。坏账比例的确定，可以根据被评估企业前若干年（一般为 3～5 年）的实际坏账损失额与其应收账款发生额的比例确定。其计算公式为：

$$坏账比例 = \frac{评估前若干年发生的坏账数额}{评估前若干年应收账款余额} \times 100\%$$

在计算坏账损失比例时，应将因特殊原因造成的坏账剔除，不作为预计未来坏账损失的依据。如果一个企业的应收账款多年未清理，也不能采用这种方法。

② 账龄分析法。账龄分析法是指根据应收账款账龄的长短，分析应收账款预计可收回的金额及其产生坏账的可能性。一般来说，应收账款账龄越长，产生坏账损失的可能性就越大。因此，可将应收账款按账龄长短分成不同的组别，按不同组别估计坏账损失的可能性，进而估计坏账损失的金额。

【例 6-1】某评估事务所在对 W 公司进行评估，经核实，该企业应收账款实有额为 200 万元，具体发生情况及由此确定的坏账损失情况如表 6-1、表 6-2 所示。

表 6-1 W 公司账龄分析表

应收账款账龄	账户数量	金额/万元	百分率/%
信用期内	200	80	40
超过信用期 1～20 天	100	40	20
超过信用期 21～40 天	50	20	10
超过信用期 41～60 天	30	20	10
超过信用期 61～80 天	20	20	10
超过信用期 81～100 天	15	10	5
超过信用期 100 天以上	5	10	5
合计	420	200	100

表 6-2 坏账损失金额预计表

应收账款账龄	金额/万元	预计坏账损失率/%	坏账金额/万元
信用期内	80	1	0.8
超过信用期 1～20 天	40	10	4
超过信用期 21～40 天	20	15	3
超过信用期 41～60 天	20	30	6
超过信用期 61～80 天	20	40	8
超过信用期 81～100 天	10	50	5
超过信用期 100 天以上	10	70	7
合计	200	—	33.8

应收账款评估值 = 200 - 33.8 = 166.2（万元）

3. 应收票据的评估

应收票据是由付款人或收款人签发、由付款人承兑、到期无条件付款的一种书面凭证。应收票据按承兑人不同可分为商业承兑汇票和银行承兑汇票,按其是否带息分为带息商业汇票和不带息商业汇票。商业汇票可依法背书转让,也可以向银行申请贴现。

由于商业汇票有带息和不带息之分,所以对不带息票据,其评估值即为票面金额。对于带息票据,应收票据的评估值除票据面值外,还包括票据利息。

带息票据的评估可采用下列两种方法进行。

(1) 按票据的本利和计算

应收票据的评估价值为票据的面值加上应计的利息。其计算公式为:

$$应收票据评估值 = 本金 \times (1 + 利息率 \times 时间)$$

【例 6-2】某企业拥有一张期限为 3 个月的商业汇票,本金为 100 万元,月息为 10‰,截止到评估基准日离付款期尚有 1 个月,由此确定评估值为:

$$应收票据的评估值 = 100 \times (1 + 10‰ \times 2) = 102 （万元）$$

(2) 按应收票据的贴现值计算

应收票据的评估价值为按评估基准日到银行申请贴现的贴现值。其计算公式为:

$$应收票据评估值 = 票据到期价值 - 贴现息$$

$$贴现息 = 票据到期价值 \times 贴现率 \times 贴现期$$

【例 6-3】某公司拥有一张 6 个月(3 月 1 日—9 月 1 日)的商业汇票,票面金额为 1 000 万元,评估基准日为 7 月 1 日。由此确定贴现期为 2 个月,贴现率按月息 10‰ 计算。则有:

$$贴现息 = 1\,000 \times 10‰ \times 2 = 20 （万元）$$

$$应收票据评估值 = 1\,000 - 20 = 980 （万元）$$

对于可能无法收回的应收票据,可以按照应收账款的评估方法,估计一定的坏账损失,并按应收回金额扣减预计的坏账损失作为评估值。

4. 长期待摊费用和预付费用的评估

(1) 长期待摊费用的评估

长期待摊费用是指企业已经支付或发生,但应由本月和以后月份负担的费用。长期待摊费用本身不是资产,它是已耗用资产的反映。因此,对于长期待摊费用的评估,原则上应按其形成的具体资产价值来确定。如果资产的价值评估中已包含长期待摊费用形成的价值,则这部分长期待摊费用就无须单独计价,以免造成重复评估。

【例 6-4】某工程机械公司在评估基准日的长期待摊费用账面价值为 675 295.25 元,其中财产保险费 217 281.25 元,设备修理费 458 014.00 元。经核实,该公司在 2021 年 12 月预付 2022 年全年财产保险费 869 125 元,在评估基准日已摊销 9 个月,评估值计算如下:

$$(869\,125/12) \times 3 = 217\,281.25 （元）$$

设备修理费的价值已在固定资产评估中考虑,因此该项长期待摊费用的评估值为零。该公司长期待摊费用评估值为 217 281.25 元。

(2) 预付费用的评估

预付费用与待摊费用类似，只是这类费用在评估日之前企业已经支出，但在评估日之后才可能产生效益，如预付的报纸杂志费、预付保险金、预付租金等。因此，可将这类预付费用看作是未来取得服务的权利。

预付费用的评估依据其未来可产生效益的时间确定。如果预付费用的效益已在评估日前全部体现，只因发生的数额过大而采用分期摊销的办法，则这种预付费用不应在评估中作价。只有那些在评估日之后仍将发挥作用的预付费用，才是评估的对象。

【例6-5】 JH 资产评估事务所受托对某企业长期待摊费用和预付费用进行单项评估，评估基准日为 2022 年 6 月 30 日。有关资料如下：企业截止到评估基准日长期待摊费用和预付费用账面余额为 80 万元，其中：预付一年的保险金 50 万元，尚待摊销的低值易耗品余额 30 万元。评估人员根据上述资料进行以下评估。

① 预付保险金的评估。根据保险金全年支付数额计算每月应分摊数额为：

$$500\ 000/12 \approx 41\ 667（元）$$

$$应预留保险金(评估值) = 41\ 667 \times 6 \approx 250\ 000（元）$$

② 未摊销的低值易耗品价值的评估。低值易耗品根据实物数量和现行市场价格评估，评估值为 420 000 元。

评估结果为：

$$长期待摊费用和预付费用评估值 = 250\ 000 + 420\ 000 = 670\ 000（元）$$

5. 短期投资的评估

短期投资是指企业利用正常营运中暂时闲置的现金购入一些能随时变现的非衍生金融资产。持有短期投资既能保证企业的现金支付需要，又可以提高现金的收益能力。

一般来说，金融资产具有较好的流动性，因此可按评估基准日活跃市场的收盘价计算评估值，计算公式为：

$$评估值 = 持有证券的数量 \times 评估基准日的市场收盘价$$

6.3 实物类流动资产的评估

实物类流动资产主要包括各种材料、在产品、产成品、低值易耗品、包装物等。相对于货币类和债权类流动资产，实物类流动资产的变现能力最差，周转天数最长，变现的损失可能也最大。

材料评估的程序

与企业其他资产的评估一样，对于实物类流动资产的评估，首先应明确评估的目的，从而确定评估的价值类型，并选择适当的评估方法。一般来说，以企业兼并、转让、参股等为目的的存货评估，应采用市场法，以公平的现行市价作为评估值；以企业清算为目的的存货评估，应以清算价格法评估。

1. 材料评估

1) 近期购进库存材料的评估

如果该材料存在活跃市场报价,可以市场价格为依据计算评估值。在市场价格变化不大的情况下,其账面值与现行市价基本接近,此时也可以账面价值为依据进行评估。对于购进时发生的运杂费,如果数额较大,评估时应将由被评估材料分担的运杂费计入评估值;如果数额较小,则可以不考虑运杂费。

【例6-6】评估A公司某原材料的价格。该材料是两个月前从外地购进的,材料明细账的记载为:数量6 000 t,单价4 000元/t,运杂费为12 000元。根据材料消耗的原始记录和清查盘点,评估时库存尚有3 000 t。经查询,该材料的现行市场价格与前两个月相比几乎没有变化。根据上述资料,可以确定该材料的评估值如下:

$$材料评估值 = 3\ 000 \times (4\ 000 + 12\ 000/6\ 000) = 12\ 006\ 000\ (元)$$

2) 购进批次间隔时间长、价格变化较大的库存材料的评估

如果该类材料存在活跃市场报价,应以现行市场价格为依据进行评估。如果该类材料的购买时间较早,目前没有市价可以参考,则可以采用以下方法进行评估。

① 寻找替代品的价格资料并进行修正,确定原材料的评估值。其计算公式为:

$$材料评估值 = 库存数量 \times 替代品现行市价 \times 修正系数$$

② 以同类材料的市场价格指数为依据,修正被评估材料的账面价格,从而确定评估值。计算公式为:

$$材料评估值 = 库存数量 \times 单位进价 \times (1 + 同类材料市场价格变动指数)$$

3) 呆滞材料价值的评估

超储积压材料长期积压在库房,不仅占用企业流动资金,有的还因为自然力作用或保管不善等原因造成使用价值下降,甚至过期失效。对这类资产的评估,首先应对其数量和质量进行核实和鉴定,然后区别不同情况进行评估。对于企业清算情况下进行的材料评估,可按其变现净值作为评估值;对于持续经营情况下进行的材料评估,应考虑其中的失效、变质、残损、报废等情形,扣除相应的贬值数额后,确定其评估值。

2. 在产品价值评估

在产品包括生产过程中尚未加工完毕的在产品、已加工完毕但不能单独对外销售的半成品,一般可采用市场法或成本法进行评估。

1) 市场法

按同类在产品和半成品的市价,扣除销售过程中预计发生的费用后计算评估值。一般来说,被评估资产通用性好,能够作为产成品的部件,或用于维修等,其评估的价值就较高。对不能继续生产,又无法通过市场调剂出去的专用配件等只能按废料回收价格进行评估。

对此类在产品,计算评估值的基本公式为:

$$某在产品评估值 = 该种在产品实有数量 \times 市场可接受的不含税的单价 - 预计销售过程中发生的费用$$

2) 成本法

对生产周期较短的在产品,可以其实际发生的成本作为价值评估依据。对于生产周期较长的在产品的评估,可按评估时的相关市场价格及费用水平估算在产品及半成品所需合理的料工费。具体方法有以下几种。

(1) 根据价格变动系数调整原成本

可参照实际发生的原始成本,根据评估日的市场价格变动情况,调整成重置成本。评估价值计算的基本公式为:

某项或某类在产品的评估价值 = 原合理材料成本×(1+价格变动系数) +
原合理工资、费用×(1+合理工资、费用变动系数)

此种方法主要适用于生产经营正常、会计核算水平较高的企业的在产品的评估。具体评估时,对被评估在产品进行技术鉴定,将其中不合格在产品的成本从总成本中剔除;将其不合理的费用从总成本中剔除;分析原成本中的工资、燃料、动力费用及制造费用从开始生产到评估日有无大的变动,是否需要进行调整,如需调整,则需测算调整系数。

【例6-7】某被评估资产是一系列在产品,该系列在产品的账面总成本为300万元。经技术鉴定表明,该系列在产品中的B类在产品有200件废品,其账面单位成本为100元,估计可收回的废料价值为2 000元。在正常情况下,该系列在产品的材料成本占总成本的60%,生产所用材料的价格自生产准备日到评估基准日上涨了10%。另据制造费用分析表明,由于前期漏转费用8万元计入了本期成本,使得本期在产品的单位产品费用偏高。试估算该系列在产品的价值。

① 该系列在产品中的200件B类在产品废品的实际价值为2 000元。

② 扣除200件B类在产品废品后的剩余在产品的账面总成本为:

$$3\,000\,000 - 200 \times 100 = 2\,980\,000\ (元)$$

③ 由于前期漏转费用8万元计入了本期成本,因而扣除200件B类在产品废品后的剩余在产品的真实成本为:

$$2\,980\,000 \times (1 - 80\,000/3\,000\,000) \approx 2\,899\,540\ (元)$$

④ 由于生产在产品的材料价格上涨了10%,因而剩余在产品的价值为:

$$2\,899\,540 \times 40\% + 2\,899\,540 \times 60\% \times (1 + 10\%) = 3\,073\,512\ (元)$$

⑤ 该系列在产品的总价值为:

$$3\,073\,512 + 2\,000 = 3\,075\,512\ (元)$$

(2) 按在产品的完工程度计算评估值

计算确定在产品评估值,可以在计算产成品重置成本的基础上,按在产品完工程度计算确定在产品评估值。其计算公式为:

在产品评估值 = 产成品重置成本×在产品约当量

在产品约当量 = 在产品数量×在产品完工率

(3) 按社会平均消耗定额和现行市价计算评估值

按重置同类资产的社会平均成本确定被评估资产的价值。用此方法需要掌握以下资料：被评估在产品的完工程度；被评估在产品有关工序的工艺定额；被评估在产品耗用物料的近期市场价格；被评估在产品的合理工时及单位工时的取费标准。对于工艺定额的选取，有行业的平均物料消耗标准的，可按行业标准计算；没有行业统一标准的，按企业现行的工艺定额计算。采用此方法计算评估值的基本公式为：

$$某在产品评估值 = 在产品实有数量 \times (该工序单件材料工艺定额 \times 单位材料现行市价 + 该工序单件工时定额 \times 正常工资费用)$$

【例6-8】现有在产品10件，在产品生产用材料已经投入80%，完工程度50%。产成品的单件材料定额为2 000元，工资定额为300元，其他费用为400元，求该批在产品的价值。

该批在产品的材料耗费约当量为：$10 \times 80\% = 8$（件）

该批在产品的工资及其他费用约当量为：$10 \times 50\% = 5$（件）

评估值为：$8 \times 2\,000 + 5 \times (300 + 400) = 19\,500$（元）

3. 产成品及库存商品的评估

产成品及库存商品是指已完工入库和已完工并经过质量检验但尚未办理入库手续的产成品及商品流通企业的库存商品等。对此类存货应依据其变现能力和市场可接受的价格进行评估，适用的方法有成本法和市场法。

1) 成本法

采用成本法对生产及加工工业的产成品进行评估，主要根据生产、制造该项产成品全过程中发生的成本费用确定评估值。

（1）评估基准日与产成品完工时间间隔较长

当评估基准日与产成品完工时间间隔较长，产成品的成本费用变化较大时，产成品评估值可按下列两种计算方法计算。

$$产成品评估值 = 产成品实有数量 \times (合理材料工艺定额 \times 材料单位现行价格 + 合理工时定额 \times 单位小时合理工时工资、费用)$$

或

$$产成品评估值 = 产成品实际成本 \times (材料成本比例 \times 材料综合调整系数 + 工资、费用成本比例 \times 工资、费用综合调整系数)$$

【例6-9】某企业产成品实有数量为2 000件，根据该企业的成本资料，结合同行业成本耗用资料分析，合理材料工艺定额为750 kg/件，合理工时定额为30 h。评估时，由于生产该产成品的材料价格上涨，由原来的50元/kg涨至60元/kg，单位小时合理工时工资、费用由原来的15元/h涨至18元/h。评估该企业产成品的值。

根据上述分析和有关资料，可以确定该企业产成品的评估值为：

$$产成品评估值 = 2\,000 \times (750 \times 60 + 30 \times 18) = 91\,080\,000（元）$$

（2）评估基准日与产成品完工时间接近

当评估基准日与产成品完工时间较接近，成本变化不大时，可以直接按产成品的账面成本确定其评估值。

2) 市场法

应用市场法评估产成品的价值，在选择市场价格时应注意考虑当前被评估产成品的使用价值，根据对产成品本身的技术水平和内在质量的技术鉴定，确定产成品是否具有使用价值及产成品的实际等级，以便选择合理的市场价格。现行市价中包含了成本、税金和利润的因素，如何处理待实现的利润和税金，是一个不可忽视的问题。对这一问题应视产成品评估的特定目的，即将发生的经济行为而定。

① 以财务报告为目的的产成品评估，计算公式为：

评估值 = 不含价外税的现行市场价格 - 估计的销售费用 - 相关税费 - 合理利润

② 以投资或正常销售为目的的产成品评估，计算公式为：

评估值 = 不含价外税的现行市场价格 - 估计的销售费用 - 相关税费

③ 以清算为目的的产成品评估，计算公式为：

评估值 = 变现价格 - 资产处置费用

阅读材料
用市场法如何评估流动资产

思考题

1. 如何进行货币类资产的价值评估？
2. 如何进行库存材料、在产品、产成品等实物类流动资产的评估？
3. 评估应收账款价值的方法有哪些？
4. 如何对应收票据的价值进行评估？应收票据价值评估与应收账款价值评估有何区别？
5. 长期待摊费用与预付费用的价值如何评估？

练习题

一、单选题

1. 将外币存款折算为人民币时，一般应按评估基准日（　　）折算。
   A. 当月平均外汇牌价　　　　B. 当年平均外汇牌价
   C. 当日外汇牌价　　　　　　D. 当年最低外汇牌价

2. 2022年3月1日对库存甲种材料进行评估，库存该材料共两批，2021年12月购入500 kg，单价1 200元，已领用400 kg，结存100 kg，2022年2月购入200 kg，单价1 500元，尚未领用，企业会计采用先进先出法核算，该库存材料评估值最接近（　　）元。
   A. 450 000　　　B. 420 000　　　C. 360 000　　　D. 390 000

3. 某企业向甲企业售出材料，价款500万元，商定6个月后收款，采用商业承兑汇票核算。该企业于4月10日开出汇票，并由甲企业承兑，汇票到期日为10月10日。现对该企业进行评估，评估基准日为6月10日，由此确定贴现日期为120天，贴现率为按月息6%计算，因此该应收汇票的评估值为（　　）万元。
   A. 12　　　　　B. 500　　　　　C. 488　　　　　D. 450

4. 某企业产成品实有数量80台，每台实际成本为94元，该产品的材料费与工资、其他费用的比例为70：30。根据目前有关资料，材料费用综合调整系数为1.20，工资、其他费用综合调整系数为1.08，因此该产品的评估值应接近（　　）元。

　　A. 9 745　　　　B. 8 753　　　　C. 7 520　　　　D. 8 800

5. 确定应收账款评估值的基本公式是：应收账款评估值＝（　　）。

　　A. 应收账款账面余额－已确定坏账损失－预计坏账损失

　　B. 应收账款账面余额－坏账准备－预计坏账损失

　　C. 应收账款账面余额－已确定坏账损失－坏账损失

　　D. 应收账款账面余额－坏账准备－坏账损失

6. 对上市有价证券进行评估时，一般可按评估基准日的相关有价证券的（　　）计算评估值。

　　A. 最高价　　　B. 最低价　　　C. 中间价　　　D. 收盘价

7. 一般来说，应收账款评估后，账面上的"坏账准备"科目应为（　　）。

　　A. 零　　　　　　　　　　　　　B. 应收账款的3%～5%

　　C. 按账龄分析确定　　　　　　　D. 评估确定的坏账数字

二、多选题

1. 流动资产的实体性贬值可能出现在（　　）。

　　A. 在产品　　　　　　　　　　　B. 应收账款

　　C. 在用低值易耗品　　　　　　　D. 呆滞、积压物资

2. 产成品及库存商品的评估，一般可采用（　　）。

　　A. 年金法　　　B. 成本法　　　C. 市场法　　　D. 分段法

3. 用市场法对拟转让的在制品进行评估，应考虑的因素主要有（　　）。

　　A. 市场价格　　B. 实体损耗　　C. 管理费用　　D. 变现费用

4. 对低值易耗品进行评估时，应考虑的因素主要有（　　）。

　　A. 市场价格　　B. 实体性贬值　　C. 功能性贬值　　D. 经济性贬值

5. 关于流动资产的评估，下列说法正确的有（　　）。

　　A. 实物类流动资产的评估方法通常采用市场法和成本法

　　B. 通常情况下，货币类流动资产以账面原值作为评估值最为合理

　　C. 债权类流动资产按可变现净值进行评估

　　D. 评估流动资产一般不需考虑资产的功能性贬值因素

6. 在企业价值评估中涉及的流动资产评估范围包括（　　）。

　　A. 银行存款　　　　　　　　　　B. 正处在生产过程中的在产品

　　C. 库存的外单位委托加工材料　　D. 代其他企业保管的材料物资

7. 流动资产评估无须考虑功能性贬值是因为（　　）。

　　A. 周转速度快　　　　　　　　　B. 变现能力强

　　C. 形态多样化　　　　　　　　　D. 库存数量少

三、计算题

　　某企业向甲企业售出材料，价款为1 000万元，商议9个月后收款，采取商业承兑汇票结算，该企业于3月10日开出汇票并向甲企业承兑。汇票到期日为12月10日。现对该企业进行评估，评估基准日为6月10日，贴现率为月利息6‰。试评估该汇票的价值。

第7章 无形资产评估

学习目标

学完本章，应该能够：
- 简述无形资产的分类和特点；
- 阐述无形资产评估的特点及影响无形资产评估价值的因素；
- 掌握无形资产评估的收益法的应用；
- 阐述无形资产的成本特性；
- 掌握专利及专有技术的特点及评估方法；
- 掌握商标的评估方法；
- 理解商标评估与品牌评估的区别，了解品牌评估的方法；
- 阐述著作权的含义及其评估方法。

关键术语

无形资产 可辨认无形资产 不可辨认无形资产 最低收费额 销售收入分成率 利润分成率 专利 非专利权 商标 品牌 著作权 计算机软件 特许权 商誉

内容提要

无形资产是企业在发展过程中的重要资源，已逐渐成为企业赢得竞争优势、获取超额利润的源泉。随着无形资产交易越来越活跃，无形资产评估已成为资产评估中日益重要且最具发展空间的部分。本章将介绍无形资产评估的基本理论和方法，重点是收益法的应用，并且进一步介绍包括专利、非专利技术、商标、著作权等无形资产的评估程序与方法。

7.1 无形资产评估概述

1. 无形资产及其分类

1）无形资产的定义及特点

无形资产（intangible assets）概念的提出虽已有近百年的历史，然而迄今为止，各学科领域对无形资产的定义及其范围界定尚不完全相同。我国2017年颁布的《资产评估执业准则——无形资产》中对于无形资产的定义是:"是指特定主体拥有或者控制的,不具有实物形态,能持续发挥作用并且能带来经济利益的资源。"并进一步界定了无形资产的范围:"可辨认无形资产包括专利权、商标权、著作权、专有技术、销售网络、客户关系、特许经营权、合同权益、域名等。不可辨认无形资产是指商誉。"涉及土地使用权、矿业权、水域使用权等的评估另行规定。《企业会计准则第6号——无形资产》中对无形资产的定义是:"企业拥有或者控制的没有实物形态的可辨认非货币性资产","无形资产主要包括专利权、非专利技术、商标权、著作权、土地使用权、特许权等。商誉的存在无法与企业自身分离,不具有可辨认性,不在本准则规范。"

上述两个定义均强调了无形资产不具有实物形态、被特定主体控制、可带来经济利益等特征,但是会计准则对无形资产的范围界定较为谨慎,认为商誉不属于无形资产;而评估准则中无形资产的范围更为宽泛,且商誉被视为无形资产。2023年9月8日,中国资产评估协会发布了《数据资产评估指导意见》,自2023年10月1日起施行。

尽管各学科对无形资产的定义不尽相同,但并不妨碍我们对无形资产特征的理解。无形资产的典型特征表现在以下几个方面。

① 不具有实物形态,但又依托于一定的有形载体。无形资产没有具体的物质实体形态,是隐形存在的资产。但是无形资产也有其一定的载体,如证书、标记、图纸、文件等。

② 时间和空间对价值的影响较为明显。无形资产应用的时间长度和空间广度将影响其收益能力,从而对无形资产的价值产生影响。例如,先进的技术价值更高(可获取收益的时间较长),在世界范围内使用的商标权价值大于仅在国内使用的商标权价值(可获取收益的空间更大)。

③ 形成过程较为复杂,开发成本难以清晰界定。大多数无形资产是通过日积月累的资本投入逐渐形成的,而且一项资本投入可形成哪些无形资产,对各无形资产的价值增加产生多大的贡献也很难衡量。比如某专利技术的开发成功,会使企业的专利价值增加,也可能间接增加该企业商标权的价值,但很难衡量其对商标权价值增加产生了多大的"衍生"贡献。

④ 能够带来经济利益,但具有较大的不确定性。相对于机器设备、房地产等有形资产而言,无形资产的经济寿命受技术进步、市场变化等外在不确定性因素的影响更大,以致其预期收益的实现(即价值)具有较大的不确定性。

⑤ 价值因其所作用的资产规模而异。无形资产不能独立创造经济利益,必须依附于有形资产。无形资产创造经济利益的规模取决于其所作用的有形资产规模。例如,同样的技术对于大企业的价值将大于其对于小企业的价值。

2) 无形资产的分类

对无形资产的具体范围,目前并没有明确的界定,各个国家只是在不同的领域做些不同的规范。美国评估公司认为企业的无形资产范围包括促销型资产、制造型资产、金融型资产,如表7-1所示。

表 7-1　美国评估公司认定的无形资产的范围

促销型资产（marketing assets）
　　　　商标（tradenames/trademarks）
　　　　顾客名单（customer lists）
　　　　包装（packaging）
　　　　订单（backlog）
　　　　广告资料（advertising material）
　　　　特许权（franchises）
　　　　货架空位（shelf space）
　　　　许可证（licenses）
　　　　经销网（distribution network）

制造型资产（manufacture assets）
　　　　专利（patents）
　　　　配方（formulas）
　　　　经营秘密（trade secrets）
　　　　专有技术（know-how）
　　　　非专利技术（unpatented technology）
　　　　图纸（drawings）
　　　　供应合同（supply contracts）
　　　　新产品开发（new product development）

金融型资产（financial assets）
　　　　优惠融资（favorable financing）
　　　　配套员工（assembled workforce）
　　　　软件（software）
　　　　版权（copyrights）
　　　　核心存款（core deposits）
　　　　不竞争契约条件（covenants-not-to-compete）
　　　　租赁权（leasehold interests）
　　　　雇佣合同（employment contract）
　　　　数据库（data base）
　　　　超额年金计划（overfunded pension plans）
　　　　解雇率（unemployment ratings）
　　　　商誉（goodwill）

2020 版国际评估准则 210 号"无形资产"中，将无形资产分为以下几类。

① 市场相关类（marketing-related）无形资产，指在产品或服务营销或推广中使用的无形资产，例如商标、商号、独特的商标设计以及互联网域名等。

② 顾客相关类（customer-related）无形资产，包括客户名单、订单、客户合同以及非合同性客户关系。

③ 艺术相关类（artistic-related）无形资产，指能够从艺术作品或版权保护中获益的权

利，艺术作品包括戏剧、书籍、电影、音乐等。

④ 合同相关类（contract-related）无形资产，指合同协议产生的权利的价值。例如，许可使用协议、服务或供应合同、租赁协议、广播权、雇佣合同、非竞业协议以及自然资源使用权等。

⑤ 技术相关类（technology-related）无形资产，指能够使用专利技术、非专利技术、数据库、配方、设计、软件、流程等的合同权利或非合同权利。

在我国，无形资产可以按不同标准进行分类。

① 按企业取得无形资产的方式，无形资产可分为企业自创的无形资产和外购的无形资产。前者是由企业自己研制创造获得的及由于客观原因形成的，如自创专利、非专利技术、商标权、商誉等；后者则是企业以一定代价从其他单位购入的，如外购专利权、商标权等。

② 按有无专门法律保护分类，无形资产可以分为有专门法律保护的无形资产和无专门法律保护的无形资产。专利权、商标权等均受到国家专门法律保护，无专门法律保护的无形资产有非专利技术等。

③ 按能否辨认并独立存在，无形资产可以分为可确指无形资产和不可确指无形资产。凡是那些能够从企业中分离、可单独取得、转让或出售的无形资产，均被称为可确指的无形资产，如专利权、商标权等；那些不可辨认、不可单独取得，离开企业整体就不复存在的无形资产，被称为不可确指的无形资产，如商誉。

④ 按性质和内容构成，无形资产可分为知识型无形资产、权利型无形资产、关系型无形资产和不可确指的无形资产四大类。知识型无形资产主要由高度密集的知识、智力、技术和技巧构成，可能带来高效益，如专利技术、专有技术、计算机软件和集成电路布置设计等工业版权。权利型无形资产主要是特许权利，包括对物产权和行为权利。对物产权包括知识产权、土地使用权、矿业权、租赁权益及优惠融资条件等。行为权利包括烟草专卖等专营权、进出口许可证、生产许可证、建筑设计与锅炉设计等专门技术行为许可证、购销合同等。关系型无形资产是指可获赢利条件的关系，包括雇员关系、顾客关系、代理销售关系、原材料零部件供应关系等。不可确指的无形资产是指企业的商誉。

⑤ 按是否具有一定的法定期限，无形资产可分为有法定期限的无形资产和无法定期限的无形资产。前者如专利权、商标权、著作权，后者如专有技术、商誉等。

⑥ 按技术含量的多少，无形资产可分为技术型无形资产和非技术型无形资产。专利技术、专有技术、计算机软件等是技术型无形资产；商誉、服务标记、许可权等则是非技术型无形资产。

2. 影响无形资产评估价值的因素

进行无形资产评估，首先要明确影响无形资产评估价值的因素。一般来说，影响无形资产评估价值主要有以下因素。

① 无形资产的取得成本。无形资产的取得分为两种：外购和自创。外购无形资产较易确定成本，一般包括购买价款及其相关费用等。而自创无形资产的成本计量较为困难，主要是由于无形资产的形成过程复杂，其成本具有不完整性和弱对应性。一般来说，这些成本项目包括创造发明成本、法律保护成本、发行推广成本等。

② 机会成本。无形资产的机会成本是指因将无形资产用于某一确定用途后所导致的将

无形资产用于其他用途所获收益的最大损失。一般情况下，在无形资产转让时，只有当售价高于其机会成本时，转让才是理性的，所以机会成本是影响无形资产价格的一个重要因素。

③ 效益因素。成本是从对无形资产补偿角度考虑的，但由于无形资产成本的弱对应性，其价值应该取决于其效益因素。一项无形资产，在环境、制度允许的条件下，获利能力越强，其评估值越高；获利能力越弱，其评估值越低。有的无形资产，尽管其创造成本很高，但不为市场所需求或收益能力低，其评估值就很低。

④ 使用期限。一项无形资产的评估价值不仅取决于其获利能力，而且直接与获利能力的持续时间有关，即经济使用期限。在经济使用期限内，无形资产会带来超额收益。无形资产的经济使用期限与使用期限不同，除了应考虑法律保护期限外，更主要的是考虑其具有实际超额收益的期限。例如，某项发明专利保护期为 30 年，但由于技术更新较快，无形损耗较大，经专家鉴定该项专利实际能获得超额收益的期限为 8 年，则这 8 年即为评估该项专利时所应考虑的期限。

⑤ 技术成熟程度。无形资产带来的收益具有不确定性，而技术的成熟程度直接影响到无形资产能够带来收益的这种不确定性，即风险。一般科技成果都有一个发展、成熟、衰退的过程，处于创立初期的无形资产由于技术尚不完善，其风险较大。处于衰退期的无形资产由于很快会被新的技术所替代，其风险也较大。所以其开发程度越高，技术越成熟，运用该技术成果的风险越小，评估值就会越高。

⑥ 转让内容因素。从转让内容看，无形资产转让有完全产权转让和部分产权转让。在转让过程中有关条款的规定直接关系到转让方和受让方的成本和利益，从而会影响其评估值。一般来说，受让方获得的权利越多，受到的限制越少，无形资产的评估值就越高。同一无形资产的完全产权转让的评估值高于部分产权转让的评估值。在技术贸易中，同是使用权转让，由于许可程度和范围不同，评估值也相应不同。

⑦ 国内外该种无形资产的发展趋势、更新换代情况和速度。无形资产更新换代越快，无形损耗越大，其评估值越低。无形资产价值的损耗和贬值，不取决于自身的使用损耗，而取决于本身以外同类或替代无形资产变化的情况。

⑧ 市场供需状况。市场供需状况，一般反映在两个方面：一是无形资产市场需求情况；二是无形资产的适用程度。对于可出售、转让的无形资产，其价值随市场需求的变动而变动。市场需求大，其价值就高。市场需求小，且有同类无形资产替代，其价值就低。同样地，无形资产的适用范围越广，适用程度越高，需求量越大，价值就越高。

⑨ 同行业同类无形资产的价格水平。无形资产评估值的高低，还取决于无形资产交易、转让的价款支付方式、各种支付方式的提成基数、提成比例等。

3. 无形资产评估的目的

（1）以产权变动为目的

当出现无形资产转让和投资、企业整体或部分资产收购处置及类似经济活动时，资产评估人员可以接受委托，执行无形资产评估业务。无形资产评估业务包括两种情形：一是指无形资产的拥有者或控制者以无形资产的完全产权或部分产权进行转让交易或对外投资，需要对无形资产进行评估，这种情况一般表现为单项无形资产的评估；二是指在企业整体或部分发生变动时，如企业股份制改造、合作、兼并等，对企业资产中包括的无形资产进行评估。这种情况更复杂一些，可能以单项资产的形式进行评估，也可能以资产组合的形式进行评估。

(2) 以财务报告为目的

根据我国当前的会计准则，在合并对价分摊和资产减值测试时，需要确认无形资产的公允价值，可能涉及对无形资产的评估。

(3) 以抵（质）押融资为目的

当以无形资产作为抵（质）押物申请银行借款时，需要对其价值进行评估。

(4) 以诉讼为目的

当无形资产的所有者被侵权而进行法律诉讼时，法院判决的赔偿金额可能以评估结果作为参考。

4. 无形资产转让价格的支付方式

与一般资产交易价格支付方式不同，无形资产转让价格的支付方式分为总付、提成支付、混合支付3类。

(1) 总付

总付是指买卖双方谈妥一项无形资产的价格后，由买方按价格的现值一次或分期付清。这种支付方式的价额不随无形资产买方的收益多少而变化，与买方对无形资产的利用效果无关，因此对卖方来讲收益有保证、风险小，不过卖方也失去了分享买方由于收入的增加而带来额外收益的机会。对买方来说，总付方式使其失去了与卖方分担风险的机会，而且一般也不能继续从卖方处得到技术上的有效协助，此外，在取得经济效益之前就支付大量资金会影响其资金的周转。不过在进行无形资产国际贸易时这种方式有利于买方避免汇率变动带来的支付风险。总付方式对卖方来说是利多弊少，对买方来说是弊多利少。总付方式一般需要具备几个条件：转让的无形资产具有整体性，可以一次性全部转移，并且能够为买方立即吸收，如配方、软件程序等；买方有充足的资金，或买方的实力雄厚，希望尽快摆脱对卖方的依赖；交易的价额相对较小或转让后产生的效益较为确定。

(2) 提成支付

提成支付是指以受让方的销售额、利润额或产品数量为基础支付。在提成支付的合同中规定了提成的基础和提成比例。从理论上讲，按照所转让无形资产能够创造的新增利润为基础来确定卖方提成额的方法是比较合理的，但在实际执行中有许多困难。因为利润是一种计算结果，取决于进入成本的项目和金额，具有较大的主观随意性，不像销售额那样比较公开和有据可查，以至于卖方所期望得到的利润提成额得不到保障。再者，无形资产转让后产生的经济效益可能不佳，这有可能是买方的消化吸收能力不够或其他因素造成的，而不是无形资产本身的问题，由此造成的损失不应该由卖方来承担。

(3) 混合支付

混合支付要求买方在合同开始执行时支付转让费总额的一部分，剩余部分按照规定的办法提成。首次支付的部分转让费称为入门费或最低收费额。

无论采取哪种支付方式，交易价格都是买卖双方对由无形资产使用所带来的预期新增利润的分配。无形资产交易价格的变动范围如图7-1所示。

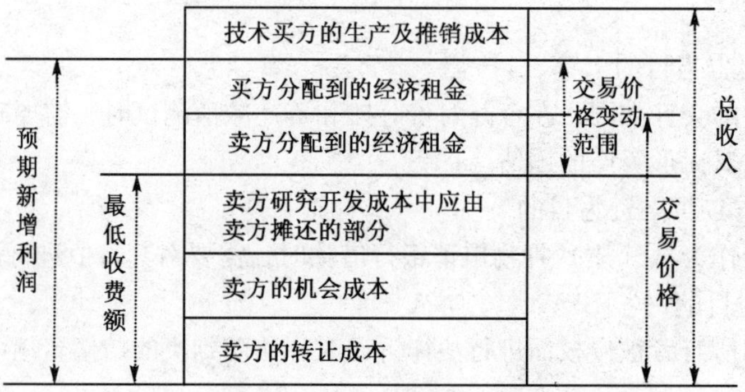

图 7-1　无形资产交易价格的变动范围

7.2　无形资产的收益法评估

无形资产虽然没有实体性，但是其价值主要体现在能够为企业带来长期的经济利益，具体表现在能够给企业带来超额收益或者垄断利润。因此，收益法是无形资产评估的一种重要方法。

1. 收益法的应用

无形资产收益法的应用形式如下。

$$无形资产评估值 = \sum_{i=1}^{n} \frac{R_i}{(1+r)^i}$$

式中：R_i——目标无形资产第 i 年的预期收益；
　　　r——目标无形资产的折现率；
　　　n——目标无形资产未来获得收益的年限。

2. 预期收益

预期收益是指直接由目标无形资产创造的收益。在企业中，无形资产创造收益的方式有两种：一是企业使用无形资产，通过产品利润获得无形资产的使用收益；二是企业将无形资产的使用权许可给其他企业，获得许可使用费收益。

分析目标无形资产的使用收益，需要明确被评估无形资产发挥作用的产品范围以及产品销售的地域范围，在此基础上，分析目标无形资产对产品利润的贡献程度。

分析目标无形资产的许可使用费收益，需要明确许可使用的形式（如独占许可、排他许可、普通许可、交叉许可、分许可等）、被许可人的数量、许可使用的时间、许可费率，以及被许可人的产品销售情况。

从以上分析可看出，无形资产的价值随其作用范围和使用方式的不同而不同。由于无形资产所有者、被许可人或潜在买方等不同主体使用无形资产的形式不同，从而无形资产为他们创造的收益并不相同。这样，不同主体看待同一项无形资产的价值是不同的。因此，在进行无形资产价值分析之前,必须明确无形资产"对谁的价值"。

无形资产收益分析的方法通常包括:许可收益分析方法、增量收益分析方法和超额收益分析方法。以上3种收益分析方法形成了无形资产收益法的3种具体应用形式,即许可费用分析法、增量收益折现法和剩余收益分析法。

1) 许可费用分析法

许可费用分析法是指按照同类资产的市场许可费率标准,分析如果目标无形资产被许可使用可能获得的现金流。在目标无形资产没有被许可的情况下,许可费收益可理解为由于企业拥有目标无形资产而不必支付使用许可证费用,从而产生的成本节约额(企业的机会收益)。其基本计算公式为:

$$许可费节约额 = 营业收入 \times 营业收入许可费率$$
$$= 营业利润 \times 营业利润许可费率$$

因为

$$营业利润 = 营业收入 \times 营业收入利润率$$

所以

$$营业利润许可费率 = 营业收入许可费率 / 营业收入利润率$$
$$营业收入许可费率 = 营业利润许可费率 \times 营业收入利润率$$

例如,假设营业收入利润率为10%,当技术的营业收入许可费率为4%时,意味着营业利润许可费率为40%。

许可费用分析法适用于以交易、诉讼赔偿为目的的无形资产评估。使用该方法的关键参数是许可费率。下面简要介绍许可费率的估算方法。

(1) 市场许可

市场许可是指通过公开市场寻找可比许可协议,参照多个可比许可协议来对目标无形资产的许可费率进行分析。运用该方法,需要目标无形资产存在一个活跃的交易市场,评估师能够在这个公开市场上找到足够多的交易案例。一些发达国家的专业公司或专业团体在无形资产交易案例的收集方面已经有了相当多的积累。例如,美国的 RoyaltyStat LLC 公司开发的 RoyaltyStat 数据库、IPRA(Intellectual Property Research Associates)每年关于各类资产许可费率数据的出版物(IPRA Royalty Rate Publications)等,都可以为评估师提供美国各类无形资产许可费率的市场数据。

(2) 范例许可

范例许可是指根据行业中被广泛接受的许可费率经验值分析目标无形资产的许可费率。很多行业中都存在费率范例。目前我国评估行业使用较多的行业许可费率经验值,是来自联合国贸易和发展组织的统计数据,一般情况下技术的提成率为产品销售额的0.5%~10%,绝大多数为2%~6%,具体的行业数据见表7-2。

表7-2 常见行业的提成率

行业名称	提成率/%	行业名称	提成率/%	行业名称	提成率/%
石油化学工业	0.5~2.0	制药工业	2.5~4.0	精密机器工业	4.0~5.5
日用消费品工业	1.0~2.5	电气工业	3.0~4.5	汽车工业	4.5~6.0
机械制造工业	1.5~3.0	木材加工业	3.5~5.0	光学及电子产品等高技术	7.0~10.0

(3) 经验法则

在技术许可评估中,最著名的经验法则被称为25%规则。25%规则的基本思想是:技术许可交易产生的全部价值应当在许可方和被许可方之间公平分配。根据经验,技术对利润的贡献度通常为25%,因此全部价值的25%应属于许可方,其余75%则属于被许可方。应用25%规则需要注意的是:① 25%的分成基数是利润(25%是利润分成率),不过由于利润数据不易被许可方掌握,因此实践中通常将25%转换为收入分成率,并使用收入作为计算基数;② 分成基数仅仅是目标无形资产所作用产品的新增利润或收入,而不是企业全部产品的利润或收入;③ 25%规则隐含的假设是产品25%的利润属于生产产品所需的全部技术,而目标无形资产可能只是其中一项。

在获得许可费率范围的经验数据之后,可通过下述公式估算目标无形资产的许可费率。

$$R = m + (n - m) \times \alpha$$

式中:R——目标无形资产的许可费率;

m——许可费率的取值下限;

n——许可费率的取值上限;

α——许可费率的调整系数。

【例7-1】评估要求:某医药企业拟转让一项药品专利技术,需要评估该专利技术的许可费率。评估过程见表7-3。

表7-3 某医药企业专利技术许可费率评估过程

一级指标因素	一级指标权重	二级指标因素	二级指标权重	满分	实际得分	实际测评分
法律因素	0.25	专利类型法律状态	0.4	100	90	36
		保护范围	0.3	100	90	27
		授权判定	0.3	100	80	24
		小计				87
技术因素	0.5	技术所属领域	0.1	100	80	8
		替代技术	0.2	100	90	18
		先进性	0.2	100	80	16
		创新性	0.1	100	90	9
		成熟度	0.2	100	90	18
		应用范围	0.1	100	75	7.5
		技术防御力	0.1	100	75	7.5
		小计				84

续表

一级指标因素	一级指标权重	二级指标因素	二级指标权重	满分	实际得分	实际测评分
经济因素	0.25	供求关系	1	100	90	90
		小计				90
许可费率调整系数		$(87×0.25+84×0.5+90×0.25)/100=0.8625$				
制药业许可费率取值范围		$2.5\%\sim4\%$				
许可费率		$2.5\%+(4\%-2.5\%)×0.8625≈3.79\%$				

由于许可费率的估算需要大量的历史交易案例或当前交易案例作为基础,因此理论和实务界也有一种观点,认为许可费用分析法是市场法的一种具体应用形式。在目标无形资产具备活跃交易市场的情况下,许可费用分析法应成为市场价值评估的首选方法。

【例 7-2】评估要求:评估某公司 A 商标权的市场价值。

分析过程:根据市场上同类商标的许可费率的历史数据,以及该公司其他品牌的许可费率的历史数据,评估师认为 A 商标的合理许可费率是销售收入的 10%。其他评估参数和计算过程见表 7-4。

表 7-4　A 商标权评估计算过程　　　　　　　　　　　　单位:万元

评估参数		评估过程	
收入预期增长率	2%	下一年该品牌的销售收入	2 000
折现率	10%	乘以:市场许可费率	10%
所得税税率	25%	少支付的品牌使用费(机会收益)	200
直接资本化率	8%	减:所得税	50
		税后机会收益	150
		除以:直接资本化率	8%
		A 商标权市场价值	1 875

2)增量收益折现法

增量收益是指在使用与不使用目标无形资产这两种情形下企业收益的差额,此时增量收益可视为目标无形资产对企业收益的贡献。

无形资产可通过增加收入、节约费用或两种方式共同作用的方式为企业带来增量收益。无形资产带来收入增长的原因可能包括产品单位售价提高、生产能力扩大、市场份额扩大等。需要注意的是,在估算由于销量扩大带来的增量收益时,必须扣减由于销售量增加而增加的成本。而且,由于固定成本的存在,收入与利润的增量并不呈同比例变动。无形资产导致费用降低的原因可能包括降低人工成本、降低材料成本、降低废品率、降低管理成本、降低广告费用等。

【例 7-3】T 公司是一家电信运营商,开发了一种计算机软件,可以为顾客提供新的增值服务。现在 S 公司(T 公司的一家子公司)打算购买该软件,希望对该软件的价值进行分析,为转让定价提供参考。经分析,该软件的剩余使用寿命为 5 年。S 公司的管理层认为,使用该软件后,公司的营业收入将在原有水平上增加 10%,利润为收入的 40%。S 公司未来 5 年的价值分析如表 7-5 所示。

表 7-5 计算机软件对于 S 公司的价值分析 单位:万元

S 公司	第 1 年	第 2 年	第 3 年	第 4 年	第 5 年
原有营业收入	50 000	60 000	70 000	80 000	85 000
新增营业收入	5 000	6 000	7 000	8 000	8 500
新增利润	2 000	2 400	2 800	3 200	3 400
新增利润的现值(折现率10%)	1 818	1 983	2 104	2 186	2 111
计算机软件的价值	10 202				

3)剩余收益分析法

进行剩余收益分析时,首先将企业现金流分配至最小业务单元(目标无形资产贡献的现金流全部包含在这个最小业务单元中)。其次,从最小业务单元的现金流中扣减除目标无形资产之外的其他各类资产贡献的现金流,"剩余"部分即为目标无形资产贡献的现金流。

【例 7-4】运用剩余收益分析法评估 B 商标的价值。有关参数和评估过程如表 7-6 所示。

表 7-6 B 商标的剩余收益分析及价值评估过程 单位:万元

指标	下一期预测值
B 商标预期营业收入	10 000
营业成本(收入的70%)	7 000
销售费用和管理费用(收入的10%)	1 000
税前利润	2 000
减:所得税(税率25%)	500
税后利润	1 500
减:其他资产贡献的利润	1 200
商标资产贡献的利润	300
除以:资本化率	20%
商标资产的评估值	1 500

【例 7-5】运用剩余收益分析法对 C 公司客户关系无形资产贡献的现金流进行分析。假设该客户关系可维持 9 年,未来 9 年与该客户关系相关的公司销售收入和公司 EBITDA、营运资金回报、固定资产回报、劳动力回报、其他无形资产回报等相关参数和客户关系贡献现金流的分析过程如表 7-7 所示。

表 7-7　未来 9 年与客户关系相关的 C 公司销售收入和 EBITDA　　　　单位：万元

	1	2	3	4	5	6	7	8	9
公司销售收入	1 000	1 050	1 165	1 306	1 456	1 596	1 718	1 823	1 907
与客户关系相关的收入占比	90%	81%	66%	47%	30%	16%	8%	4%	2%
与客户关系相关的收入	900.0	850.5	768.9	613.8	436.8	255.4	137.4	72.9	38.1
与客户关系相关的EBITDA	720.0	684.0	616.0	492.8	344.8	207.2	104.0	52.0	26.4
减：营运资金回报	17.3	16.4	14.4	11.5	8.0	4.9	2.5	1.2	0.6
减：固定资产回报	193.3	213.5	212.0	181.5	133.7	84.1	44.2	23.1	11.0
减：劳动力回报	32.7	31.1	27.3	21.7	15.2	9.2	4.7	2.4	1.2
其他无形资产回报	476.7	423.0	362.3	278.1	187.9	109.0	52.6	25.3	13.6
减：商标贡献现金流（收入的5%）	45.0	42.5	38.4	30.7	21.8	12.8	6.9	3.6	1.9
减：技术贡献现金流（收入的1.38%）	12.4	11.7	10.6	8.5	6.0	3.5	1.9	1.0	0.5
客户关系贡献的EBITDA	419.3	368.4	313.2	238.9	160.0	92.7	43.8	20.6	11.2

3. 折现率

无形资产评估中的折现率主要反映了无形资产投资活动中获利的风险性。在无形资产使用过程中主要有 3 类风险：市场风险、机会风险、技术使用风险。因此，在无形资产价值评估中，折现率为无风险利率、风险报酬率、通货膨胀率之和。无形资产是企业经营中风险最高的资产，因此其折现率应该高于有形资产的折现率，通常也高于企业加权平均资本成本。无形资产折现率可通过下述公式进行推算。

$$WACC = W_c \times R_c + W_f \times R_f + W_i \times R_i$$

式中：WACC——企业的加权平均资本成本；

W_c，W_f，W_i——企业流动资产、固定资产、无形资产的市场价值占企业市场价值的比重，三者之和为 100%；

R_c，R_f，R_i——企业流动资产、固定资产、无形资产投资要求的必要报酬率。

公式表达的思想是：从资金来源的视角看，企业的加权平均资本成本是股权资本成本与债务资本成本的加权平均数；从资金使用的视角看，加权平均资本成本也可看作是各类资产必要投资报酬率的加权平均数。由于流动资产和固定资产的必要报酬率可以合理估计，因此可推算无形资产的折现率。

4. 收益期限的确定

无形资产收益期限是指无形资产发挥作用，并具有超额获利能力的时间，是剩余使用经济寿命。预计和确定无形资产的剩余使用经济寿命，要充分考虑该无形资产估价时点后的法律寿命、合同寿命、技术寿命等。法律寿命是通过法律、条例、法令或行政规章来确定的；合同寿命是通过合同、协议、许可证或特许经营证来确定的；技术寿命受到技术进步和变化的影响。一般来说，当出现新的完全可替代的无形资产或者拥有这种无形资产的企业不再具有获取超额收益的能力时，无形资产的经济寿命到期。无形资产收益期限的确定一般有以下几种方法。

（1）法定年限法

相当一部分的无形资产是因为受法律的特定保护，才形成为企业控制的资产。法定保护年限的确定，可以根据法定寿命的剩余年限来推测剩余经济年限。但是由于受人们偏好的转变、经济形势的变化、科学技术的进步等多种因素的影响，无形资产的更新周期加快，其有效期限要比它们的法定保护期短得多。特别是在科学技术发达的今天，无形资产更新周期加快，使得其经济寿命缩短。收益期限的具体确定原则为：在各种寿命因素中选择最短的寿命作为收益期限。例如，一项专利技术还有 15 年的法律寿命、12 年的合同寿命、10 年的技术寿命，则将预期收益期限确定为 10 年是恰当的。预计收益期限也可以采用统计分析或与同类资产比较得出。

（2）更新周期法

根据无形资产的更新周期评估剩余经济年限，对部分专利权来说是比较合适的方法。专利技术型无形资产的更新周期有两大参照系：一是产品更新周期。在一些高技术和新兴产业，科学技术进步往往很快转化为产品的更新换代。例如，计算机每 2～3 年就会开发出新的型号。产品更新周期从根本上决定了技术型无形资产的更新周期。尤其是针对产品的实用新型设计等，必然随着产品更新而更新。二是技术更新周期，即新一代技术的出现替代现役技术的期间。

采用更新周期法，通常是根据同类技术型无形资产的历史经验数据，运用统计模型来分析，而不是对个别技术型无形资产逐一进行更新周期的分析。

（3）专家预测法

专家预测法即邀请相关专家，包括有关技术专家、行业主管专家和经验丰富的市场营销专家，根据无形资产的市场竞争状况、可替代性、技术进步和更新趋势做出综合性预测。评估人员可根据专家做出的判断结果，得出综合性结论。

无形资产的剩余使用经济寿命具有较大的不确定性，特别是技术型无形资产的寿命周期受多方面因素影响，随机性很强。无论采用哪种方法评估，实际上都是根据一定概率来估算的，这个过程往往需要一个拥有大量信息资源、技术水平较高的专家系统来加以确定。

7.3 无形资产的成本法和市场法评估

1. 无形资产成本特性

采用成本法评估无形资产价值，首要的问题是要了解无形资产在成本上所具有的特殊属性。

（1）不完整性

无形资产的成本理应包括无形资产研发或取得、持有期间的全部物化劳动和活劳动的费用支出。与自创无形资产相对应的各项费用是否计入无形资产的成本，是以费用支出资本化为条件的。在企业生产经营过程中，科研费用一般都是比较均衡发生的，并且比较稳定地为生产经营服务，因而我国现行财务制度一般把科研费用从当期生产经营费用中列支，而不是先对科研成果进行费用资本化处理,再按无形资产折旧或摊销的办法从生产经营费用中补偿。这就使得企业账簿上反映的无形资产成本是不完整的,大量的无形资产存在于账外。

另外,即使是资本化处理的无形资产的成本核算一般也是不完整的。因为无形资产的创立具有特殊性,有大量的前期费用,如培训、基础开发或相关试验等往往不计入该无形资产的成本,而是通过其他途径进行补偿。

(2) 弱对应性

无形资产的创建经历基础研究、应用研究和工艺生产开发等许多阶段,成果的出现带有较大的随机性和偶然性,其价值并不与其开发费用和时间产生某种既定的关系。如果在一系列的研究失败之后偶尔出现一些成果,由这些成果承担所有的研究费用显然不合理。而在大量的先行研究(无论是成功还是失败)成果的积累之上,往往可能产生一系列的无形资产。然而,继起的这些研究成果是否应该以及如何承担先行研究的费用也很难明断。所以,无形资产的成本费用与相应的某项无形资产难以一一对应,这就形成了无形资产成本与相应的无形资产成果的弱对应性。

(3) 虚拟性

既然无形资产的成本具有不完整性和弱对应性,那么无形资产的成本往往就是相对的。特别是一些无形资产的内涵已经远远超出了它的外在形式的含义,这种无形资产的成本只具有象征意义。例如商标,其成本核算的是商标设计费、登记注册费、广告费等,而商标的内涵可以标示商品内在质量信誉。这种无形资产实际上包括了该商品使用的特种技术、配方和多年的经验积累,而商标形式本身所耗费的成本只具有象征性(或称虚拟性)。

2. 无形资产评估中成本法的应用

采用成本法评估无形资产,其基本计算公式为:

$$无形资产评估值 = 无形资产重置成本 \times 成新率$$

从这一公式可以看出,估算无形资产重置成本(或称重置完全成本)和成新率,从而科学地确定无形资产评估值,是评估人员所面临的重要工作。就无形资产重置成本而言,它是指现时市场条件下重新创造或购置一项全新无形资产所耗费的全部货币总额。根据企业取得无形资产的来源情况,无形资产可分为自创无形资产和外购无形资产。不同类型的无形资产,其重置成本构成和评估方式不同,需要分别进行估算。

1) 自创无形资产重置成本的估算

自创无形资产的成本包括研制、开发、持有期全部物化劳动和活劳动投入,以及所投入资本应取得的正常报酬。其基本计算公式为:

$$无形资产重置成本 = 研制开发无形资产的全部资本投入的现行价格 + 合理利润$$
$$= 研制开发无形资产的全部资本投入的现行价格 \times (1 + 投资报酬率)$$
$$研制开发无形资产的全部资本投入的现行价格 = \sum(物质资料实际耗费量 \times 现行价格) + \sum(实耗工时 \times 现行费用标准)$$

现行价格可以无形资产的账面历史成本为依据,用物价指数进行调整。

由于无形资产是创造性的成果,一般不能照原样复制,因此评估无形资产的直接成本不是按"标准"消耗量计算,往往是按实际消耗量计算。

对于投入智力比较多的技术型无形资产,考虑到科研劳动的复杂性和技术创新的风险性,评估人员可以对人工成本进行加倍估算,并考虑一定的风险率。可用以下公式估算消耗加倍,从而评估无形资产重置成本:

$$无形资产重置成本 = \frac{(c + \alpha v)(1 + \beta)}{1 - \chi}(1 + R)$$

式中:c——物化劳动消耗;
v——科研试制直接投入劳动量;
α——创造性劳动的倍加系数;
β——科研劳动倍加系数;
R——该技术投入使用后增加的利润率;
χ——科研试制风险率。

【例7-6】某企业转让自制专利技术,据调查,该专利技术研制开发了3年,消耗材料费、设备费等账面成本共计12万元,人员工资及各类津贴账面成本共计10万元,当时的物价指数是120%,评估时的物价指数是150%。经分析确定,该技术含有较高的科技含量,因此活劳动的倍加系数为2.2,该类技术研发的平均风险率为30%,平均投资报酬率为300%。试计算该无形资产的重置成本。

第一,先将账面成本调整成现行价格:

材料、设备成本调整为:$12 \times \frac{150\%}{120\%} = 15$(万元)

人员工资成本调整为:$10 \times \frac{150\%}{120\%} = 12.5$(万元)

第二,考虑倍加系数和风险因素:

$$无形资产重置成本 = \frac{15 + 2.2 \times 12.5}{1 - 30\%} \times (1 + 300\%) \approx 242.86(万元)$$

2)外购无形资产重置成本的估算

外购无形资产评估相对比较容易,可以根据购置费用的原始记录进行调整,也可以参照现行交易价格确定评估值。其计算公式为:

外购无形资产的重置成本 = 现行购买价 + 相关购置费用的现行价格

(1)物价指数法

对于更新不快、没有明显技术进步的无形资产,评估人员可以以无形资产的账面历史成本为依据,用物价指数进行调整,进而估算其重置成本。其计算公式为:

外购无形资产重置成本 = 无形资产历史成本 × 评估时物价指数/购置时物价指数

(2)市价类比法

市价类比法即选择类似的参照物,根据功能和技术先进性、适用性对外购无形资产进行调整,从而确定其现行购买价格。购置费用可根据现行标准和实际情况核定。在生产资料物价指数与生活资料物价指数差别较大的情况下,可按两类费用的大致比例和结构分别适用生产资料物价指数与生活资料物价指数进行估算。

3) 无形资产成新率的估算

无形资产的贬损主要表现为功能性损耗和经济性损耗。前者是由于科学技术的进步或者该无形资产的普遍使用等，使得该无形资产获取超额利润的能力下降，造成价值降低；后者是由于外部市场环境的变化，导致需求减少或价值降低，最终造成价值的减少。成新率的确定应该综合考虑这两方面的因素。

无形资产成新率的确定通常可以采用专家鉴定法和剩余经济寿命预测法：专家鉴定法是指邀请相关技术领域的专家，对被评估无形资产的先进性、适用性做出判断，分析外部环境变化，从而确定其成新率；剩余经济寿命预测法是由评估人员通过对无形资产剩余经济寿命的预测和判断，从而确定其成新率。其计算公式为：

$$无形资产成新率 = \frac{剩余经济使用年限}{已使用年限 + 剩余经济使用年限}$$

剩余经济使用年限应由评估人员根据无形资产的特征、市场发展趋势、替代技术的发展等因素综合分析获得。

3. 无形资产评估的市场法

在资产评估中市场法因其评估结果客观性较强，较易为交易双方所接受，因此是使用率较高的评估方法。但是在无形资产评估中，由于其特征（如个别性、垄断性、保密性等）决定了无形资产的交易市场具有较强的垄断性，与有形资产交易市场相比，透明度比较低；同时，由于我国无形资产市场不发达、交易不频繁，这就使得通过市场途径及采用相应的方法来评估无形资产存在诸多困难，因此从我国目前的实际情况出发，运用市场法评估无形资产的情况并不普遍。

当然，如果条件具备，也可以采取市场法评估无形资产，其基本程序和方法与有形资产评估的市场法基本相同。国外学者认为，市场法强调的是具有合理竞争能力的财产的可比性特征。如果有充分的源于市场的交易案例，可以从中取得作为比较分析的参照物，并能对评估对象与可比参照物之间的差异做出合适的调整，就可用市场法。

如果需要使用市场法评估无形资产，评估人员应注意以下事项。

（1）寻找具有合理比较基础的类似无形资产

是否能找到具有合理比较基础的类似无形资产的交易案例，是运用市场法评估无形资产的关键。作为参照物的无形资产与被评估无形资产至少要满足形式相似、功能相似、载体相似及交易条件相似的要求。所谓形式相似，是指参照物与被评估资产按照无形资产分类原则，可以归并为同一类。所谓功能相似，是指尽管参照物与被评估资产的设计和结构不可避免地存在差异，但它们的功能和效用应该相同和近似。所谓载体相似，是指参照物与被评估资产所依附的产品或服务应满足同质性要求，所依附的企业则应满足同行业与同规模的要求。所谓交易条件相似，是指参照物的成交条件与被评估资产模拟的成交条件在宏观层面、中观层面和微观层面上都应大体接近。关于上述要求，国际资产评估准则委员会颁布的《无形资产评估指南》指出："使用市场法必须具备合理的比较依据和可进行比较的类似的无形资产。参照物与被评估无形资产必须处于同一行业，或处于对相同经济变量有类似反应的行业。这种比较必须具有意义，并且不能引起误解。"

(2) 收集类似的无形资产的市场交易信息和被评估无形资产的历史交易信息

收集类似无形资产的市场交易信息是为了进行横向比较，而收集被评估无形资产的历史交易信息是为了进行纵向比较。关于横向比较，评估人员在参照物与被评估无形资产在形式、功能和载体方面满足可比性的基础上，应尽量收集致使交易达成的市场信息，即要涉及供求关系、产业政策、市场结构、企业行为和市场绩效的内容。其中对市场结构的分析尤为重要，即需要分析卖方之间、买方之间、买卖双方、市场内已有的买方和卖方与正在进入或可能进入市场的买方和卖方之间的关系。评估人员应熟悉经济学市场结构做出的完全竞争、完全垄断、垄断竞争和寡头垄断的分类。对于纵向比较，评估人员既要看到无形资产具有依法实施多元和多次授权经营的特征，使得过去交易的案例成为未来交易的参照依据，同时也应看到，时间、地点、交易主体和条件的变化也会影响被评估无形资产的未来交易价格。

(3) 价格信息应满足相关、合理、可靠和有效的要求

相关是指所收集的价格信息与需要做出判断的被评估无形资产的价值有较强的关联性；合理是指所收集的价格信息能反映被评估无形资产载体结构和市场结构特征，不能简单地用行业或社会平均的价格信息推理具有明显结构异质特征的被评估无形资产的价值；可靠是指所收集的价格信息经过对信息来源和收集过程的质量控制，具有较高的置信度；有效是指所收集的价格信息能够有效地反映评估基准日的被评估资产在模拟条件下的可能的价格水平。

(4) 注意对被评估无形资产和参照物的差异做出调整

无论是横向比较还是纵向比较，参照物与被评估资产之间总会存在一些差异，评估人员应对此做出合理的调整，以反映这些差异对被评估资产价值的影响。

4. 无形资产评估方法小结

由于无形资产存在非实体性、价值形成的积累性、开发成本界定的复杂性、价值的不确定性等特点，因而对无形资产价值进行评估的难度较大，评估结果的精确度也较低。收益法、成本法、市场法评估无形资产的适用程度依次降低。无形资产的非实体性，使得人们对不同无形资产个体之间进行比较时的指标选择及测度十分困难，每位购买者都有一套不同的确认无形资产价值的参量，很难有统一的标准，这就使得进行无形资产市场比较分析的信息不可得到，因而运用市场法评估无形资产价值是很困难的。前面已经阐明，大多数无形资产开发成本的界定很复杂，比如，现在要确定建立可口可乐品牌所花费的历史成本，或者重新建立可口可乐这样一个品牌的现时成本都是不可能的。不过，对外购的无形资产及有些自创的知识型无形资产来说，其原始购买成本或研发成本的确定可能是比较容易的，运用成本法评估其价值具有一定的适用性。

阅读材料
资产评估执业准则——无形资产

虽然无形资产预期收益的实现具有较大的不确定性，但从逻辑上和实践上看，收益法还是最适宜于无形资产评估的方法。至于具体选择哪种评估方法，需要充分考虑数据资料的数量和质量、相关数据的获取途径、行业交易数据的可得性、待评估无形资产的类型和性质及其所处的行业条件、法律及合同和管理因素、评估的目的、评估人员的专业判断和专业技能等因素。

7.4 技术类无形资产评估

技术类无形资产是指公司开发或购买的、有助于公司提升竞争优势和产品优势的专门知识或技术，如技术发明、技术诀窍、数据库、软件等。在评估实务中，技术类无形资产通常分为专利权和非专利权两大类。

1. 专利权

1）专利权的特点

专利权，也叫专利或专利技术，是国家专利机关依法批准的发明人或其权利受让人对其发明成果，在一定期间内享有的独占权或专有权，任何人如果要利用该项专利进行生产经营活动或出售使用该项专利制造的产品，需事先征得专利权所有者的许可，并付给报酬。专利权一般包括发明专利、实用新型专利和外观设计专利。专利权具有以下特点。

① 独占性，也称专有性或排他性。专利权人拥有专利的独占实施权，具有在专利期限内排他地运用专利的特权，包括专利所有权、转让权、许可权、标记权。任何单位和个人未经专利权人许可，都不得实施其权利，即不得以生产为目的，制造、使用和销售其专利产品或者使用其专利方法。

② 公开性。在法律对专利权实施独占保护的前提下，专利权人将其技术公之于众，社会公众可以通过公开渠道了解到该技术的信息。这样，在专利保护期内，他人可通过专利授权实施此发明，或者在专利到期后，利用该技术进行再发明，从而使专利最大限度地为社会贡献其价值。

③ 地域性。专利权是一种有区域范围限制的权利，一个国家依照其本国专利法授予的专利权，仅在该国的地域内有效，其他国家对该专利权不提供保护。如果一项技术在多个国家同时申请专利并获得批准，那么该专利权在所有申请国均可获得法律保护。

④ 时间性。专利权的保护具有法定的期限。各国规定专利期限一般为15～20年，期限届满后，专利权人就不再享有专利权，任何人都可以无偿利用该发明创造。我国现行法律规定的专利年限是：发明为20年，外观设计为15年，实用新型为10年。

⑤ 可转让性。专利权可以转让，由当事人订立合同，并经原专利登记机关或相应机构登记和公告后生效。专利权一经转让，原发明者不再拥有专利权，购入者继承专利权。

2）影响专利权价值的法律因素

专利权有多种转让形式，不同情形下的评估结果不同。专利权转让一般有两种情形：一种是刚刚研究开发的新专利权，专利权人尚未投入使用就直接转让给接受方；另一种是转让的专利已经过长期的或一段时间的生产，是行之有效的成熟技术，而且转让方仍在继续使用。

专利权转让可以分为所有权转让和使用权转让。使用权转让往往通过技术许可贸易形式进行，这种使用权的权限、时间期限、地域范围和处理纠纷的仲裁程序都是在许可证合同中加以确认的。

（1）使用权限

按技术使用权限的大小，可分为以下几种。

① 独占使用权。指在许可证合同所规定的时间和地域范围内卖方只把技术转让给某一

特定买主，买方不得卖给第二家买主。同时卖方自己也不得在合同规定范围内使用该技术和销售该技术生产的产品。显然，采用这种转让方式的卖方索价会比较高。

② 排他使用权。指卖方在合同规定的时间和地域范围内只把技术授予买方使用，同时卖方自己保留使用权和产品销售权，但不再将该技术转让给第三者。

③ 普通使用权。指卖方在合同规定的时间和地域范围内可以向多家买主转让技术，同时卖方自己也保留技术使用权和产品销售权。

④ 回馈转让权。指卖方要求买方在使用过程中将转让技术的改进和发展反馈给卖方的权利。

（2）地域范围

技术许可证合同必须规定明确的地域范围，如某个国家或地区，买方的使用权不得超过这个地域范围。

（3）时间期限

技术许可证合同必须规定有效期限，时间的长短因技术而异。一项专利权的许可期限一般要和该专利的法律保护期相对应。

（4）法律和仲裁

技术许可证合同是法律文件，是依照参与双方所在国的法律来制定的，因此受法律保护。当一方违约时，另一方可依循法律程序追回损失的权益。

3）影响专利权价值的技术因素

（1）替代性

与被评估专利类似或更好的替代专利的出现，会在时间上和空间上对评估对象的使用造成威胁，使评估对象的收益期限大打折扣，因此被评估专利的可替代情况会影响其价值。

（2）先进性

技术先进性是被评估专利权和现存技术相比较的领先程度，一般通过技术性能指标和成本节约额来衡量。一项技术具有先进性是获得应用的前提，而且技术性能指标优于现有技术的程度或节约成本的数量与被评估专利权的价值存在正相关关系。

（3）创新性

专利权的创新性是指被评估专利权和现有技术相比具有的创造性和新颖性，这也是获得专利权的实质性条件。被评估的专利权具有创新性是其具有价值的前提，但这并不是说，一项技术的创新性越强，它的价值就越大。因为过于新颖的技术一方面会导致与其配套的资产不易获得，另一方面其专利产品的生产、使用成本等会相应较高，而消费者的购买力是有限的。因此，创新性是衡量专利权质量的重要指标，但是和价值之间的联系并非呈正相关，而是在一定条件下呈正相关关系。

（4）成熟度

专利权的成熟度是指技术与工业应用之间的距离。我国专利制度实行的是申请在先的原则，一项发明创造基本完成后，为尽快取得专利权和技术独占地位，未形成生产能力就先申请专利。由于此时专利申请人提供的仅仅是技术方案，获得专利权的技术并非都是成熟可靠的技术，它最终应用于工业化生产，还需要经过很多工作，投入大量人力、物力、财力，并且具有一定的技术风险。

(5) 实用性

专利权的实用性是指专利能够制造或使用，且能够产生积极的效果。对专利权价值进行评估，不是评估专利的好坏，而是评估专利的获利能力。因此，要关注专利的实用性，好的专利如果不能带来经济收益，不会因为其技术先进而获得很高的评估价值；相反，很多可以带来良好收益从而可以得到很高估值的专利，也许只运用了简单的技术组合。所以，专利的实用性也是影响专利价值的一个重要因素。

(6) 防御性

专利权的防御性是指专利的技术防御力和专利的侵权判定难度。由于侵权判定的依据是权利要求书，因此它所记载的必要技术特征便是判断的标准，这些标准检测的难易程度，也决定了侵权判定的难度。专利权若存在被侵权的风险，专利所有者可能对侵权行为进行防御而产生成本，并且侵权行为可能带来专利超额收益的下降，进而可能导致专利权价值的下降。

(7) 垄断性

专利权的垄断性是影响专利价值的重要因素之一，垄断可能导致该专利的价格在一定程度上背离价值规律，从而影响整个技术市场的发展。国际范围内技术市场发展不完善，主要是由于各大公司技术垄断造成的，所以一项技术的垄断程度不仅影响该技术的价值，而且影响整个技术市场的发展态势，是专利价值评估时不可忽视的影响因素之一。

4) 影响专利权价值的市场因素

商品的交换必须在市场中进行，专利权作为一种特殊商品，也受到市场机制和价值规律的影响和制约。市场因素对专利商品价值的影响主要表现在以下3个方面。

① 市场需求和供求关系直接影响专利权的价格。专利权的市场价格，实质上是专利权许可或转让价值的货币表现，与专利的总价值息息相关。

② 专利权所附载商品的市场需求、市场容量和供求关系，直接制约着专利权的市场价格，进而影响专利权价值评估，同时影响专利权的预期销售和利润。

③ 同类专利权的市场价格，是专利权市场价格的参照标准，会影响到该项专利权的市场价格，从而影响到该项专利权的价值评估。

2. 非专利权

非专利权，又称专有技术、技术秘密，是指未经公开、未申请专利的知识和技巧，主要包括设计资料、技术规范、工艺流程、材料配方、经营诀窍和图纸、数据等技术资料。非专利权往往是企业自主开发的成果，对企业具有较高的经济价值。

非专利权与专利权不同，从法律角度讲，它不是一种法定的权利，而仅仅是一种自然的权利。从这一角度来说，进行非专利权的评估，首先应该鉴定非专利权，分析、判断其存在的客观性。这一判断要比专利权的判断复杂。

一般来说，企业中的某些设计资料、技术规范、工艺流程、配方等之所以能作为非专利权存在，是因为它们具有以下特性。

① 保密性。保密性是非专利权的最主要特性。如前所述，非专利权不是一种法定的权利，其自我保护是通过保密性进行的。而专利权则是在专利法规定范围内公开的。

阅读材料

专利评估中收益分成率的估算方法

阅读材料

专利许可收益分成率

② 新颖性。非专利权所要求的新颖性与专利权的新颖性不同，非专利权并非要具备独一无二的特性不可，但它也绝不能是任何人都可以随意得到的东西。

③ 获利性。非专利权必须有价值，表现在它能为企业带来超额利润。价值是非专利权能够转让的基础。

④ 实用性。非专利权存在价值取决于其是否能够在生产实践过程中操作，不能应用的技术不能称为非专利权。

⑤ 无保护期限。非专利权没有法律保护期限，而专利权有明确的法律保护期限。

对非专利权实施保护的法律主要有《中华人民共和国民法典》《中华人民共和国反不正当竞争法》等。

3. 技术类无形资产的评估方法

1）收益法

收益法应用于技术类无形资产价值的评估，基本原理已在前面的有关章节中做了详细介绍，根本的问题还是如何寻找、判断、选择和测算评估中的各项技术指标和参数，即收益额、折现率和获利期限。专利权的收益额是指直接由专利权带来的预期收益，根据收益额估算方法的不同，收益法的具体应用形式可分为许可费用分析法、增量收益折现法和剩余收益分析法。

【例 7-7】 评估对象与评估目的：Y 公司拟以其发明专利对外出资设立新公司，委托评估公司对专利权的市场价值进行评估。

评估方法选择：由于重置成本较难反映高科技成果的价值，因此没有采用成本法。国内市场类似技术的交易案例较少，限制了市场法的应用。最终，评估师选择采用收益法进行评估。

评估思路确定：收益途径——剩余收益分析法。

评估步骤：第 1 步，确定专利权的收益期限；第 2 步，预测在收益期限内专利产品的销售收入和净现金流量；第 3 步，分析专利权对专利产品净现金流的贡献率；第 4 步，确定折现率；第 5 步，计算专利权贡献现金流的现值，确定专利权的评估值。

评估过程如下。

（1）专利权收益期限的确定

自评估基准日，该专利的剩余法律保护年限为 15 年。但是，根据评估师与企业内部专家分析，该专利的经济寿命为 8 年。因此，本次评估确定专利的收益期为 8 年。

（2）未来现金流预测

根据对新设公司的规模和产品市场的需求分析，评估师对新设公司未来收入和净现金流预测如表 7-8 所示。

表 7-8　未来 8 年与专利相关的产品销售收入和净现金流　　单位：万元

	1	2	3	4	5	6	7	8
公司销售收入	40 000	44 000	48 400	52 000	56 000	60 000	62 000	65 000
专利产品销售收入（占公司销售收入的 80%）	32 000	35 200	38 720	41 600	44 800	48 000	49 600	52 000
专利产品净现金流	25 600	28 000	31 000	33 000	36 000	38 400	40 000	41 600

(3) 专利权对专利产品净现金流的贡献率分析

根据模糊评价、专家访谈等方法，评估师认为，无形资产（包括技术、商标等）对专利产品净现金流的贡献率为70%，技术（包括目标专利权和其他技术）对整体无形资产的贡献率为60%，目标专利权对整体技术的贡献率为10%。这样，目标专利权对于产品净现金流的贡献率为4.2%。

(4) 折现率的估算

由于新设公司尚未成立，难以得知新公司的资本结构和资产结构，因此评估师选择了4家同行业上市公司作为可比公司，运用可比公司的数据估算目标专利权折现率，计算过程如表7-9所示。

表7-9 无形资产期望投资回报率的计算

项　　目	取值	取值说明
加权平均资本成本（WACC）	12%	4家可比公司平均值
流动资产占全部资产比例（W_c）	30%	4家可比公司平均值
固定资产占全部资产比例（W_f）	20%	4家可比公司平均值
无形资产占全部资产比例（W_i）	50%	4家可比公司平均值
流动资产期望回报率（R_c）	6.6%	一年期银行贷款利率
固定资产期望回报率（R_f）	7.8%	5年以上贷款平均利率
无形资产期望回报率（R_i）	16.9%	根据 $WACC = W_c \times R_c + W_f \times R_f + W_i \times R_i$ 推算

评估师选择根据4家可比公司的数据计算的无形资产期望回报率16.9%作为目标专利权的折现率。

(5) 专利权的价值评估

专利权的价值评估过程如表7-10所示。

表7-10 专利权的价值评估过程　　　　　　　　　　　单位：万元

	1	2	3	4	5	6	7	8
专利产品净现金流	25 600	28 000	31 000	33 000	36 000	38 400	40 000	41 600
专利权贡献现金流（贡献率4.2%）	1 075	1 183	1 301	1 398	1 505	1 613	1 667	1 747
现值（折现率16.9%）	920	865	814	749	689	632	559	501
评估值	5 729							

2) 成本法

成本法需要分析计算其重置完全成本构成、数额及相应的成新率。专利分为外购和自创两种，非专利权通常由企业自创。外购技术按照前述无形资产成本法进行估算。自创技术的成本一般由下列因素组成。

(1) 研发成本

研发成本包括直接成本和间接成本两大类。直接成本是指研制过程中直接投入发生的费用，间接成本是指与研制开发有关的费用。

直接成本一般包括以下几项。

① 材料费用，即为完成技术研制所耗费的各种材料费用。

② 工资及各种福利费用，即参与研制技术的科研人员和相关人员的费用。

③ 专用设备费,即为研制开发技术所购置的专用设备的摊销。
④ 资料费,即研制开发技术所需的图书、资料、文献、印刷等费用。
⑤ 咨询鉴定费,即为完成该项目发生的技术咨询、技术鉴定费用。
⑥ 协作费,即项目研制开发过程中某些零部件的外加工费及使用外单位资源的费用。
⑦ 培训费,即为完成本项目,委派有关人员接受技术培训的各种费用。
⑧ 差旅费,即为完成本项目发生的差旅费用。
⑨ 其他费用。

间接成本主要包括以下几项。
① 管理费,即为管理、组织本项目开发所负担的管理费用。
② 非专用设备折旧费,即采用通用设备、其他设备所负担的折旧费。
③ 应分摊的公共费用及能源费用。

(2) 交易成本

交易成本是指发生在交易过程中的费用支出,主要包括以下几项。
① 技术服务费,即卖方为买方提供专家指导、技术培训、设备仪器安装调试及市场开拓服务的费用。
② 交易过程中的差旅费及管理费,即谈判人员和管理人员参加技术洽谈会及在交易过程中发生的食宿及交通费等。
③ 手续费,即指有关的公证费、审查注册费、法律咨询费等。
④ 税金,即无形资产交易、转让过程中应缴纳的相关税费。

由于评估目的的不同,自创技术成本的构成内涵也不一样,在评估时应视不同情形考虑以上成本(见图7-2)的全部或一部分。

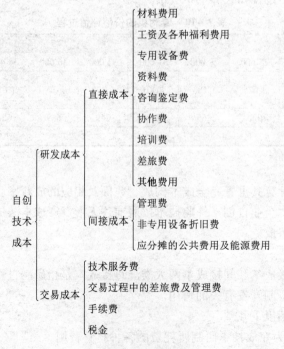

图7-2 自创技术成本

【例 7-8】 某机械加工企业有 5 000 张机械零部件工艺设计图纸,已经使用 5 年。经专家从工艺设计图纸的设计先进性和保密性等方面鉴定认为,有 4 500 张图纸仍然可以作为有效的非专利权资产,预计剩余经济使用年限为 4 年。根据该类图纸的设计、制作耗费估算,当前每张图纸的重置成本为 250 元。该批图纸的价值估算过程如下。

$$该批图纸的重置成本 = 4\ 500 \times 250 = 1\ 125\ 000(元)$$
$$该批图纸的成新率 = 4/(4+5) \approx 44.44\%$$
$$该批图纸的价值 = 1\ 125\ 000 \times 44.44\% = 499\ 950(元)$$

4. 综合案例及分析

专利许可费率是否合理?

(1) 背景

A 公司为了提高市场竞争力,准备对既有产品进行升级换代。产品升级之后,销售收入预计将有大幅提升。为了实施产品升级换代,拟从 B 公司引进一项先进的专利权。B 公司同意将该技术许可给 A 公司使用,许可年限为 5 年,要求 A 公司每年按销售收入的 10% 作为技术许可使用费。这个价格可以接受吗?

(2) 分析思路

第 1 步,分析 A 公司在不进行产品升级换代、不引进技术的情况下,产品业务单元的初始商业价值。

第 2 步,分析 A 公司在引进技术、产品升级换代,但不扣减技术许可费用的情况下,产品业务单元的潜在商业价值。如果潜在商业价值大于初始商业价值,则进入第 3 步分析。

第 3 步,考虑一个许可费率,使得在该许可费率下产品业务单元的潜在商业价值等于初始商业价值,则该许可费率就是可接受的最高技术许可费率。如果可接受的最高技术许可费率大于 10%,则 B 公司提出的价格可以接受;否则,不能接受。

(3) 计算过程

计算过程见表 7-11~表 7-13。

表 7-11 产品业务单元初始价值的估算(不引进技术的情况) 单位:万元

	第 1 年	第 2 年	第 3 年	第 4 年	第 5 年
销售收入	39 000	40 000	42 000	44 000	45 000
减:销售成本	23 400	24 000	25 200	26 400	27 000
销售费用和管理费用	7 800	8 000	8 400	8 800	9 000
税前利润	7 800	8 000	8 400	8 800	9 000
减:所得税(税率 25%)	1 950	2 000	2 100	2 200	2 250
净利润	5 850	6 000	6 300	6 600	6 750
加:折旧	12 200	12 500	12 700	13 000	13 200
减:追加营运资本支出	1 800	1 840	1 880	1 910	1 950
资本性支出	4 500	4 600	4 700	4 800	4 900
净现金流量	11 750	12 060	12 420	12 890	13 100
现值(折现率 10%)	10 682	9 967	9 331	8 804	8 134
初始商业价值			46 918		

表 7-12　引进技术后产品业务单元潜在价值的估算（不考虑许可费）　　　单位：万元

	第1年	第2年	第3年	第4年	第5年
销售收入	47 000	50 000	52 000	55 000	58 000
减：销售成本	28 200	30 000	31 200	33 000	34 800
销售费用和管理费用	10 340	11 000	11 440	12 100	12 760
税前利润	8 460	9 000	9 360	9 900	10 440
减：所得税（税率25%）	2 115	2 250	2 340	2 475	2 610
净利润	6 345	6 750	7 020	7 425	7 830
加：折旧	13 200	13 400	13 700	14 000	14 300
减：追加营运资本支出	1 960	2 000	2 040	2 080	2 200
资本性支出	4 904	5 000	5 100	5 200	5 300
净现金流量	12 681	13 150	13 580	14 145	14 630
现值（折现率10%）	11 528	10 868	10 203	9 661	9 084
潜在商业价值			51 344		

表 7-13　引进技术后产品业务单元潜在价值的估算（考虑许可费）　　　单位：万元

	第1年	第2年	第3年	第4年	第5年
销售收入	47 000	50 000	52 000	55 000	58 000
减：销售成本	28 200	30 000	31 200	33 000	34 800
销售费用和管理费用	10 340	11 000	11 440	12 100	12 760
许可费（费率3%）	1 410	1 500	1 560	1 650	1 740
税前利润	7 050	7 500	7 800	8 250	8 700
减：所得税（税率25%）	1 763	1 875	1 950	2 063	2 175
净利润	5 288	5 625	5 850	6 188	6 525
加：折旧	13 200	13 400	13 700	14 000	14 300
减：追加营运资本支出	1 960	2 000	2 040	2 080	2 200
资本性支出	4 904	5 000	5 100	5 200	5 300
净现金流量	11 624	12 025	12 410	12 908	13 325
现值（折现率10%）	10 567	9 938	9 324	8 816	8 274
潜在商业价值			46 918		

阅读材料

非专利权评估案例

从表 7-11～表 7-13 的计算过程可以看出，如果技术许可费率为销售收入的 3%，产品业务单元的潜在价值将等于其初始价值。换句话说，A 公司可以接受的最高技术许可费率为 3%。因此，A 公司不应该接受 B 公司当前的报价。

7.5 商标权的评估

1. 商标权的定义及类别

1) 商标的定义及其分类

商标是商品或服务的标志,是生产者为了把自己的商品或服务与他人区别开来,在商品或服务上使用的一种特殊标记。2019 年修正的《中华人民共和国商标法》第八条规定:"任何能够将自然人、法人或者其他组织的商品与他人的商品区别开的标志,包括文字、图形、字母、数字、三维标志、颜色组合和声音等,以及上述要素的组合,均可以作为商标申请注册。"

商标表明了商品或服务的来源,标志着一定的商品或服务的质量,从而使得同类商品或服务得以区分,能够促进生产经营者和服务者保证商品和服务的质量,也便于进行商品的广告宣传。

从经济学角度来说,商标的这些作用最终能为企业带来超额收益。从法律角度来说,保护商标也就是保护企业获取超额收益的权利。

商标可以按以下不同标准进行分类。

① 按照使用对象划分,商标可以分为商品商标和服务商标。所谓商品商标,即商品上使用的标志。它包括产业商标和商业商标。产业商标也称制造商标,是商品生产者使用的商标,用以标明该种商品由谁生产;商业商标也称销售商标,指经销者推销商品使用的商标,主要用来标明该经销者所出售的商品都是经过精心选择的。所谓服务商标,即服务行业所使用的标志。

② 按照是否注册划分,商标可以分为注册商标和非注册商标。注册商标受到法律的保护,而非注册商标则在法律保护范围之外。

③ 按照状态划分,商标可分为视觉商标、听觉商标和味觉商标(见图 7-3)。其中视觉商标包括平面商标和立体商标。所谓立体商标,是指以产品外形或其包装容器外形构成的商标。少数国家允许酒瓶、香水瓶、饮料瓶以及与商标本身联系紧密的包装注册为立体商标。所谓听觉商标,是指以独创乐曲、拟声等通过演奏效果区别他人的标志。所谓气味商标,是指以独特的气味区别其他经营者产品或服务的标志。气味商标在国外也有所应用。

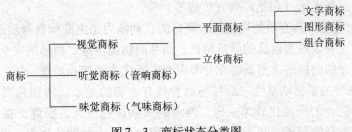

图 7-3 商标状态分类图

④ 按照信誉划分,商标可分为普通商标和驰名商标。驰名商标又可进一步分为世界驰名商标、全国驰名商标和地方驰名商标。

⑤ 按使用动机划分，商标可分为联合商标、证明商标和集体商标。联合商标是指同一商标所有人在同一种或者同类商品或服务上注册的若干近似商标中，首先注册或者主要使用的商标为正商标，其余则为正商标的联合商标。证明商标是指用来证明商品的原产地、特殊质量、原料、制造工艺、精密度或其他特征的商标，如纯羊毛标志、绿色食品标志等。集体商标是指社团、协会等组织所拥有的商标，该商标可由其成员使用于商品或服务项目上，以便与非成员所提供的商标或服务相区别。

2）商标权的内容

商标权又称商标专用权，是商标注册后，商标所有者依法享有的权益，它受到法律保护，未注册商标不受法律保护。商标权是以申请注册的时间先后为审批依据，而不以使用时间先后为审批依据。商标权一般包括排他专用权（或独占权）、转让权、许可使用权、继承权等。排他专用权是指注册商标的所有者享有禁止他人未经其许可而在同一种商品劳务或类似商品劳务上使用其商标的权利。转让权是商标所有者作为商标权人，享有将其拥有的商标转让给他人的权利。我国《商标法》规定："转让注册商标的，转让人和受让人应当签订转让协议，并共同向商标局提出申请。受让人应当保证使用该注册商标的商品质量""转让注册商标经核准后，予以公告"。许可使用权是指商标权人依法通过商标使用许可合同允许他人使用其注册商标。商标权人通过使用许可合同，转让的是注册商标的使用权。继承权是指商标权人将自己的注册商标交给指定的继承人继承的权利，但这种继承必须依法办理有关手续。

阅读材料

商标与品牌的关系

尽管商标是通过注册而获得的，但是商标的价值与其注册成本没有直接联系，商标权的价值是由商标所带来的超额效益决定的，带来的效益越大，商标价值就越高，反之则低。而商标带来效益的原因，在于它代表的企业的产品质量、信誉、经营状况的提高。

2. 商标评估的特点及其分类

简言之，商标评估就是评估人员采用科学的评估方法，依照法定的评估程序，对商标专用权的现时价值进行评定估算的过程。

1）商标评估的特点

① 商标的价值内容具有综合性。商标的价值是由多种因素构成的，因此评估时要多方面分析其构成因素，防止片面性。一般而言，商标价值构成的内容主要是商标应用中的获利能力，此外还要考虑商标创立时的初始成本（包括商标设计费、登记注册费等）、商标知名度提高过程中的发展成本（包括广告宣传费等）等。

② 商标的获利能力具有质的规定性。商标的获利能力是由商标自身质的规定性确定的，这种质的规定性主要表现为商品的质量精良、商品的物美价廉、商品的安全可靠、商品的包装精美等，因此评估商标的价值就要充分考虑商标所代表的产品质量。

③ 商标与商誉的紧密联系性。商标与商誉具有密切的关系，特别是当企业的名称与商标的名称合一且企业的产品比较单一时，两者的关联性就更大。因此，在评估商标的价值时，一般要把两者有效剥离，既不能把商誉的价值包括在商标的价值中，也不能把商标的价值包括在商誉的价值中。

2）商标评估的分类

根据商标的分类方法，商标价值的评估也可以划分为不同的类别。

① 按商标的来源划分，可分为自创商标价值的评估和外购商标价值的评估。两者的评估方法显然存在差别，前者必须充分考虑创立商标时投入的成本大小，以及在市场上拓展商标的知名度时投入的广告等各种费用；后者则应该更多地考虑商标的购买价格的大小。当然，两者相同的地方是都需要充分考虑商标带来的超额收益。

② 按商标转让的内容划分，可分为商标价值的评估和商标使用价值的评估。当转让方完全放弃商标的所有权，同时受让方完全得到商标的所有权时，商标的评估就是商标价值的评估；而当转让方转让商标后依然拥有该商标的使用权甚至还可以向第三方继续转让时，受让方实际得到的是商标的使用权，这意味着双方甚至第三方都可以同时使用该商标。这种转让形式也叫商标的特许使用。此时的商标评估实际上是指商标使用权价值的评估。商标价值评估一般采用收益现值法、成本收益法、相对值计价法、有效使用期超额利润法等评估方法。在商标交易过程中，商标使用价值评估采用什么样的评估方法，应根据评估的目的和交易双方的特定要求而定。

3）商标转让和特许使用

商标转让是指转让方放弃商标权，商标转归受让方所有，是所有权的转让。而商标特许使用是指转让方在不放弃所有权的前提下，准允他人按合同规定的条款使用商标。商标的转让和特许使用都要实行有偿原则，签订书面合同。

由于商标的经济价值主要来源于企业所拥有的专利、秘诀和其他资产的适用组合，因此商标只有作为特定质量、性能、特点、服务等效用的标志时才有具体意义。可见，商标的转让并不是任意的，而必须伴随着其他要素（如专利、秘诀、产品技术、性能、服务甚至管理等）的转移。一般而言，商标转让和特许使用的基本特点是：商标用到哪里，形成商标内涵的各种要素，尤其是技术、技能和管理就必须跟到哪里，以保证所使用商标的商品的质量、性能、服务等效用指标不变，否则就变成单纯的"卖牌子"，直接损害转让方、受让方和消费者的经济利益。

商标转让后，由于转让方不再享有商标权，故应由受让方保证使用商标的商品质量，制售商标使用许可证时，由许可人监督被许可人保证使用商标的商品质量。购买商标或商标许可证，通常要同时购买相应的专利、秘诀等的许可证。但是，购买专利、秘诀等的许可证，并不一定要同时购买商标或商标许可证。在商品质量得到充分保证的前提下，购买商标许可证的主要作用在于：利用著名商标的声誉，缩短进入市场的时间，降低市场风险，提高市场占有份额。

3. 商标权的收益法评估

（1）预期收益的确定

商标权的价值与商标所代表的商品或服务的营业收入、利润以及未来发展趋势密切相关。因此，无论采用何种方法估计商标权的预期收益，都需要考虑以下因素。

① 商标所代表的产品（或服务）的市场总体规模及未来发展趋势。市场总体规模代表了商标资产所作用产品（或服务）的价值上限。对该产品（或服务）未来发展趋势的判断，有助于评估师从更加宏观的视角判断和把握商标权的价值变化趋势。

② 商标所作用的产品（或服务）当前的市场地位及销售（或服务）规模。在对市场总体规模进行判断的基础上，评估师需要对商标所作用的企业经营状况、技术能力、财务绩效等进行分析，以判断商标权当前的市场影响力，这是进一步分析商标权当前收益能力的

基础。

③ 商标所作用的产品（或服务）的市场前景。根据对商标所代表的产品（或服务）市场总体发展趋势和商标所在企业的经营前景，判断商标权的未来市场影响力，以便进一步分析商标权的未来收益能力。

商标权的收益法可以按照预期收益的不同确定方法，进一步细化为许可费用分析法、增量收益折现法和剩余收益分析法等。

（2）收益年限的确定

商标收益年限的确定应当考虑法律保护的年限和商标的经济寿命两个因素的影响。对商标的所有者来讲，商标收益的年限一般会受到注册商标法律保护的影响。根据法律，注册商标的保护年限是10年，但是到期可以续展，每次续展期也是10年。但是，更重要的影响因素应该是商标的经济寿命，即商标为市场所接受并可以为投资人创造超额收益的寿命。这一寿命的判断需要联系企业发展状况、商标的发展潜力等方面进行综合分析。对于商标的许可使用权的评估，其商标收益的年限则主要需要考虑许可合同的年限、许可商标的收益前景及商标再许可的可能性。

（3）折现率的确定

折现率可以从两个方面来考虑：一是同行业企业经营的一般风险水平，这与进行企业评估时的考虑方法是一致的；二是商标对企业的经营风险的影响。企业家一般认为，拥有驰名商标会降低企业的投资风险；反之，使用新商标可能会经历较高的风险。这种商标使用对企业经营风险的影响应该在折现率上有相应反映。商标权的折现率一般高于有形资产的折现率。

【例7－9】（许可费用分析法）A公司拟向B公司转让某注册商标M的专用权，需要对M商标专用权的市场价值进行分析。根据市场上多个同类商标的交易案例，评估师认为M商标如果进行许可转让，适合的许可费率为销售收入的2%。经分析，M商标的剩余使用寿命为5年，折现率取10%，所得税税率为25%。B公司未来5年的销售收入及M商标市场价值分析过程如表7－14所示。

表7－14　B公司未来5年的销售收入及M商标市场价值分析　　单位：万元

	第1年	第2年	第3年	第4年	第5年
B公司销售收入	4 000	4 600	5 000	4 000	3 000
许可费率	2%	2%	2%	2%	2%
许可费节约额	80	92	100	80	60
税后节约额	60	69	75	60	45
现值	55	57	56	41	28
M商标专用权市场价值			237		

【例7－10】（增量收益折现法）甲饮料厂将其已经使用了25年的金浪啤酒注册商标转让给乙企业。根据历史资料，甲企业近5年使用这一商标的啤酒比市场上同类啤酒售价每吨高出500元。乙企业目前每年生产5 000 t，市场供求基本平衡。预计该品牌能够获取超额利润的时间是10年，前4年基本可以维持当前水平，由于其他品牌的竞争力提高，后6年

其每吨高出其他品牌的幅度会下降为 300 元,不过产量可能会扩大到 5 400 t。乙企业所得税税率为 25%。该商标的转让价值评估过程如下。

① 预计前 4 年的年超额利润为:500×0.5=250(万元)。
② 预计后 6 年的年超额利润为:300×0.54=162(万元)。
③ 根据该企业的资金成本率及商标资产相应的风险报酬率,确定折现率为 10%。
④ 估算该商标权的转让价值为:

$$\left[250\times\frac{(1+10\%)^4-1}{10\%(1+10\%)^4}+162\times\frac{(1+10\%)^6-1}{10\%(1+10\%)^6}\times\frac{1}{(1+10\%)^4}\right]\times(1-25\%)$$
$$=(792.47+481.90)\times75\%\approx955.77(万元)$$

4. 商标权的市场法与成本法评估

(1) 市场法

运用市场法评估商标资产,需要找到足够数量的可比实例。商标资产的可比性至少应满足以下几个条件。

① 类别相同。即被评估商标与可比实例涉及的商标应当是作用于同类商品或服务的商标。

② 权利相同。即如果涉及商标专用权评估,则应收集商标专用权评估实例作为可比实例;如果涉及商标许可使用权评估,则应收集商标许可使用权评估实例作为可比实例,并且许可权限也应该与被评估对象一致。

③ 竞争能力或获利能力相近。即可比实例所涉及的商标在市场中的竞争地位、市场影响力等应该与被评估商标接近。

④ 交易时间接近。即收集的可比实例应该是近期发生的。

如果能够在活跃市场上收集到足够的可比实例,就可以通过对比被评估商标与可比实例在交易时间、交易双方的关系、商标维护费用、获利能力、收益期限、风险程度等方面的差异,并进行差异调整,从而对被评估商标资产的价值进行估算。

(2) 成本法

由于成本与价值的弱对应性,使得成本法在商标权的价值评估中有着较大的局限性。在运用成本法时,要考虑商标资产的重置成本,并关注被评估对象的贬值。商标资产的重置成本包括合理成本、合理利润和相关税费。

5. 综合案例①

W 公司拟了解"W"商标价值,某评估公司接受 W 公司的委托,采用收益法对"W"商标资产在 2022 年 12 月 31 日所表现的市场价值进行评估。

1) 评估方法选择

本次对 W 商标资产价值采用收益法评估,选择理由如下。

成本法能够反映被评估无形资产在评估基准日的重置成本,一般情况下,具有以下特性的无形资产可以采用成本法进行评估:① 具有可替代性,即其功能作用易于被其他无形资产替代;② 生产制造该无形资产技术上可行,制造其所需物化劳动易于计量;

---

① 该案例是由中企华资产评估公司提供的商标权实际评估案例改编而成。本书进行了提炼和简化,数据经过了处理改编。

③ 重置该无形资产法律上可行，也就是法律上没有对重新研发该无形资产或者其替代物进行限制。由于"W"商标历经300余年的历史，文化积淀深厚，作为一个信誉卓著的老字号，已经成了中医药的代名词，不仅不具有可复制性，而且也无法对其历史上的商标投资进行合理考量，商标资产价值与投资成本的相关性较弱。因此，成本法不适合"W"商标价值评估。

市场法是以现实市场上的参照物来评价被评估无形资产的现行公平市场价值。一般情况下，具有以下特性的无形资产可以采用市场法进行评估：① 被评估无形资产或者类似无形资产存在活跃的市场，有足够的交易案例可供选择；② 被评估无形资产或类似无形资产交易案例的市场交易价格、交易时间、交易条件、资产特性等交易信息公开透明。由于国内外商标资产缺乏活跃的交易市场，像"W"这样的中医药老字号商标交易案例更是稀少，因此市场法也不适合"W"商标价值评估。

收益法是从决定被评估无形资产的预期获利能力的角度评价资产，符合对资产的基本定义。一般情况下，具有以下特性的无形资产可以采用收益法进行评估：① 被评估无形资产剩余经济寿命期限内的经济收益能够合理预测；② 被评估无形资产预期经济收益对应的风险能够合理量化；③ 被评估无形资产的剩余经济寿命能够合理确定。评估人员经过对企业管理层访谈、实地勘查以及市场调研分析认为"W"商标资产具备收益法评估的条件。

2）收益法评估思路

企业的收益是有形资产和无形资产共同交织作用的结果。采用收益法评估商标资产价值的核心工作是估算商标资产对企业总体收益的贡献和对商标收益风险的判定。此次采用收益法评估商标资产价值的思路和操作步骤如下：

① 估算组合（总体）有形资产对企业总体收益的贡献；
② 估算组合（总体）无形资产对企业总体收益的贡献；
③ 分析判定企业组合无形资产的类别构成；
④ 估算商标资产对组合无形资产收益的贡献；
⑤ 预测商标资产未来经济寿命期限内的收益；
⑥ 估算商标资产预期收益的折现率；
⑦ 计算商标资产的价值。

根据上述商标资产收益法评估思路，此次商标资产评估的一般公式为：

$$P = \sum_{t=1}^{n} \frac{R \times (1 - L_s) \times L_p}{(1 + r)^t}$$

式中：P——评估基准日商标资产价值；

R——第 t 年的企业总体收益；

L_s——组合有形资产对企业总体收益的贡献率；

L_p——商标资产对组合无形资产收益的贡献率；

r——商标资产预期收益折现率；

t——商标资产收益期。

3）有形资产收益贡献

此次评估，有形资产收益率以基准日5年期以上贷款利率5.94%为基础，经综合考虑

W公司的业务类型、资产规模和信用状况,以及银行贷款利率浮动政策,按照上浮15%计算作为有形资产的收益贡献率,即5.94%×1.15=6.83%。

4)无形资产收益贡献

(1)组合无形资产分析

通过对W公司资产、业务的现场勘查,管理层访谈和市场调研,经评估人员综合分析,认为W公司的无形资产主要分为3类:商标资产、技术资产和渠道资产。

① 商标资产。W公司除了拥有"W"系列文字、图形和组合商标外,还拥有"L""S"等商标,目前W公司在商品和服务等领域只使用"W"系列商标,因此非"W"商标对此次"W"商标价值评估没有影响。

② 技术资产。我国中药技术研究成果的保护形式主要有:国家保密保护、中药品种保护、专利保护、商业秘密保护、药品批准文号保护和新药监测期保护等。截至2019年底,W公司有4个品种的配方被认定为保密配方,19个中药保护品种,共申请专利127项,已授权专利92项。W公司现有产品主要包括:药品(中成药、医疗机构制剂)、保健食品、食品、化妆品、参茸饮片五大类。另外还有8个品种尚在新药监测期内,享有监测期保护权利。

③ 渠道资产。截至2019年末,W公司共拥有商业零售终端1 000多家,分布在全国30个省、市、自治区的75个城市;海外35家,遍布15个国家和地区;商业批发企业7家;中医院3家,医馆及诊所129家(国内103家、海外26家),形成了名店、名药、名医结合,零售、批发并重的海内外终端网络。

(2)组合无形资产收益分割

评估公司运用层次分析法,判断商标资产对无形资产收益的贡献率为0.40,技术资产对无形资产收益的贡献率为0.33,渠道资产对无形资产收益的贡献率为0.27。

5)商标资产收益预测

根据W公司制定的2020—2024年发展规划,评估人员对中医药行业和W公司的产业结构和竞争力进行了分析,认为W公司制定的5年规划基本合理,见表7-15。

表7-15 W公司2020—2024年财务预测

项 目	2020年	2021年	2022年	2023年	2024年
经营与财务状况指标					
营业收入/元	3 637 653 113	4 365 183 735	5 238 220 482	6 285 864 578	7 543 037 494
净利润/元	373 428 355	426 524 110	490 386 903	556 478 344	649 449 363
所有者权益/元	2 861 250 282	3 286 473 718	3 770 854 618	4 320 497 182	4 961 824 688
增长率指标					
营业收入增长率	21%	20%	20%	20%	20%

评估人员经过综合分析,2024年以后将逐步过渡到正常平稳增长态势。2025—2029年,以及永续期主要财务指标预测如表7-16所示。其中,假设永续期营业收入增长率保持2%不变。

表7-16 W公司2025—2029年及永续期财务预测

项　　目	2025年	2026年	2027年	2028年	2029年	永续期
经营与财务状况指标						
营业收入/元	8 825 353 868	10 060 903 410	11 167 602 785	12 061 011 007	12 664 061 558	12 917 342 789
净利润/元	759 855 755	866 235 560	961 521 472	1 038 443 190	1 090 365 349	1 112 172 656
所有者权益/元	5 805 334 885	6 618 081 769	7 346 070 763	7 933 756 424	8 330 444 245	8 497 053 130
增长率指标						
营业收入增长率	17%	14%	11%	8%	5%	2%
净利润增长率	17%	14%	11%	8%	5%	2%

由于商标资产、技术资产和渠道资产均为账外资产，故首先将基准日W公司合并报表所有者权益作为有形资产处理。然后，根据有形资产收益贡献率计算得出有形资产收益和无形资产收益。最后，根据商标资产的收益贡献率计算得出商标收益。

6）商标资产收益折现率确定

（1）无风险收益率的确定

根据Wind资讯系统披露的信息，银行间国债10年期OTR到期收益率在评估基准日的到期年收益率为3.62%，本次评估以3.62%作为无风险收益率。

（2）风险报酬率

影响商标资产风险报酬率的主要因素包括：商标市场地位与稳定性、商标消费者认知度、商标保护与支持力度和商标趋势与延伸能力4个方面。

① 商标市场地位与稳定性，如表7-17所示。

表7-17 商标市场地位与稳定性分值表

序号	影响因素	权重	分　　值				得分
1	行业地位	0.3	很高	较高	一般	差	95
			70~100	50~70	30~50	0~30	
2	市场占有率	0.2	国际	国内	多省	省内	80
			70~100	50~70	30~50	0~30	
3	商标稳定性	0.3	很高	较高	一般	差	95
			70~100	50~70	30~50	0~30	
4	商标抗风险能力	0.2	很强	较强	一般	差	95
			70~100	50~70	30~50	0~30	
	合　　计						92

"W"商标市场地位与稳定性得分为92分，该项因素对应的风险系数为（100-92）/10=0.8。

② 商标消费者认知度，如表7-18所示。

表 7-18　商标消费者认知度分值表

序号	影响因素	权重	分值				得分
1	知名度	0.3	很高	较高	一般	差	80
			70~100	50~70	30~50	0~30	
2	认知度	0.2	很高	较高	一般	差	80
			70~100	50~70	30~50	0~30	
3	美誉度	0.3	很高	较高	一般	差	95
			70~100	50~70	30~50	0~30	
4	忠诚度	0.2	很高	较高	一般	差	90
			70~100	50~70	30~50	0~30	
	合计						86.5

"W"商标消费者认知度得分为 86.5 分,该项因素对应的风险系数为 (100-86.5)/10=1.35。

③ 商标保护与支持力度,如表 7-19 所示。

表 7-19　商标保护与支持力度分值表

序号	影响因素	权重	分值				得分
1	受保护程度	0.3	很高	较高	一般	差	90
			70~100	50~70	30~50	0~30	
2	受保护区域	0.2	国际	国内	多省	省内	90
			70~100	50~70	30~50	0~30	
3	政策支持情况	0.3	很强	较强	一般	差	90
			70~100	50~70	30~50	0~30	
4	持续投资情况	0.2	很高	较高	一般	差	80
			70~100	50~70	30~50	0~30	
	合计						88

"W"商标保护与支持力度得分为 88 分,该项因素对应的风险系数为 (100-88)/10=1.2。

④ 商标趋势与延伸能力,如表 7-20 所示。

表 7-20　商标趋势与延伸能力分值表

序号	影响因素	权重	分值				得分
1	行业发展趋势	0.25	很强	较强	一般	差	80
			70~100	50~70	30~50	0~30	
2	企业发展趋势	0.25	国际	国内	多省	省内	80
			70~100	50~70	30~50	0~30	
3	商标产品线延伸	0.25	很强	较强	一般	差	70
			70~100	50~70	30~50	0~30	

续表

序号	影响因素	权重	分 值				得分
4	商标行业延伸	0.25	很广 70~100	较广 50~70	一般 30~50	差 0~30	70
	合 计						75

"W"商标趋势与延伸能力得分为75分,该项因素对应的风险系数为(100-75)/10=2.5。综上,"W"商标风险报酬率=0.8+1.35+1.2+2.5=5.85。

(3) 折现率的确定

折现率 = 无风险收益率 + 风险报酬率 = 3.62% + 5.85% = 9.47%

7) 商标资产评估价值

将商标收益进行折现得到商标资产价值20.33亿元,具体计算数据见表7-21。

表7-21 商标资产价值分析　　　　　　　　　　　　单位:元

项目	2020年	2021年	2022年	2023年	2024年
净利润	373 428 355	426 524 110	490 386 903	556 478 344	649 449 363
有形资产	2 861 250 282	3 286 473 718	3 770 854 618	4 320 497 182	4 961 824 688
有形资产收益贡献率	6.83%	6.83%	6.83%	6.83%	6.83%
有形资产收益	195 452 007	224 499 020	257 587 079	295 133 163	338 942 245
无形资产收益	177 976 348	202 025 090	232 799 824	261 345 181	310 507 119
商标资产收益贡献率	40%	40%	40%	40%	40%
商标资产收益	71 190 539	80 810 036	93 119 930	104 538 072	124 202 848
折现率	9.47%	9.47%	9.47%	9.47%	9.47%
折现期	0.5	1.5	2.5	3.5	4.5
折现系数	0.96	0.87	0.80	0.73	0.67
折现值	68 342 918	70 304 731	74 495 944	76 312 793	83 215 908
现值之和			372 672 294		

项目	2025年	2026年	2027年	2028年	2029年	永续期
净利润	759 855 755	866 235 560	961 521 472	1 038 443 190	1 090 365 349	1 112 172 656
有形资产	5 805 334 885	6 618 081 769	7 346 070 763	7 933 756 424	8 330 444 245	8 497 053 130
有形资产收益贡献率	6.83%	6.83%	6.83%	6.83%	6.83%	6.83%
有形资产收益	396 504 373	452 014 985	501 736 633	541 875 564	568 969 342	75 961 392
无形资产收益	363 351 382	414 220 575	459 784 839	496 567 626	521 396 007	531 823 927
商标资产收益贡献率	40%	40%	40%	40%	40%	40%
商标资产收益	145 340 553	165 688 230	183 913 936	198 627 050	208 558 403	212 729 571
折现率	9.47%	9.47%	9.47%	9.47%	9.47%	9.47%
折现期	5.5	6.5	7.5	8.5	9.5	
折现系数	0.61	0.56	0.51	0.46	0.42	5.67
折现值	88 657 737	92 785 409	93 796 107	91 368 443	87 594 529	1 206 176 666
现值之和			1 660 378 891			

商标价值 = 372 672 294 + 1 660 378 891 = 2 033 051 185（元）≈20.33（亿元）

6. 品牌价值评估方法

品牌与商标的实质与内涵基本相同，前者是一个市场概念，后者是一个法定概念。品牌价值评估与商标权价值评估有所区别。

首先，评估目的不同。商标权价值评估通常服务于商标权转让、许可、投资、抵押、赔偿等经济活动，或者作为企业价值评估的组成部分，为资产交易或法院判决提供价值依据。品牌价值评估也可为企业的品牌许可、融资等业务提供价值参考，但更主要的功能是服务于企业的品牌战略管理、品牌开发和品牌宣传，目的在于提升品牌知名度，从而带来企业绩效的提升。

其次，评估操作要求不同。品牌价值评估通常不涉及商标资产交易，对投资者的投资决策没有实质性影响，因此没有统一的操作流程和规范，各品牌价值评估公司或咨询公司根据自身积累的业务经验为客户提供品牌战略咨询和价值评估服务。商标权价值评估属于资产评估的范畴，通常是为商标资产或企业整体资产的交易服务，其评估方法和流程受到资产评估准则的严格约束。如果没有按照评估准则的规范进行评估操作，对投资人或潜在投资人形成误导，或造成投资者的损失，评估师及其所在的评估公司将承担法律责任。

最后，对操作者的资质要求不同。品牌价值评估的操作者为品牌管理咨询公司及公司内部具有专门知识的专家，但法律对公司和个人均没有专门的从业资质要求。包括商标权评估在内的资产评估则需要由有资质的机构和评估师来操作。评估师实行注册制，需要通过专门的考试才能够获得从业资格，每年还需要进行后续教育。除此之外，资产评估师还必须具备独立性。可以说，商标权评估业务具有更加严格的执业资质要求。

尽管有不同，但二者在评估方法上仍有相同或值得相互借鉴之处。国内外比较成熟的品牌价值评估方法有 Interbrand 评估法、世界品牌实验室法、北京名牌资产评估 MSD 法等。

Interbrand 评估法

世界品牌实验室法

MSD 法

7.6 著作权的评估

1. 著作权的评估概述

1）著作权及著作权资产的概念

著作权也称为版权，是指著作人依法对自己著述和创作的文学、艺术、自然科学、社会科学、工程技术等作品所享有的各项权利的总称。这里说的作品，应具有原创性。复制、翻拍、抄袭的文件、模型、软件、照片等，不属于作品的范畴。《中华人民共和国著作权法》

(以下简称《著作权法》)对纳入著作权保护的作品类别进行了明确规定，具体包括：文字作品；口述作品；音乐、戏剧、曲艺、舞蹈、杂技艺术作品；美术、建筑作品；摄影作品；视听作品；工程设计图、产品设计图、地图、示意图等图形作品和模型作品；计算机软件；符合作品特征的其他智力成果。

著作权分为著作人身权与著作财产权，具体包括：

① 发表权，即决定作品是否公之于众的权利；

② 署名权，即表明作者身份，在作品上署名的权利；

③ 修改权，即修改或者授权他人修改作品的权利；

④ 保护作品完整权，即保护作品不受歪曲、篡改的权利；

⑤ 复制权，即以印刷、复印、拓印、录音、录像、翻录、翻拍、数字化等方式将作品制作一份或者多份的权利；

⑥ 发行权，即以出售或者赠与方式向公众提供作品的原件或者复制件的权利；

⑦ 出租权，即有偿许可他人临时使用视听作品、计算机软件的原件或者复制件的权利，计算机软件不是出租的主要标的的除外；

⑧ 展览权，即公开陈列美术作品、摄影作品的原件或者复制件的权利；

⑨ 表演权，即公开表演作品，以及用各种手段公开播送作品的表演的权利；

⑩ 放映权，即通过放映机、幻灯机等技术设备公开再现美术、摄影、视听作品等的权利；

⑪ 广播权，即以有线或者无线方式公开传播或者转播作品，以及通过扩音器或者其他传送符号、声音、图像的类似工具向公众传播广播的作品的权利，但不包括"信息网络传播权"；

⑫ 信息网络传播权，即以有线或者无线方式向公众提供，使公众可以在其选定的时间和地点获得作品的权利；

⑬ 摄制权，即以摄制视听作品的方法将作品固定在载体上的权利；

⑭ 改编权，即改编作品，创作出具有独创性的新作品的权利；

⑮ 翻译权，即将作品从一种语言文字转换成另一种语言文字的权利；

⑯ 汇编权，即将作品或者作品的片段通过选择或者编排，汇集成新作品的权利；

⑰ 应当由著作权人享有的其他权利。

其中①~④属于著作人身权，不能继承和转让；⑤~⑰属于著作财产权，是知识产权的一种，著作权人可以将其许可他人使用，并依照约定或者法律有关规定获得报酬。

著作权是法律概念，著作权资产则属于评估概念。根据中国资产评估协会发布的《著作权资产评估指导意见》，著作权资产是指著作权权利人拥有或者控制的，能够持续发挥作用并且能带来经济利益的著作权的财产权益和与著作权有关权利的财产权益。

从著作权资产的定义可以看出，著作权资产仅限于著作权中的财产权益，不涉及著作权的人身权。定义中提到的著作权有关权利，是指作品传播者因其在传播作品（如出版、表演、录音录像、广播电台和电视台播放等）过程中所做出的创造性劳动、投资或其他贡献而被法律赋予的权利。我国的著作权法对这些权利也进行了明确规定。

2) 著作权的特点

(1) 自动产生

作者因创作作品自动产生著作权，不必履行登记、注册手续，也不论作品是否发表。目前我国实行著作权自愿登记原则,换句话说,著作权登记不是著作权确立的必要条件。但如果著作权用于质押目的,则必须根据国家版权局8号令《著作权质权登记办法》的规定进行登记。

(2) 受法律保护

受法律保护,是指各种不同类型的著作权在其使用及其转让等方面与法律是紧密联系的。著作权的各项权利属于著作权的所有人,著作权的精神权利一般不会转让,使用权等经济权利在得到作者许可的情况下可以使用或转让,并且应支付给著作权人相应的费用。上述这些权利,如果没有法律的保护,任何一种权利都无法实现。对著作权实施保护的法律主要指各国国内适用的著作权法、国际上的伯尔尼公约等。

(3) 地域性

地域性,是指由于各国对著作权进行保护的法律不尽相同,可能在一个国家或地区具有的某种保护项目,在另一个国家或地区并不具备。

(4) 时间性

时间性,是指著作权中的部分权利受法律保护的时间是有限度的,而另一部分权利则没有这种限制。一般来讲,著作权的发表权、使用权和获得报酬权受法律保护的年限是有限制的。例如,伯尔尼公约规定,一般作品的保护期不少于作者有生之年加死后50年;摄影作品和实用艺术作品不少于作品完成后25年;电影作品不少于同观众见面起50年等。一旦有关的经济权利超过法律保护的年限,其权利就自动失效了。但是,著作权的精神权利,如署名权、修改权、保护作品完整权等往往不受保护期的限制。

(5) 保护形式的局限性

保护形式的局限性,是指著作权的保护范围仅限于思想的物质表现形式,而不是思想性本身。比如,一项新技术的发明人,如果他只将该技术的内容通过论文的形式发表出来,但未申请专利,则著作权仅仅保护该论文不被复制、发行,而并不限制他人利用该技术进行生产。

(6) 保护内容的独立性

保护内容的独立性,是指著作权对保护的内容强调创作的独立性,即使创作思想是相同的,只要由不同人分别独立地完成了作品,则都可以享有著作权。

3) 著作权的使用方式

著作权的使用方式包括转让和许可使用两种方式。

(1) 著作权转让

所谓著作权转让,是指作者将其对作品的部分或者是全部专有权利转让给他人并以此获得报酬的使用方式。其中,作者将全部专有权利转让给他人相当于卖断著作权,这种情况很少发生,而且在某些国家是不允许的;部分转让著作权的行为在实践中比较多见。

(2) 许可使用

所谓著作权的许可使用,是指作者允许他人使用其部分著作权,并同时取得相应报酬的使用方式。著作权的许可使用不等于著作权的转让,因为著作权通过合同许可他人使用后,著作权的所有权并没有发生改变。著作权的许可使用是最常见的著作权使用方式。

著作权的许可使用方式,可以分为专有许可和非专有许可。专有许可使用权,是指依据合同获得使用权的使用方,拥有该作品著作权的独家使用权,著作权拥有者不能再将其著作权的使用权许可给他人使用；而非专有许可使用权，是指著作权拥有者将著作权的使用权许可给一方使用后，还可以同时将其拥有的著作权许可给其他人使用，各个著作权的使用者之间在法律上是不互相排斥的。

4）著作权的评估方法

（1）收益法

① 预期收益的估计。

著作权所有人可通过以下两种方式（或两者兼而有之）获得预期收益。

第一，通过将著作权许可给他人使用，或将著作权作品复制品销售给他人，获得直接收益。例如，文学作品的著作权人将其作品的出版权许可给某出版社，获得版税收益；软件开发公司销售其开发的软件拷贝并获得销售收入。

第二，将著作权作品作为生产产品（或提供服务）、企业管理的工具，通过销售生产出的产品或提供服务获得间接收益。例如，企业将拥有著作权的管理软件用于企业管理，提高管理效率，增加企业利润。

和其他无形资产一样，著作权资产的预期收益也可以通过许可费用分析法、增量收益折现法和剩余收益分析法等途径实现。

许可费用分析法（也称版税节约法）是指估算被评估方如果拥有该著作权资产，可以节省的许可费（版税）支出。著作权资产经济寿命期内每年节省的许可费（版税）支出现值就是该著作权资产的价值。

增量收益折现法是指估算企业使用著作权资产（与不使用著作权资产相比）为企业带来的增量收益。增量收益的现值就是该著作权资产的价值。这里的"增量"包括增加收入和节省成本。

剩余收益分析法是指先估算著作权资产与其他贡献资产共同创造的整体收益，然后在整体收益中扣除其他资产的贡献，将剩余部分作为著作权资产所创造的收益。剩余收益的现值就是该著作权资产的价值。

② 折现率的估计。

著作权资产的折现率反映了其投资风险，是投资人投资著作权资产所要求的必要报酬率，应当区别于企业整体资产或者有形资产的折现率。

著作权资产的折现率一般可以采用累加法、直接法和间接法进行估算。

累加法是指在无风险报酬率基础上将反映企业整体投资风险和著作权资产投资风险的各项风险溢酬进行累加，得到著作权资产的折现率。也可以采用在企业加权平均资本成本（WACC）的基础上考虑著作权资产与企业整体资产相比的超额风险溢价来确定著作权资产的折现率。

直接法是指从公开市场上获得同类著作权资产的交易价格及其年平均投资回报，计算同类著作权资产的年平均投资回报率（年平均回报/市场价格），并将其作为著作权资产的折现率。

间接法是指在上市公司中选取拥有与被评估著作权类似著作权资产的公司作为可比公司，通过估算可比公司的著作权资产的折现率来分析确定被评估著作权资产的折现率。

③ 收益年限的估计。

著作权资产收益年限的确定需要考虑法律保护年限和经济寿命两个因素。

著作权资产在一定时期内受到法律保护。我国《著作权法》对不同种类作品的法律保护期不完全一样，比如对于自然人作品，法律保护期为作者终生及最后一位作者死亡后50年；法人或者其他组织的作品，保护期为首次发表后50年；电影作品和以类似摄制电影的方法创作的作品、摄影作品等，其保护期为首次发表后50年。

然而，著作权资产往往具有较强的时效性。比如读者（或观众）对学术论文、小说、电影、电视剧等的关注期是有限的，在初次发表（或上映）后的一段时间内可能具有巨大的商业价值，但随着新理论、新作品的出现，原作品的价值就会发生巨大贬值。

因此，在估计著作权资产收益年限的问题上，需要考虑法律保护年限和经济年限两个因素，并运用孰短原则进行确定。

（2）成本法

运用成本法评估著作权资产，需要计算重置成本、经济寿命及贬值。

著作权资产的重置成本就是作品的重置成本，应该包括创作人员和管理人员的人工成本、材料成本、创作环境配套成本、场地使用或者占用成本、相关税费以及合理利润。著作权资产的贬值与其经济寿命相关，但是贬值在著作权资产的经济寿命期内可能不是均匀分布的，因此不能简单地采用贬值与使用时间呈线性相关的假设来估计著作权资产的贬值，应当考虑不同类型著作权资产的特殊贬值规律。

由于著作权资产贬值计算的复杂性，成本法通常适用于新创作或新发表著作权资产的价值评估。

（3）市场法

如果评估师能够收集到足够的可比实例，则可以运用市场法评估著作权资产的价值。主要步骤如下：① 收集可比实例，获得可比实例的交易价格及相关交易信息；② 选择销售收入、利润等与价值高度相关的财务指标计算可比著作权资产的价值乘数；③ 考虑交易时间、权利种类、限制条件、交易双方的关系、著作权资产的获利能力、竞争能力、剩余经济寿命、风险程度等方面的差异，确定差异修正系数，并对价值乘数进行恰当的调整和修正；④ 将收入、利润等价值相关指标与价值乘数、差异修正系数相乘，计算著作权资产的评估值。

2. 计算机软件著作权的评估

近年来，我国计算机软件（也称软件）份额占IT行业的比例越来越高，计算机软件著作权评估是著作权资产评估中的重要业务，也是为数不多的适用成本法评估的无形资产。

1）计算机软件及其特点

根据《信息技术 软件工程术语》（GB/T 11457—2006），软件是与计算机系统的操作有关的计算机程序、规程、规则，以及任何与之有关的文档。

对软件产品来说，如何划分是软件使用的关键。市场中主要从软件类型和软件规模两个不同角度对软件产品进行划分。其中，在以成本法估算软件价值时，软件规模也是一个不可或缺的参数。

在软件类型上，计算机软件分为系统软件和应用软件两大类。系统软件是指与计算机硬件直接发生关系，能扩充计算机功能、合理调度、管理计算机各种资源的软件，如各种操作系统、数据库管理系统等；应用软件是指计算机用户根据某一应用需要而编制的专用软件，主要有公共应用软件和专业应用软件，是专门解决某一问题而编制的软件，如文字处理软件、媒体播放软件等。

在软件规模上，一般软件主要依据开发人数、开发周期和源程序行数分为小型、中型、大型和特大型4个等级，具体划分方式如表7-22所示。

表7-22 软件规模等级划分

	开发人数	开发周期	源程序行数
小型	1人	6个月以内	5 000以下
中型	2~5人	1~2年	5 000~100 000
大型	5~20人	2~4年	100 000~500 000
特大型	100~1 000人	5~10年	500 000以上

计算机软件是受知识产权法保护的一种无形资产，它具有一般无形资产所共有的非实体性、独占性、高收益和高风险性等特点。

计算机软件的特点如下。

① 经济寿命期短。由于计算机软件发展速度快，新的软件一般3~5年就会替代旧的软件，因此与其他产品相比其经济寿命较短。

② 人力投入大。计算机软件的生产具有高度的综合性和复杂性，所耗费的人力较其他行业多，是一种需要大量资金和大量高科技人力投入的产品。

③ 可复制性。计算机软件开发过程较难，但生产容易，导致其容易被复制。

④ 产品无形性。软件开发的产品只是程序代码和技术文件，并没有其他的物质结果，因此软件产品也仅有无形损耗。

软件成本是衡量软件开发及维护过程中的所有支出，反映软件产品在生产过程中所耗费的各项费用的总和。软件定价是软件在投放市场前依据其未来的估算价值而确定的对外销售价格。对于软件来说，其价格是价值的货币表现形式，而价值是制定和调整价格的基础。

2）计算机软件涉及的相关权利

计算机软件主要涉及著作权，但有时也会包含专利或非专有技术。例如，软件开发企业在软件编制过程中，将某些应用方法申请为专利，并成为软件应用不可分割的部分。这样，在软件交易时，评估师必须将评估对象考虑为软件著作权资产和专利资产的组合。另外，如果被交易的软件带有商标因素，则评估对象将是软件著作权资产和商标资产的组合。

3）计算机软件著作权评估方法的选择

与其他无形资产一样，计算机软件的价值主要取决于其创造收益的能力，因此可以使用收益法评估。如果被评估软件存在较为活跃的交易市场，评估师能够收集到足够的可比案例及其相关资料，则可应用市场法进行评估。

如果被评估软件属于较为普遍、不具有特别要求的应用软件，开发方法相对成熟，只需一般程序人员便可完成，且评估对象仅包含著作权，不包含专利、专有技术和商标权因素，那么成本法也是适用的评估方法。因为这类软件开发过程的不确定性相对较小，与设备、建筑物等一般工业产品一样，其重置成本（例如需要投入的人力资源、开发周期和需要编写的源程序行数等）可以可靠估计，且成本与价值的相关性较为紧密。另外，当软件未来收益难以预测或难以取得市场参照物的情况下，成本法则成为主要的评估方法。下面主要介绍软件评估的成本法。

4) 计算机软件评估的成本法

计算机软件评估的成本法是以计算机软件开发成本为基础进行评估，是计算机软件价值评估的主要方法。计算机软件的成本包括研制或取得、持有期间的全部物化劳动和活劳动的费用支出。

(1) 代码行成本估算方法

代码行成本估算方法是把研制费用与有效源代码行数的估算联系起来，根据所开发软件的源程序语句行数和每行源程序语句的成本来估算软件成本，也就是根据软件的程序数目、编码行数、每日工作量、工作日成本及该软件的陈旧贬值率，计算软件成本。其计算公式如下：

$$C = E \cdot W, \quad E = L/P$$

式中：C——计算机软件的估算成本；

E——以人·月为单位的工作量；

W——开发人员的月工资数，可按开发人员种类加权求和；

L——软件有效代码行总数；

P——生产率 [行/(人·月)]。

在对软件定价时，以估算的软件成本为基础，考虑软件行业的平均利润率，继而计算得到软件估算价格。

(2) 参数成本法模型

在实务界，通常使用参数成本法模型来估算软件成本，并在软件成本的基础上估算软件价格。其计算公式为：

$$P = C + C \cdot K$$

式中：P——估算的软件价格；

C——软件生产成本；

K——软件行业平均利润率。

在确定软件生产成本时，要考虑软件的各种成本，具体包括：硬件购置费，是指购买计算机及相关设备的费用；软件购置费，是指购买专用软件的费用，如操作系统软件、数据库系统软件和其他应用软件；人工费，主要是开发人员、操作人员及管理人员的工资福利费等；培训费；通信费，如购置计算机网络设备、通信线路器材、租用公共线路等的费用；基本建设费，如新建、扩建机房、购置计算机机台、机柜等的费用；财务费用；管理费用，如办公费、交通费等；其他费用，如资料费、咨询费等。这9项费用的总和就是软件开发实际投入的成本，这些成本除以软件开发实际的工作量，可得到软件开发阶段单位工作量成本。但在软件开发过程中，最重要的资源是人力资源，其所占的比重也很大，一般能够占到软件开发成本的70%～90%，因此在计算工作量成本时，一般是以人工费为基础，按其他费用在开发总成本中所占的比例来估算工作量总成本。

目前，国内外用于评估软件成本的方法主要是COCOMO Ⅱ模型。

阅读材料

COCOMO Ⅱ模型

7.7 商誉的评估

商誉是评估中最复杂、最特殊也是最有争议的一项无形资产。

1. 商誉及其特点

商誉是特殊的无形资产,是不可确指的资产。

1) 商誉的内涵

对商誉概念的理解,通常有以下几种主要观点。

(1) 商誉是对企业好感的价值

这种好感可能起源于企业所拥有的优越的地理位置、良好的口碑、独占特权和管理有方等。以上观念即为无形资源论。持这种观点的人认为,既然商誉是由诸如优越的地理位置、良好的市场网络、良好的企业声誉、广泛的社会关系、卓越的管理队伍和优秀的员工等构成,而这些都是看不见、摸不着,且又无法入账记录其金额的,故商誉实际上是指企业上述各种未入账的无形资源。正如 Reg. S. Gynther 所说:"之所以有商誉存在是由于资产代表的不仅仅是列示出来的有形资产"。持无形资源观的人认为,商誉的性质应与商誉的计价区分开来,商誉的定义与确定其价值的方法是两个不同的问题。"无形资源观"从资产的角度定义商誉,抓住了商誉的质的规定性,即商誉是一种无形资源。

(2) 商誉是企业超额盈利的现值

一个企业拥有商誉,是因为这个企业能够较长时期获得比同行更高的利润。以上观念即为超额盈利论。持这种观点的人认为,商誉可以被定义为某一特定企业所能赚取的超额盈利的资本化价值,是超过具有相同资本投资的"正常"企业盈利水平的那部分盈利。

(3) 商誉是一个企业的总计价账户

这种观点又称为剩余价值论。持这种观点的人认为,商誉是企业总体价值与单项可辨认有形资产价值和无形资产价值的未来现金净流量贴现值的差额。资产的经济价值是它所具有的未来盈利能力的净现值,企业总体价值是它所拥有的全部资产盈利能力净现值的总额。而某主体的净现值和能够直接计价的资产的净现值额之间的差额,即为商誉。

(4) 协同效应观

这种观点认为,商誉是企业所拥有的人力资本和物力资本之间以及人力资本自身和物力资本自身的相互联系、相互作用所产生的协同效果。

除上述几种有代表性的观点外,还有其他的一些观点,如资源共生论、计量差额论等。

会计界对商誉的以上几种认识,导致各国对商誉的定义各不相同。FASB《企业合并与无形资产》征求意见稿中的定义为:收购成本大于被购企业可辨认资产减去负债的余额的总和的差额。IAS22《企业合并》中的定义为:商誉是指交易发生时,购买成本超过企业在所购买可辨认资产和负债的公允价值中的股权份额的部分。AAS18《商誉会计》的定义为:商誉是指不可辨认资产的未来利益。

综上所述,商誉是指企业在同等条件下,能获得的比正常投资报酬率更高的超额收益的能力。它是由企业优越的地理位置、有效的组织经营管理、良好的企业形象等多种因素共同作用而形成的。作为一种无形资产,它具有不可确指性,即人们无法确切地指明商誉具体是由什么因素形成的,各种因素对形成商誉的贡献有多大。但作为一种客观存在,它和有形资产及其他无形资产一样，具有为企业带来收益的能力，具有资本属性，因而它也是一种资产。

20世纪60年代以前，所有的无形资产统称为商誉，后来技术、商标、专利等分离出来成为各项独立的无形资产。随着人们对商誉的本质特性的研究进一步深入，对商誉的认识也进一步提高。因而，当形成商誉的某些因素对收益的贡献能力可以确定时，该因素就可单独确认，从商誉中分离出来，成为一项可确指的无形资产。所以，随着大众认识的提高，商誉的内涵有逐渐缩小的趋势，一些可确指的无形资产逐步从商誉中分离出来。例如，当人们无从确定知识产权对企业的贡献时，知识产权的价值就被包含于商誉的价值之中。而如今，知识产权已独立出来成为一项可确指的资产。

2）商誉的特性

商誉具有以下特性。

① 商誉不能离开企业而单独存在，不能与企业可确指的资产分开出售，只能和企业同时转让。

② 商誉本身不是一项单独的、能产生收益的无形资产，而只是企业价值超过企业可确指的各单项资产价值之和的价值。

③ 商誉是企业长期积累起来的一项价值。

④ 商誉是多项因素作用形成的结果，但这些因素不能以货币计价。

同为无形资产的商誉与商标是有区别的，二者反映的是两个不同的价值内涵。企业中拥有某项评估值很高的知名商标，并不意味着该企业一定就有商誉。为了科学地确定商誉的评估值，注意商誉与商标的区别是必要的。

要想把握商誉的概念，就必须理解商誉与商标的区别，具体如下。

① 两者产生的形式不同。商标的产生首先是通过设计出文字或图形的标志，然后通过特定、专门的法律程序，经商标所有者申请注册，国家商标管理部门进行审查，符合商标法规定后，申请人才能获得商标权，其标志受商标法的保护。商誉则根本没有特定的形式，更无标志可言。

② 两者的性质不同。商标是可确指的无形资产，其全称是企业所拥有的商标权。商标特定的内容，可以单独存在，单独取得。而商誉则没有专门内容，无法单独存在，亦不能单独取得，没有特定名称，是不可确指的无形资产。

③ 两者的作用不同。商标权可以帮助消费者识别不同的商品生产者或服务的经营者，是质量的保证。商标在某种意义上讲是市场的份额，优良的商标也可以为企业带来滚滚财源，而商誉却没有上述商标占领市场的作用。

④ 两者价值的表现形式不同。商标权的价值可以在企业的账上单独体现出来，可以单独出售、转让，而商誉只有在外购时才能在账上体现出来。

⑤ 两者对外扩散的功能不同。商标权除由其所有人使用以外，还可依法对外转让，持许可权使用，对外进行扩散渗透，获得多重收益。而商誉则不具备这种对外扩散渗透功能，它不能脱离企业的整体而单独转让，只能随着企业的整体转让而转让。

⑥ 两者权益的表现形式不同。商标权包括商标所有权和与此相联系的专用权、续展权、转让权、许可权等一系列权益。另外，商标权还可以在一定程度上对专利权、技术秘密等其他无形资产进行延伸保护。而商誉不具备这些优势，更无法对其他无形资产进行延伸保护。

⑦ 在新建公司中的法律地位不同。目前在世界各国的公司法中均允许将商标权作为新建公司的资本形式之一。而商誉在新组建公司中还没有法律地位，也就是说一般不允许以商誉作为资本对外投资。

2. 商誉评估的特点

（1）整体性

由于商誉是一种不可确指的无形资产，因而它不能单独存在，只能依附于企业整体，是所有资产共同作用的结果。离开了企业，商誉的载体就消失了，也就不存在商誉的价值。因此，商誉是企业整体价值中一个无形的构成要素。评估其价值要从企业整体获利能力上把握，并且只有在继续经营的条件下，企业的商誉才是有价值的。

（2）分析性

商誉评估分析性的依据是商誉构成要素的多元性。形成商誉的因素很多，评估人员难以用任何方法或公式对其形成的各项因素单独分析，只有把这些因素综合起来，作为依附于企业整体的一项无形的综合经济资源来看待，评估才具有可行性。所以，商誉评估的结果也只能按照一个总额对其计价，不能按照形成商誉的每个因素单独评估。

（3）评估结果的双重性

商誉的价值是由企业整体收益水平体现的，其价值量的大小取决于企业整体收益水平和行业平均收益水平的比较。当企业的收益水平高于行业平均水平时，商誉的价值为正值；反之，则为负值。因此，商誉的评估值，既可能使企业资产出现增值，也可能使企业资产出现贬值。

（4）商誉的内涵越来越具体

过去，人们将企业运用一定有形资产能够获得高于正常投资收益率能力的价值表现都称为商誉。实际上，这种"商誉"是整体无形资产的统称。由于社会的进步和科学技术的发展，人们对企业无形资产的存在形式不断有新的认识，专利权、专有技术、商标、特许经营权等逐步被独立辨识出来，并从商誉中分离，成为各种独立的无形资产。所以，商誉的内涵将随着社会技术进步而变得越来越具体，人们对商誉的界定也会变得越来越清晰。

3. 商誉评估的方法

（1）割差法

割差法是企业整体评估价值与各单项资产评估值之和两种评估结果之差。企业价值与企业可确指的各单项资产价值之和是两个不同的概念。如果有两个企业，企业可确指的各单项资产价值之和大体相当，但由于企业中的各单项资产，包括有形资产和可确指的无形资产，可以独立存在和转让，单项资产的评估价值在不同企业中趋同，但它们由于不同的治理模式、经营模式，不同的使用情况和管理，导致其组合的资产群经营业绩悬殊，预期未来收益悬殊，其企业价值自然相去甚远。使各类资产组合后产生的超过各单项资产价值之和的价值，即为商誉。

商誉评估的基本公式为：

商誉的价值 = 企业整体资产评估值 − 企业的各单项资产评估值之和（含可确指无形资产）

公式中，被估企业整体资产评估值的确定采用收益法或者市场法。对于被估企业单项或可确指资产的评估值之和应包括企业所有可确指的单项有形资产和无形资产。评估时应特别注意那些无账面价值的无形资产，如产品商标、技术秘诀等，以防止低估无形资产的价值。

商誉的评估值可能是正值，也可能是负值。当商誉为负值时，有两种可能：一种是亏损企业；另一种是收益水平低于行业或社会平均收益水平的企业。

(2) 超额收益法

商誉是企业获取超额收益的能力，因而商誉的价值应是超额收益的资本化价值。用超额收益法评估商誉价值的公式为：

$$商誉的价值 = \sum_{t=1}^{n} R_t (1+r)^{-t}$$

式中：R_t——第 t 年企业预期超额收益；
　　　r——折现率；
　　　n——收益年限；
$(1+r)^{-t}$——折现系数。

与割差法先求企业整体评估价值与各单项资产评估值之和不同，超额收益法适用于企业在未来第一年至第 n 年的若干年内的超额收益可以预测的情况。特别地，当企业经营状况一直较好、超额收益比较稳定，企业未来各年内的超额收益基本不变时，可使用下面的公式：

$$商誉的价值 = R/r$$

式中：R——企业未来几年的等额预期超额收益；
　　　r——折现率。

或者，用以下公式：

$$商誉的价值 = \frac{被评估企业预期年收益额 - 行业平均收益率 \times 被评估企业的单项资产评估值之和}{资本化率}$$

或

$$商誉的价值 = \frac{被评估企业单项资产评估价值之和 \times (被评估企业预期收益率 - 行业平均收益率)}{资本化率}$$

式中：

$$被评估企业预期收益率 = \frac{被评估企业预期年收益额}{被评估企业的单项资产评估价值之和} \times 100\%$$

【例 7-11】某企业的预期年收益额为 100 万元，该企业的各单项资产的评估价值之和为 400 万元，企业所在行业的平均收益率为 12%，并以此作为资本化率。试求商誉的价值。

$$商誉的价值 = (1\,000\,000 - 4\,000\,000 \times 12\%)/12\% \approx 4\,333\,333（元）$$

或

$$商誉的价值 = 4\,000\,000 \times (1\,000\,000/4\,000\,000 - 12\%)/12\% \approx 4\,333\,333（元）$$

（3）超额收益法与割差法的比较

超额收益法与割差法，两者各有利弊，它们在评估原理、评估方式，尤其是评估结果的相对准确性等方面存在较大差异。

① 超额收益法较好地体现了商誉是企业超额收益的资本化价值这一原理。尽管它计算复杂，但在确认商誉价格时，明确了预期收益中行业平均正常利润的存在，使得计算的结果较为准确。但是，应用该类方法时，评估人员需对带来超额收益的时期、超额收益的数量、正常收益率、超额收益率、资本报酬率等因素的选择做出具体的分析和判断，难以避免主观因素对计算结果的影响。

② 割差法虽然比较简便，是将整体价值扣除企业单项资产评估价值之和后的余额作为商誉，这一倒挤的差额中可能存在非商誉的因素，如行业的正常平均利润等，因此会影响商誉计量的准确性。

商誉评估过去主要用于合并、兼并、出售转让等目的，随着经济全球化及知识经济时代的到来，以管理咨询为目的的商誉评估的需求逐渐增大。

4. 商誉减值的原因

在研究并购溢价同商誉减值的关系的过程中，相关学者提出了并购溢价是导致商誉减值的主要原因的观点。

1）收购方高估值的动机

（1）形成高额商誉，以达到扩充资产的目的

一般情况下，很多收购方为了达到上市要求会不断地扩充资产，因此通过企业合并产生巨额商誉来扩充资产，在这种背景下，企业完成上市后必然要对商誉大幅度减值。

（2）愿意支付高对价，向市场传递良好信号

企业若在并购中愿意支付更高的对价，那么就会向市场传递自身资本充足、运营良好的信号，利好消息可以为企业后续的经营活动提供有利影响。

2）被收购方高估值的动机

被收购方推动收购高估值可以提高自己所获得的收益，这是被收购方最主要的动机。

3）较高的业绩承诺推动高估值的产生

在很多并购交易中，很容易将被收购方对赌协议或业绩补偿协议作为确认高额商誉的保证，这种情况非常容易导致被收购方为追求短期效益、达到协议要求而在协议期间内利用各种盈余管理的手段对报表进行粉饰，从而获得相应的补偿。一旦协议终止，被收购方的真实盈利状况就会浮出水面，从而使得收购方被动地进行高额商誉减值的计提。

收购方对合并成本大于合并中取得的被收购方可辨认净资产公允价值份额的差额，应当确认为商誉。因此在上市公司采用高溢价收购资产而产生商誉的过程中，商誉占净资产的比重越大，在计提商誉减值时对上市公司的净利润等财务数据的影响越大，追究商誉减值的最终原因在于标的业绩不达预期而导致。现实中也的确存在很多案例因并购标的在后续经营过程中的业绩不能与当时高成本进行匹配，导致评估价值大大低于成本而计提了大额的商誉减值。

4）股份支付方式推动高估值的产生

股份支付的方式会发生流动性受限、大宗交易折价等原因，导致商誉被高估。在实际并购过程中，上市公司往往将有关发行股份购买资产的董事会决议公告日前20个交易日均价

作为发行价格。采用这种均价发行的方式，会使得定价不能灵活，不能随着实际需要的变化而改变。因此为了考虑流动性受限的问题，上市公司会有意识地高估其股份支付的交易价格。

5）财务舞弊，导致高估值

现实中也存在因财务舞弊而估值过高的情况。在关于香榭丽的案例中，中企华对香榭丽2013年6月30日净资产的评估价值4.51亿元作为定价依据，但实际上在并购前后的2011年至2015年期间，香榭丽方面通过制作虚假合同虚增净利润共计5.61亿元，说明这种造假舞弊的方式会使得企业评估的价值含有大量的水分。

6）大股东通过收购高估值输送利益

这种原因是不合法不合规的，但是在现实并购过程中确实存在大股东之间为输送利益而采用高估值进行并购。

7）并购市场存在泡沫导致估值过高

在现有的并购市场中会发现部分行业的并购市场存在较大的泡沫，尤其是TMT行业，即电信、媒体和科技行业。在这些行业中都存在着轻资产的结构特点，无形资产多，其收益大多依靠行业迅猛的发展速度，因此在对此行业并购案例的估值中很容易出现高估值的情况。

阅读材料

关于商誉的一些新讨论

7.8 特许权的评估

1. 特许权的概念

特许权，又称为特许经营权或专营权，是指获准在一定地区和时间范围内经营或销售某种特定商品的专有权利。特许权一般可分为两种：一种是政府特许的专营权，如特种行业经营权、垄断经营权、实施许可证制度的经营权、资源性资产开采权等；另一种是企业特许其他企业使用其商标或在特定地区内经营销售其产品，如现代的商业连锁店等。

2. 特许权的评估

特许权的施行，一般能使特许权的拥有者获得较高的经济效益。阿斯瓦斯·达摩达兰认为，产生超额利润的因素有：商标名称的价值（如授权使用某种商标名称）、专利保护（授权生产某种产品）、合法垄断（授权提供垄断性服务）。因而，特许权的评估，是以被许可方在生产经营中使用特许权所带来的超额收益为基础的。

【例7-12】经国家批准，某进出口公司获得了5年内每年进口20 000辆某世界名牌轿车的许可证，市场分析表明每辆车可获得净利润5 000元，资金利润率为20%，国内一般汽车销售企业的利润率平均为10%。国家规定该进出口公司一次性交纳一定的许可费，现需要评估该许可费的数额。该许可费评估过程如下。

① 估算该进出口公司所获得的许可证每年所带来的超额收益。

$$2 \times 5\,000 - 10\% \times 2 \times 5\,000/0.2 = 5\,000（万元）$$

② 估算适合于该经营活动的折现率为12%。

③ 许可费 $= 5\,000 \times (1 - 1/1.12^5)/0.12 = 5\,000 \times 3.604\,8 = 18\,024$（万元）。

【例7-13】某市拟发出租车牌照3 000个（假定10年内控制在此数），可使用10年。所有出租车的票价由市出租车管理委员会统一规定，并保留对不遵守规章制度的牌照所有者处罚的权利。目前购买一辆出租车的成本是 8 万元，预期经济寿命为 10 年（残值为零）。一辆出租车一般每年正常运营 330 天，一天可赚毛收入 200 元。汽油和保养等成本费用为收入的 30%，汽车保险费每年 1 000 元，每辆出租车向出租车管理委员会交纳的年费是 500 元，出租车司机的日时间机会成本为 50 元（全年 365 天均计入），所得税税率为 25%，年折现率为 14%。现估算该市应对所发的每个出租车牌照收取的费用。

① 出租车运营的年毛收入 = 330 × 200 = 66 000（元）。

② 年经营费用：司机的时间机会成本（工资）　　365 × 50 = 18 250（元）

　　　　　　　汽油及保养等成本　　　　　　　66 000 × 30% = 19 800（元）

　　　　　　　保险费　　　　　　　　　　　　1 000 元

　　　　　　　年费　　　　　　　　　　　　　500 元

　　　　　　　合计　　　　　　　　　　　　　39 550 元

③ 年折旧费 = 80 000/10 = 8 000（元）。

④ 所得税 = (66 000 − 39 550 − 8 000) × 25% = 4 612.5（元）。

⑤ 年净现金流 = 66 000 − 39 550 − 8 000 − 4 612.5 + 8 000 = 21 837.5（元）。

⑥ 未来 10 年净现金流的现值 = 21 837.5 × (1 − 1/1.14^{10})/0.14 = 113908.83（元）。

⑦ 每个出租车牌照价值 = 155 635.85 − 80 000 = 75 635.85（元）。

未来数据资产评估、影视作品评估将逐渐成为无形资产评估的热点。

阅读材料　　　　　　　　　　　　　　　　阅读材料

数据资产的评估　　　　　　　　　　　　　影视作品的评估

思 考 题

1. 影响无形资产评估价值的因素有哪些？
2. 如何采用收益法评估无形资产？
3. 如何采用成本法评估无形资产？
4. 用市场法评估无形资产应注意哪些问题？
5. 如何评估专利权？
6. 如何评估商标权？
7. 计算机软件有哪些评估方法？主要采用什么方法进行评估？
8. 商誉的含义是什么？评估商誉的方法有几种？

练 习 题

一、单选题

1. 在下列无形资产中，不可确指的无形资产是（　　）。

A. 商标权　　　　　B. 土地使用权　　　C. 专营权　　　　　D. 商誉
2. 对被评估企业外购的无形资产，可以根据（　　）及该项资产具有的获利能力评估其价值。
　　A. 生产成本　　　　　　　　　　　B. 现时取得成本
　　C. 预计价格　　　　　　　　　　　D. 折余价值
3. 采用收益法评估无形资产时采用的折现率，其构成应该包括（　　）。
　　A. 资金利润率、行业平均利润率　　B. 银行贴现率
　　C. 超额收益率、通货膨胀率　　　　D. 无风险利率、风险报酬率
4. 评估时点，某发明专利已使用了4年，尚可使用2年，评估时该无形资产的贬值率为（　　）。
　　A. 25%　　　　　B. 66.7%　　　　C. 33.3%　　　　D. 50%
5. 无形资产包括自创无形资产和外购无形资产，这种分类是按（　　）标准进行的。
　　A. 可辨识程度　　　　　　　　　　B. 有无法律保护
　　C. 取得方式　　　　　　　　　　　D. 内容构成
6. 无形资产的无形损耗将直接影响无形资产的（　　）。
　　A. 剩余使用价值　　　　　　　　　B. 自然寿命
　　C. 有形载体　　　　　　　　　　　D. 已使用年限
7. 我国现行财务制度一般把科研经费用在当期生产经营费用中列支，因此账簿上反映的无形资产成本是（　　）的。
　　A. 不完整　　　　　B. 全面　　　　C. 定额　　　　D. 较完整
8. 从本质上来讲，商标权的价值主要取决于（　　）。
　　A. 取得成本　　　　　　　　　　　B. 设计和宣传费用
　　C. 商标所能带来的收益　　　　　　D. 新颖性和创造性

二、多选题
1. 专有技术的特点包括（　　）。
　　A. 新颖性　　　　　B. 实用性　　　　C. 获利性　　　　D. 保密性
2. 通过无形资产评估前的鉴定，应该解决（　　）等问题。
　　A. 证明无形资产存在　　　　　　　B. 确定无形资产种类
　　C. 确定无形资产获利能力　　　　　D. 确定无形资产有效期限
3. 适用于无形资产评估的基本方法有（　　）。
　　A. 市场法　　　　　　　　　　　　B. 成本法
　　C. 收益法　　　　　　　　　　　　D. 路线价法
4. 运用成本法评估无形资产时，其中无形资产的贬值率包含了（　　）等因素。
　　A. 实体性贬值　　　　　　　　　　B. 功能性贬值
　　C. 经济性贬值　　　　　　　　　　D. 周期性贬值
5. 专利资产的确认需要考虑（　　）等方面因素。
　　A. 开发过程　　　　　　　　　　　B. 专利权的有效性
　　C. 《专利权要求书》所记载的权利要求　　D. 专利权人
6. 关于商誉与商标的表述，合理的有（　　）。

A．商誉与商标是相同含义的无形资产
B．企业全部商标价值之和等于商誉
C．商誉与企业相联系，商标与产品相联系
D．商誉是不可确指财产，商标是可确指财产

7．版权的经济权利包括（　　）。

A．发行权　　　　B．继承权　　　　C．表演权　　　　D．改编权

三、计算题

1．甲企业将其注册商标通过许可使用合同许可乙企业使用，使用期限为5年。双方约定乙企业按照使用商标新增加利润的25%支付给甲企业。根据估测乙企业使用该商标后，每件产品可新增加税前利润10元，预计5年内的生产销售量分别为40万件、45万件、55万件、60万件、65万件。假定折现率为14%，所得税税率为25%。试估算该商标许可使用权价值。

2．甲企业将一项专利使用权转让给乙公司使用5年，拟采用利润分成的方式收取转让费。该专利的开发研制成本为100万元，专利成本利润率为500%，乙公司的资产重置成本为3 000万元，成本利润率为15%。乙公司的实际年生产能力为20万件，每件生产成本为50元，预计未来5年的市场出售价格分别为90元、90元、85元、75元、75元。折现率为10%，所得税税率为25%。试确定该专利的使用权转让费。

3．某公司以一项药品专利权出资与其他企业共同组建一家新的公司A，试评估该专利权的市场价值。相关资料如下：

①该类技术的市场许可费率通常为销售收入的6%～12%，经评估师分析，认为被评估技术的市场许可费率取8%是比较合适的。

②假设该类技术的法律保护年限为20年，但技术的经济寿命预计为14年。

③折现率为20%，企业所得税税率为25%。

④未来14年国内市场上该药品的销售总额以及A公司所占的市场份额预测如表7-23所示。

表7-23　未来14年该药品市场销售总额以及A公司的市场份额预测

年份	市场销售总额/亿元	A公司的市场份额/%
第1年	57.88	2
第2年	60.78	4
第3年	63.81	6
第4年	67.00	8
第5年	70.36	10
第6年	73.87	10
第7年	77.57	10
第8年	81.44	10
第9年	85.52	10

续表

年份	市场销售总额/亿元	A公司的市场份额/%
第10年	89.79	10
第11年	94.28	10
第12年	99.00	10
第13年	103.95	10
第14年	109.14	10

4. B公司收购了C公司,为了并购后的合并报表会计处理,需要对C公司的各项可辨认资产和负债的公允价值进行评估。试对C公司的商标资产进行评估。评估基准日为2022年12月31日。有关资料如下。

① 该类商标资产的市场许可交易较少,无法获得可靠的市场许可费率范围,评估师决定采用剩余收益法估计商标资产对企业自由现金流的贡献。

② 由于该商标为老字号,已存在近200年,因此假设该商标资产的收益期为永续。

③ 未来10年C公司的公司自由现金流及有形资产价值的预测如表7-24所示。

表7-24 未来10年C公司的公司自由现金流及有形资产价值预测 单位:亿元

年份	自由现金流	有形资产
2023	7.47	57.23
2024	8.53	65.73
2025	9.81	75.42
2026	11.13	86.41
2027	12.99	99.24
2028	15.20	116.11
2029	17.32	132.36
2030	19.23	146.92
2031	20.77	158.68
2032	21.81	166.61
永续期	22.24	169.94

④ C公司的有形资产包括营运资金和各类厂场设备,有形资产组合的投资报酬率平均为7%。

⑤ C公司的无形资产包括技术资产、商标资产和客户关系资源。其中,商标资产对无形资产收益的贡献率为30%。

⑥ 无风险报酬率为3.62%,商标资产的风险报酬率为5.38%。

5. D公司对E公司进行了股权收购,并与E公司原股东签订了一项竞业禁止协议。协议规定自购买交易日开始的3年时间内,原股东不得从事任何与E公司具有竞争性质的活动。该竞业禁止协议属于可辨认无形资产,在进行合并会计报表处理时,试评估其公允价值。有关资料如下:

① 评估师拟通过增量收益折现法评估该无形资产的价值。

② 评估师分别对有竞业禁止协议(方案Ⅰ)和没有竞业禁止协议(方案Ⅱ)两种情形,E公司未来3年的公司自由现金流进行了预测,如表7-25所示。

表7-25 两种方案下未来3年的自由现金流预测   单位:亿元

年份	有竞业禁止协议(方案Ⅰ)	没有竞业禁止协议(方案Ⅱ)
第1年	6.90	6.21
第2年	7.94	6.35
第3年	8.93	8.03

③ 折现率取E公司加权资本成本8%。

第8章 企业价值评估

学习目标

学完本章，应该能够：
- 阐述企业整体资产评估的概念；
- 进行企业价值各种类型的辨析；
- 阐述单项资产评估与企业价值评估的区别；
- 阐述企业价值评估收益法的原理、步骤及优缺点；
- 掌握企业价值评估资产基础法的原理、步骤及优缺点；
- 阐述企业价值评估市场法的原理、步骤及优缺点；
- 掌握企业价值收益法评估中主要参数的确定；
- 了解企业价值评估的几种新方法；
- 了解企业价值评估在企业并购中的应用。

关键术语

企业价值评估　整体资产评估　单项资产评估　资产基础法　收益法　预期收益　净现金流量　净利润　折现率　β系数法　加权平均资本成本　收益期　剩余收益价值评估模型　经济附加值法　期权定价法　协同效应评估

内容提要

企业价值评估是现代市场经济的产物，它是适应频繁发生的企业改制、公司上市、企业并购和跨国经营等经济活动的需要而产生和发展的。由于企业价值评估的特殊性和复杂性，使其成为一项涉及面较广、技术性较强的资产评估业务。本章将具体说明企业价值评估中涉及的基本概念、基本原则和基本评估方法，重点介绍收益法的参数的确定及应用，探讨收益法在企业并购中的应用。同时，本章还介绍了价值评估的一些创新方法，如剩余收益价值评估模型、经济增加值法、期权定价法等。

8.1 企业价值评估及其特点

1. 企业价值评估概述

1) 企业的概念及特点

研究企业价值评估,首先应明确企业的概念。

企业是社会生产力发展到一定阶段的产物。关于企业的起源、性质的学说和论点颇多,形成了不同的经济学流派。这些流派的观点对于我们理解和把握企业的概念有重要作用。从资产评估的角度来看,企业是以盈利为目的,由各种要素资产组成并具有持续经营能力的相对完整的系统整体。作为一类特殊的资产,企业有其自身的特点。

(1) 盈利性

企业作为一类特殊的资产,其经营目的就是盈利。为了达到盈利的目的,企业需要在既定的生产经营范围内,将若干要素资产有机组合并形成相应的生产经营结构和功能。

(2) 整体性

构成企业的各个要素资产虽然各具不同的性能,但它们在服从特定系统目标前提下构成企业整体。企业的各个要素资产功能不是很健全,但它们可以组合成具有良好整体功能的资产综合体。反之,即使构成企业的各个要素资产的个体功能良好,但如果它们之间的功能不匹配,由此组合而成的企业整体功能也未必很好。因此,整体性是企业不同于其他资产的一个重要特征。

(3) 持续经营性

企业要获取盈利,必须进行经营,而且要在经营过程中努力降低成本和费用。为此,企业要对各种生产经营要素进行有效组合并保持最佳利用状态。影响生产经营要素最佳利用的因素很多,持续经营是保证正常盈利的一个重要方面。

(4) 权益可分性

尽管具有整体性的特点,但相对应的企业权益却具有可分性的特点。

企业整体价值由股东全部权益和付息债务组成,而企业的股东权益又可进一步细分为股东全部权益和股东部分权益。

2) 企业价值

企业价值是企业获利能力的货币化体现。企业价值是企业在遵循价值规律的基础上,通过以价值为核心的管理,使企业利益相关者均能获得满意回报的能力。企业给予其利益相关者回报的能力越高,企业价值就越高。

3) 企业价值评估的概念及特点

企业价值评估,是资产评估机构及其资产评估专业人员遵守法律、行政法规和资产评估准则,根据委托对评估基准日特定目的下的企业整体价值、股东全部权益价值或者股东部分权益价值等进行评定和估算,并出具资产评估报告的专业服务行为。

企业价值评估一般具有以下几个基本特点。

(1) 整体性

企业价值评估的对象必须是企业的整体资产或由部分资产有机构成的资产组合,这是企业价值评估的一个重要特点,这个特点集中表现在企业价值评估的对象和内容上。从对象和内容上看，企业价值评估不再是单一的机器、设备、厂房或单项的专门技术，而是由各类资产组合而形成的企业资产整体，整个企业的资产或一部分资产虽由可分割的各单项资产构成，但整个企业的资产价值并不简单等于各单项资产价值之和。若一个企业的各类资产在各个生产、经营环节配置得比较合理，则整个企业的价值必然大于各单项资产价之和；反之，就会低于各单项资产价值之和。

（2）预测性

这是指企业价值评估的对象的未来收益和相关的风险应具有预测性，即不确定性。由于企业整体的价值是由资产本身的价值和预期收益所决定的，而资产的预期收益一般都是根据企业资产的历史运营状况、企业产品所处的生命周期阶段以及企业资产未来经营的外部环境和内部潜力等因素，按一定的程序和方法推算出来的，其数据结果具有极大的不确定性，隐含着一定的偏差。由于种种原因，当影响资产预期收益的某一因素与预测时的假定情况不一致时，评估得出的整体资产价值必然与未来实际的整体资产价值不同，这就是企业整体资产价值评估的不确定性。

（3）动态性

企业整体的价值，不仅取决于资产本身的价值和企业在未来的预期收益，而且要考虑在预期期限内，货币时间价值变化对预期收益的影响。整体资产价值的这种动态性主要表现在以下两个方面。

① 各年的资产运营条件发生变化，则实现的预期收益也会不断发生变化。

② 各年实现的预期收益，由于货币时间价值的不同，反映在资产上的价值也不一样。

（4）增值性

企业价值评估是在单项资产评估的基础上进行的。企业单项资产的各种不同组合、配置和运营过程表现在企业获得预期收益的过程中。在此过程中，企业单项资产的价值之和是作为成本体现的。如果获得的收益增量大于成本，则企业整体具有比单项资产价值之和更高的价值；如果获得的收益增量等于成本，则两种评估方法所取得的结果是一致的；如果获得的收益增量小于成本，则企业整体价值要低于其单项资产价值之和。因此，企业价值评估具有反映资产增值（包括增值为负）的功能。

（5）持续性

这是指企业价值评估的对象必须是能够继续使用的、具有获利能力的资产有机组合体。不具备持续获利能力的企业整体或资产整体就不能依照整体评估的原理进行评估。

企业的获利能力通常是指企业在一定时期内获取利润或现金流的能力，是企业生产能力、营销能力、经营能力等各种能力的综合体。企业价值评估的关键是分析判断企业的整体获利能力，在企业的不同盈利阶段，即不同获利水平下所体现的企业价值内涵也有所不同。

（6）匹配性

这是指企业各类资产的有效配对关系。企业各类资产的匹配性如何是企业价值评估所涉及的一个重要问题。我们知道，企业在正常的生产经营活动中，需要把投入的各种生产要素有机组合起来，形成较强的匹配功能，使每一种要素都能发挥最大的效能。例如，有的企业连篇累牍地大做广告，企业的无形资产之———商誉的价值可能提高了，但企业产品的质量没有得到及时的提高，甚至产品的营销渠道还没有有效建立起来，最终导致企业的总体效益下降，甚至可能使企业走上破产之路。这就是企业的资产匹配方面出现了问题。

4）企业价值的类型及选择

企业价值有多种不同的内涵，由于会计师、经济学家、投资者和证券从业人员观察角度和出发点不同，所以他们对企业价值的概念和定义的理解也是不同的。总体上来说，企业价值主要有以下几种类型。

（1）账面价值

企业的账面价值是指企业资产负债表中反映的企业价值。账面价值是按照会计准则进行计量和披露的。传统的会计准则强调历史成本计量，近年来随着"决策有用观"越来越受到重视，会计准则也开始采用公允价值模式来反映资产的价值。

（2）重置价值

根据《企业会计准则》，对于非同一控制下的企业合并，且形成母子公司关系的，合并会计报表中的被购买方各项可辨认资产应当以公允价值列示。此时，可辨认资产的公允价值之和可理解为企业的重置价值。

重置价值与账面价值都表现为企业单项资产价值之和，但它们的区别在于：① 就各单项资产而言，账面价值大多是历史成本模式计量的结果，而重置价值则体现了资产的公允价值，二者在金额数量上是不同的，账面价值可能高于公允价值，也可能低于公允价值；② 一些在企业账面价值中没有包含的单项可辨认资产（如自创专利技术和自创商标资产等），在重置价值中将会体现。

（3）市场价值

《资产评估准则》对市场价值的定义是："自愿买方和自愿卖方在各自理性行事且未受任何强迫的情况下，评估对象在评估基准日进行正常公平交易的价值估计数额。"将这个定义应用于企业，可理解为企业的持续经营价值。

市场价值与重置价值的区别在于：重置价值无法反映企业不可辨认资产的价值，而市场价值将体现这部分资产的价值。企业持续经营价值与重置价值之间的差额，评估学将其定义为企业的商誉，评估学中的商誉与会计学中的商誉在定义和内涵上是不同的。

（4）投资价值

投资价值通常应用于企业并购的情形，是指目标企业对于特定投资人（通常是潜在的控股股东）的价值。对控股股东而言，目标企业的投资价值一般大于其市场价值，高出的部分称为控制权溢价。控制权股东甘愿支付这样的溢价，是因为企业并购对于控股股东可能产生预期的协同效应。可以说，协同效应是控制权溢价的主要原因。相对而言，市场价值则可理解为少数股权价值。因此，投资价值也可表述为市场价值与并购协同效应价值之和。

（5）清算价值

清算价值是指企业在结业或破产清算的情形下，其单项资产的变现价值之和。由于变现（尤其是快速变现）将带来一定的价值损失，因此清算价值一般低于市场价值，甚至低于账面价值。

企业价值类型的选择应当充分考虑评估目的、市场条件、评估对象自身条件等因素。评估目的不但决定着企业价值评估结论的具体用途，而且会直接或间接地在宏观层面上影响企业价值评估的过程及其运作过程。评估依据的市场条件分为两大类：公开市场条件和非公开市场条件。它们的区别在于市场参与者数量、买卖双方交易的时间以及当事人双方的素质、信息占有情况及处事方式等。评估对象的自身条件主要包括企业的盈利模式、经营方式、经营业绩及企业资产的使用方式和利用状态等，是影响企业价值的内因。企业价值评估中常见的价值类型有市场价值和投资价值。

2. 企业价值评估与整体资产评估

企业价值评估属于整体资产评估。

整体资产是相对于单项资产而言的，具体含义是：由构成企业的全部或部分要素性资产（包括流动资产、固定资产、长期投资、无形资产等），围绕一个共同的目标存在，相互联系并发挥各自功能，形成的一个完整的有生产能力的实体。企业是最普遍、最典型的整体资产。另外，企业中具有独立生产能力或收益能力的某一部分资产，如一个分厂、车间或生产线，也可以视同为一项整体资产。所谓整体资产评估，是指把由多个或多种单项资产有机组成的资产综合体所具有的整体获利能力作为评估对象，根据其获利能力来评定估算资产整体价格的资产评估方法。

因此，整体资产评估必须同时具备以下两个条件：一是评估的客体只能是有机构成的资产综合体；二是评估的主要依据只能是资产综合体的整体获利能力。

由于整体资产评估是以资产整体获利能力为评估对象，所以作为整体资产评估客体的资产也必须同时具备以下两个条件：一是它必须是有机构成的资产综合体，因此单项资产的评估不属于整体资产评估的范畴；二是它必须具有独立的生产能力或获利能力，不具有该种能力的资产，即使是由多种资产构成的资产综合体，其评估也不属于整体资产评估的范畴。

企业价值评估是最典型的整体资产评估。本章重点研究企业价值评估，其他整体资产的评估可以采用企业价值评估的原理和方法。

3. 企业价值评估与单项资产评估

企业价值评估是指将所评估的企业的所有单项资产作为一个有机整体进行的评估。企业价值评估与单项资产评估有着重要的差别，其评估价值不能简单地被看作所有单项资产评估价值的简单汇总。因而，企业价值评估是单项资产评估所无法取代的，它们之间有以下区别。

① 两种评估所确定的评估价值的含义是不同的。利用单项资产评估价值汇总获得的企业全部资产价值，是指这个企业在一定时期重新购建全部资产的价值，是一种静态的反映方法。而将企业整体作为评估对象确定其评估价值，则是指出售或购买这个企业的收益现值，即根据企业的获利能力、市场竞争条件等各因素计算确定的评估价值，是一种动态的反映方法。

② 两种评估所确定的评估价值的价值量一般是不相等的。由于企业的地理位置、历史因素、产品品种结构、市场因素、管理水平等原因，同样的资产或资产组合，在不同的企业其获利能力是不相同的。比如某个机器设备，对于有的企业来说可能是多余的或用途不大，价值很低，但在某一个企业却具有较大的价值。相同的机器设备在同类型的企业中，其价值也是不同的，在经济效益高的企业，资产价值较大，这时的资产价值与企业整体是融合在一起的。各单项资产价值可以通过汇总，确定一个企业或经营实体的资产价值总额。但是，当所有单项资产作为企业整体资产时，就会发生质的变化，企业整体资产的价值就不仅是将各单项资产价值简单相加之和了。用企业整体评估方式确定的评估价值与各单项资产评估值汇总确定的评估价值之间的差额，就是企业的商誉，它是一项不可确指的无形资产。美国价值评估理论专家科纳尔认为企业的价值不仅反映资产的重置成本，而且包括十分重要的组织成

本，即：

$$企业的价值 = 资产重置成本 + 组织成本$$

企业的组织成本体现了公司中人的价值，同时它还涵盖了客户关系的价值。这一组织成本类似于常说的商誉。

③ 两种评估反映的评估目的是不相同的。企业是资产的综合体，但是由于评估的目的不同，所采用的评估方式（或途径）也是不同的。具体来说，当企业将其全部资产作为一般生产要素出售、变卖或投资时，则采用单项资产评估的方式；当企业把其所有资产与企业融于一体共同作为一个获利整体进行投资（股份制企业改造或上市）、转让、兼并、联营或参加企业集团时，则应采用企业整体价值评估的方式。

企业整体评估与单项资产评估汇总确定企业资产评估价值的方法尽管有着明显的差异，但它们并不是没有联系，相反它们的联系很密切。从单项资产评估汇总确定企业资产评估价值的角度来说，企业资产数量越多，质量越高，评估值就越高。而资产的数量、质量是决定企业获利能力的重要因素。当然，资产结构、管理水平、人员素质、科技贡献也是影响企业获利的因素。上述条件都是企业获得收益所必需的。在这种情况下，企业的资产收益率与社会（更多的是与行业）平均资产收益率相同，则单项资产评估汇总确定的企业资产评估值应与整体企业评估值趋于一致。如果企业资产收益率低于平均资产收益率，则单项资产评估汇总确定的企业资产评估价值就会比整体企业评估价值高；反之，如果企业资产收益率高于社会（或行业）平均收益率，则整体企业评估价值会高于单项资产评估汇总的价值，超过的部分是企业商誉的价值。商誉价值是企业中人员素质、管理机制等超出一般企业水平的价值体现。

4. 企业价值评估的对象

我国《资产评估准则——企业价值》将企业价值评估对象分为3类：企业整体价值、股东全部权益价值和股东部分权益价值。

1）企业整体价值

从资金来源的视角，企业整体价值可理解为企业全部投入资本的价值，是股东全部权益价值与付息债务价值之和。

从资金运用的视角，企业整体价值可理解为经营业务价值、非经营业务价值与溢余资产价值之和。经营业务是指体现企业主要生产经营活动的业务，实务中可根据企业所在的行业分类识别其经营业务及相应的资产范围。评估师对企业现金流的分析预测通常是针对这类业务进行的。运用加权平均资本成本对企业自由现金流进行折现，就得到企业经营业务的价值。非经营业务通常是指企业的投资业务，如投资性房地产、长期股权投资以及金融资产投资等。非经营业务与经营业务的盈利规律不同，而且这类业务涉及的资产通常具备活跃的交易市场，评估师可以根据市场价格直接估计非经营性业务的价值。非经营性业务也贡献企业利润，但不贡献经营利润。溢余资产是指超过企业经营所需的多余资产，这类资产处于闲置状态，通常不创造利润。溢余现金是典型的溢余资产。

2）股东全部权益价值

股东全部权益价值是指全部股东投入资本的价值，与企业整体价值的关系可表述为：

$$股东全部权益价值 = 企业整体价值 - 付息债务价值$$

如果企业不存在非经营业务价值和溢余资产，那么运用股权资本成本对股权自由现金流进行折现，也可得到股东全部权益价值。

3）股东部分权益价值

股东部分权益可分为控制权权益和少数股权权益，其价值并不必然等于股东全部权益价值乘以持股比例。相对于少数股权而言，控制权权益存在溢价；而相对于控制权权益而言，少数股权则存在折价。

控制权溢价容易在企业控制权并购活动中被观察到。在控制权转移的交易中，收购方的出价（即目标企业对于收购方的投资价值）往往高于目标企业的市场价值，溢价部分是收购方预期在收购完成后可能实现的协同效应价值，这是控制权溢价的主要来源。

5. 企业价值评估时应考虑的因素

由于单项资产评估与企业整体资产的价值评估在评估目的、评估对象及计价标准方面都存在很大的差别，因此在进行企业整体资产价值评估时需要考虑的因素与单项资产评估也不一样。具体地说，应该考虑以下几个方面的因素。

（1）企业整体的技术情况

在两个企业各单项资产总价值量相同的情况下，技术较为先进或者机器设备的成新率较高的企业，整体评估值较高。这是因为技术进步有利于企业提高产品质量，提高生产效率，从而获得较多的竞争优势和利润。企业整体的技术情况主要体现在企业中的可移动长期资产方面，因为社会技术水平进步对不动产的影响相对较小。

（2）企业全部资产价值量的大小

一般而言，随着竞争的加剧，社会资产平均利润率逐渐平均化，在这种情况下，企业资产价值量与企业的获利能力呈正相关关系，即企业资产价值量越大，企业的获利能力越强。企业全部资产价值量的大小既可以通过单项资产评估价值的汇总得到，也可以通过把账面净值利用物价指数调整的方法得到。

（3）企业资产的匹配状况（也就是企业的资源配置效率）

它指的是企业各类资产通过一定的匹配方式能否最大限度地发挥出生产能力。只有企业各项资源实现了有效配置，才会最大限度地降低生产成本，提高生产效率，使得生产、财务、销售、管理等各部门运转流畅，避免不必要的浪费，从而使企业具有较强的获利能力。资源配置效率是企业经营管理中一个非常重要的问题。企业资产匹配主要包括两方面的含义：一是企业中各类资产的匹配状况，如流动资产、固定资产、无形资产等的匹配状况；二是各类资产内部的匹配状况，如固定资产中机器设备和房屋建筑物资产的匹配状况，流动资产中库存和流动现金的匹配状况等。这两方面的匹配状况直接影响着企业资源配置效率的高低。

（4）企业经营者及员工的素质

它主要包括企业经营管理者的经营管理思想、策略、领导方式，以及员工的思想觉悟、文化修养和技术水平等。由于人是企业中最活跃的因素，也是最为重要的生产要素，所以他们的素质直接关系到企业的竞争能力和获利能力。因此，企业经营者及其员工的素质直接影响企业的竞争能力、应变能力、技术开发能力和扩大再生产能力。

（5）企业文化及企业信誉

企业文化指的是企业长期形成的一系列价值观念和行为规范。良好的企业文化能显著增强企业的凝聚力，极大地调动员工的工作积极性，为企业创造出更大的价值。企业信誉是企业生产经营或提供产品、劳务在客户心目中的形象,它是企业商誉的重要来源之一。企业信誉主要包括产品信誉和经营信誉两个方面。企业以优异的产品质量为客户提供周到的服务并恪守与供应商的合同、按时交货等,都会为企业带来更高的商业利润。

(6) 其他因素

其他因素主要包括国家政策、企业所处地理环境、企业所处宏观经济形势等因素的影响。企业所处的地理位置和交通条件直接影响着企业的运输成本和其他额外的成本,而产业政策则直接影响着企业未来的发展潜力和获利能力。

6. 企业价值评估的重要性

企业价值评估是市场经济和现代企业制度相结合的产物,在西方发达国家经过长期发展,已经形成多种模式,并日趋成熟。我国目前处于经济转型期,企业价值评估在企业发展和改革中的作用越来越突出。

(1) 企业价值评估是产权转让的基础工作

由于当前技术更新速度加快,企业间竞争异常激烈,企业需要以最快的速度发展自己,以便在激烈的竞争中立于不败之地。为了迅速发展,或者想要成功进入一个新市场,仅靠自身的积累往往是不够的。实践表明,并购是实现企业低成本、高速度发展的一个有效途径。世界500强企业中没有一家企业未进行并购活动。对作为并购目标的企业价值进行评估,可以为被并购企业商讨价格提供一个重要参考,也可以为实施并购的企业决策提供依据,以降低并购业务的风险。

(2) 企业价值评估在价值管理中作用重大

以企业价值管理为目的并以开发企业潜在价值为主要目的的价值管理正在成为当代企业管理的新潮流。管理人员业绩越来越多地取决于他们在提高企业价值方面的贡献。企业价值管理强调对企业整体获利能力的分析和评估,通过制定和实施合适的发展战略及行动计划以保证企业的经营决策有利于增加企业股东的财富价值。企业价值管理要求企业管理人员的工作方向发生重大变化,使其不再仅仅满足于应用财务数据反映企业的历史,而应运用企业价值评估的信息展望企业的未来,并形成和提高利用企业当前资产在未来创造财富的能力。

(3) 企业价值评估为风险投资提供服务

风险投资是推动高新技术产业发展的重要力量,处于创业阶段的高新技术企业,一旦离开风险投资资金的支持,想进一步发展壮大几乎是不可能的。而处于创业期的高新技术企业要想获得风险资本的支持,其投资价值必须得到风险投资家的认可。风险投资家对高新技术企业的价值判断,一是依靠自身的职业判断,二是借助中介机构的力量,对拟投资的高新技术企业进行价值评估,以评估结论作为自己投资决策的参考,以利于正确引导风险投资。

8.2 企业价值评估的范围和评估程序

1. 企业价值评估的范围

评估范围界定是任何一项资产评估必须做的工作。但对绝大部分有形可确指的单项资产评估来说,其评估范围的界定是比较容易的,即通过明确评估对象本身就能较为准确地界定评估范围。而对企业来讲,情况可能会复杂一些,企业资产评估的范围界定至少包括以下两个层次：一是企业资产范围的界定；二是企业有效资产的界定。

（1）企业价值评估的资产范围

企业的资产范围是从法律的角度界定企业价值评估的资产范围。从产权的角度，企业评估的范围应该是企业的全部资产，包括企业产权主体自身占用及经营的部分，企业产权权力所能控制的部分，如全资子公司、控股子公司，以及非控股子公司中的投资部分。在具体界定企业评估的资产范围时应根据以下有关资料进行：

① 企业提出资产评估申请时的申请报告及上级主管部门的批复文件所规定的评估范围；

② 企业有关产权转让或产权变动的协议、合同、章程中规定的企业资产变动的范围。

（2）企业价值评估的有效资产范围

有效资产范围是指评估人员具体实施评估的具体资产范围，即在评估的资产范围的基础上经合理必要的重组后的评估范围。前面已经提到，企业的价值及其高低取决于企业的获利能力，而企业的获利能力是企业中有效资产共同作用的结果。将企业中的有效资产与非有效资产进行合理必要的划分，有利于企业价值的合理评估。从这个意义上讲，在企业评估时应合理界定其评估的具体有效资产范围。

在界定企业价值评估有效资产范围时应注意以下几个问题。

首先，对于在评估时点暂时难以界定的产权或因产权纠纷暂时难以界定的产权或因产权纠纷暂时难以得出结论的资产，应划为"待定产权"，暂不列入企业评估的资产范围。

其次，在产权界定范围内，若企业中明显存在生产能力闲置或浪费，以及某些局部资产的功能与整个企业的总体功能不一致，并且可以分离，按照效用原则应提醒委托方进行企业资产重组，重新界定企业评估的具体范围，以避免造成委托人的权益损失。

最后，资产重组是形成和界定企业价值评估具体范围的重要途径。在企业改制、上市的过程中，资产重组方案都应以企业正常设计生产经营能力为限，不能人为地缩小或扩大企业的生产经营能力。而且，评估人员应充分了解和掌握资产重组方案，但无权决定资产重组方案。

资产重组对资产评估的影响主要有以下几种情况，在资产评估时应予以重视。

① 资产范围的变化。企业中的资产包括经营性资产和非经营性资产，按其发挥效能状况，可以分为有效资产和无效资产。

通常，进行资产重组时，往往剥离非经营性资产和无效资产，有时也会剥离一部分经营性资产，但剥离的经营性资产应以不影响企业正常的生产经营为前提，否则会影响企业获利能力，进而影响对企业收益的预测。

② 资产负债结构的变化。根据对上市发行股票企业的要求，其资产负债率应不超过70%。对于大多数企业来说，达到这一水平较困难，需要通过资产重组解决。重组方案会影响到企业资产负债结构，不仅影响企业获利能力，还会影响企业的偿债能力，这在风险预测时需加以注意。

③ 收益水平的变化。以上市公司为例，经资产重组以后，企业的净资产收益率会超过10%，这种效果不仅通过剥离非经营性资产和无效资产减少资产总额获得，而且通过非经营性资产减少使得收益计算中的折旧费减少，从而增加收益获得。所有这些，均作为在企业评估时对未来收益预测的基础。资产重组方案中，对于土地使用权、商标权等无形资产，出于种种原因（如资产收益率的原因），一般采用租赁方式和许可使用方式。单项资产评估时仍

需对这些资产进行价值评估,只是这些评估价值不计入企业整体价值中作为折股依据,但要评估出土地使用权租金标准和商标权等许可使用费标准,以作为企业签订租赁或许可使用合同的依据。采用收益法对未来收益进行预测时,在管理费用中应增加这些租金和许可使用费,相应减少收益,这在评估时应加以注意。

2. 企业价值评估的程序

企业价值评估是一项复杂的系统工程,制定和执行科学的评估程序,有利于评估效率的提高,有利于保证评估结果的真实和科学。

企业价值评估一般可以按下列程序进行。

① 明确评估的目的和评估基准日。

接受资产评估委托时,首先必须弄清和明确评估的特定目的。评估的特定目的不同,选择的价值内涵,即价值类型也不一样,评估结果也不相同。评估基准日则是反映评估价值的时点定位,一般应考虑选择某一个结算期的终止日。

② 明确评估对象。

如前所述,企业价值的评估对象包括企业整体价值、股东全部权益价值和股东部分权益价值。评估对象的确定,一方面需要根据委托事项和评估目的,另一方面还要与委托人协商。例如,在一个转让80%股权的企业价值评估业务中,委托方可能要求评估师提供目标企业80%股权价值的评估值(此时是一个控制权权益的评估,需要考虑控制权溢价因素),也可能要求提供目标企业100%股权价值的评估值(此时是一个股东全部权益价值的评估,无须考虑控制权溢价)。

③ 明确企业价值评估的范围。

评估范围是指评估对象所对应的资产和负债的范围。评估范围界定是任何一项资产评估必须做的工作。但就绝大部分有形可辨认的单项资产评估,其评估范围的界定相对来说是比较容易的,即通过明确评估对象本身就能较为准确地界定评估范围。而对企业来讲,情况可能会复杂一些,企业资产评估的范围界定至少包括以下两个层次:一是企业资产范围的界定;二是企业资产中经营性资产、非经营性资产和溢余资产的界定。

企业的资产范围是从法律的角度界定企业价值评估的资产范围。从产权的角度,企业评估的范围应该是企业的全部资产,包括经营性资产、非经营性资产和溢余资产。在具体界定企业价值评估的资产范围时应根据以下有关资料进行:企业提出资产评估申请时的申请报告及上级主管部门的批复文件所规定的评估范围;企业有关产权转让或产权变动的协议、合同、章程中规定的资产范围;被评估企业对其纳入评估的资产和负债提供的产权和负债证明文件。如果证明文件存在瑕疵,而该资产或负债对评估结论又将产生影响,那么评估师需要在评估报告的"特别事项说明"中披露该瑕疵,以及其对于企业价值评估结论的影响。

评估师必须对被评估企业进行实地考察和访谈,了解企业的业务结构、生产经营过程和资产管理和利用状况等,正确识别经营性资产、非经营性资产和溢余资产 3 类资产的范围。只有正确界定经营性资产的规模并了解经营性资产的运营状况,评估师才能对企业的经营能力和未来现金流预测进行合理分析,并对非经营性资产和溢余资产采取正确的方法进行评估。

④ 制订比较详尽的评估工作计划。这个工作计划包括以下几项。

- 整个评估工作(项目)的人员组成及项目的分工负责。

- 需要准备的资料，包括两部分：一是企业提供的资料，应对企业所提供资料进行验收；二是现场查勘资料。

有时会出现企业提供的资料与现场查勘资料不一致的情况，应进行协调，有关事宜也可在将来的评估报告中载明。例如，评估土地使用权时，如果未对该企业占用土地做实际丈量，而企业又提供了有关部门的具体资料，评估时如按企业提供的资料评估，应在评估报告中说明。

- 工作进程的安排。整个评估工作分成若干阶段进行，并分阶段汇总讨论，随时解决评估中的具体问题。

⑤ 对资料加以归纳、分析和整理，并加以补充和完善。

⑥ 根据资产的特点、评估目的选择合适的方法，对资产价值进行评估。

⑦ 讨论和纠正评估值。评估结果完成后，应召集各方面人员，包括委托者、各有关部门等进行讨论，对评估过程加以说明，对特殊内容做出解释，未尽事宜进一步协商。在讨论和纠正评估值的过程中，不能随意调整评估值，并防止不必要的行政干预。

⑧ 形成结论，整理和撰写企业价值资产评估报告。

8.3　企业价值评估的基本方法

企业价值评估方法主要有收益法、资产基础法、市场法。

1. 收益法

收益法是指通过预测企业未来收益并将其折算成现值，据以确定评估对象价值的评估方法，具体包括年金本金化价格法和分段估算法。其基本公式为：

$$P = \sum_{i=1}^{n} \frac{R_i}{(1+r)^i}$$

式中：P——被评估企业价值；

　　　R_i——预计第 i 年未来收益；

　　　r——折现率。

收益法是企业价值评估最为直接的方法，也是首选的方法，因为企业价值评估的直接对象是企业的获利能力。而收益法正是以此为标的进行评估的。

由于收益法涉及企业预期收益和折现率等基本参数，因此受到了参数取得的难易度的限制。一般而言，运用收益法，应具备以下条件：被评估企业的未来收益能够预测，并能以货币尺度衡量；与企业获取未来收益相联系的风险也能预测。

对于持续经营的企业，收益法一般均适用。用收益法评估企业整体资产的程序如下。

① 收集、验证与企业经营有关的各种信息，包括现在和过去的，如企业产品的市场需求、销售价格、生产成本及以前年度的生产经营业绩等。

② 分析与收益形成相关的各项指标及其变化趋势，并据以预测企业未来收益。

③ 分析企业面临的风险，并据以确定合理的折现率。

④ 将预期收益折算为现值，并最终确定企业整体资产的价格。

2. 资产基础法

我国的《资产评估执业准则——企业价值》中对资产基础法的定义是："以被评估企业

评估基准日的资产负债表为基础，合理评估企业表内及可识别的表外各项资产、负债价值，确定评估对象价值的评估方法。"

从上述定义可以看出，资产基础法不仅要求评估资产负债表表内的资产与负债的价值，还要求识别并评估资产负债表之外可辨认的各项资产（主要是无形资产）和负债的价值。换句话说，企业所有可辨认的资产和负债均应纳入资产基础法的评估范围。

在我国的评估实践中，资产基础法也叫成本加和法，曾经是企业价值评估主要使用的方法[1]，原因如下。

① 企业资产盘子大，非经营性资产占有相当比重。长期以来，我国企业承担了大量的社会性事务，即企业办社会，企业中存在大量的非经营性资产，再加上体制原因，企业中无效资产得不到及时处理。这些资产在企业中并不能带来收益，这与作为市场经济主体追求盈利目标不相适应。因此，采用收益法进行评估，即使日常人们认为比较好的企业，评估出的企业整体价值也会低于各项资产单项评估汇总的企业价值，不能客观地反映出企业资产价值量。

② 企业效益低下，采用收益法缺乏市场基础。企业效益低是长期困扰我国经济的一个难题。企业效益低既有管理问题，也有体制原因。如上所述，企业中的大量非经营性资产不创造价值，但非经营性资产的折旧直接抵减企业利润，造成企业资产收益率偏低。另外，缺乏市场竞争的优胜劣汰机制，使大量效益低、亏损的甚至是资不抵债的企业得以存在和发展，资产收益率甚至低于银行存款利率，这是人们不得不承认的事实。在此基础上，如果采用收益法评估，折现率或资本化率的估算不只是一个棘手的问题，可以说是一个解不开的难题。

③ 采用资产基础法评估企业价值，便于企业评估后的账务处理。资产评估结果是企业账务处理的依据，而会计的账务处理是按每一类、每一项资产进行的，因此资产基础法按单项资产评估汇总的方法，有利于评估后的账务处理。

但是，采用资产基础法评估企业价值也具有一定的不合理性。

① 模糊了单项资产与整体资产的区别。整体性资产具有综合获利能力，它是由单项资产构成，却不是单项资产的简单汇总，而是经过企业有效配置后作为一项独立的获利能力而存在。用资产基础法来评估，只能根据单项资产汇总的价格而定，而不是评估它的获利能力。实际上，面对资产基础法中所列的各单项资产，也需投入大量的人力资产以组织正常的生产经营，资产基础法显然无法反映这种单项资产组织起来的无形资产，最终产生遗漏。可以说，采用资产基础法确定的企业评估价值，只包含了有形资产和可确指无形资产价值，作为不可确指的无形资产——商誉，却无法体现和反映出来。

② 资产基础法反映的是企业整体资产的个别价值，而决定企业整体资产价格的是社会价值。整体资产的社会价值，由社会绝大多数的、一般生产条件的劳动耗费所决定，具有相同创利能力的企业，不管其个别劳动投入和名义资产额如何，市场只承认它们具有相同的价

---

[1] 2005年，《企业价值评估指导意见（试行）》的出台，说明了收益法在企业价值评估中的适用性以及成本法的局限性。在此之后，收益法的应用开始推广。2011年，中评协再次出台《资产评估执业准则——企业价值》，更加明确地指出了资产基础法的局限性。除了收益法，随着我国资本市场的规模逐渐壮大，市场法应用的条件日益成熟，我国评估实务界开始越来越多地运用市场法。

值，只能按同一价格交易。因此，企业价值评估要以其创利能力为基础。

③ 采用资产基础法不能很好地体现资产评估的评价功能。评价功能是指资产评估可以通过对资产未来的经营情况、收益能力的预测来评价资产的价值。而资产基础法是从投入的角度，即从资产购建的角度，而没有考虑资产的实际效能和企业运行效率。在这种情况下，无论其效益好坏，同类企业中只要原始投资额相同，其评估值就趋向一致。而且，效益差的企业的评估值还会高于效益好的企业的评估值，因为效益差的企业的资产可能是不满负荷运转甚至是不使用，其损耗低、成新率高。

运用资产基础法对企业整体资产进行评估，首先必须要对企业所拥有的各项资产进行全面的清查核实，范围包括流动资产、固定资产、长期投资、递延资产、无形资产和其他资产。在这个过程中应注意的问题有两个：一是对资产产权归属的核实，只有当资产的产权归被评估企业所有时，才能列入评估范围；二是对资产配置结构的有效性和合理性进行分析，只有那些在企业生产经营活动中必不可少，在其他资产的有机配合下对企业收益产生贡献，或者说，如果没有它们，企业的收益能力会受到影响的资产，即企业拥有的有用的资产，才有评估价值。对企业经营没有作用的资产，不应评定为有评估价值。

从这个意义上说，资产基础法不适用于对持续经营企业进行价值评估。尤其是对于不可辨认资产对企业价值产生重要贡献的企业（如以研发、设计、服务为主营业务的企业），资产基础法将严重低估它们的价值。《国际评估准则》(2011版)明确了资产基础法应用于企业价值评估的局限性，指出"收益法和市场法可用于企业价值评估。成本法通常不适用，除非企业处于初创期，其利润或现金流量无法可靠预测，并且企业资产的市场信息非常充分"。我国的《资产评估执业准则——企业价值》中也对资产基础法的适用情形做出了规定："资产评估专业人员应当知晓：并非每项资产和负债都可以被识别并用适当的方法单独评估。当存在对评估对象价值有重大影响且难以识别和评估的资产或者负债时，应当考虑资产基础法的适用性。"

3. 市场法

企业价值评估中的市场法，是指将评估对象与可比上市公司或者可比案例进行比较，确定评估对象价值的评估方法，常用的两种具体方法是上市公司比较法和交易案例比较法。

上市公司比较法是指从资本市场选取可比上市公司作为参照对象，分析可比上市公司的经营和财务数据，以股票市值作为可比公司的股权价值依据，选择并计算适当的价值比率，在与被评估企业比较分析的基础上，确定评估对象价值的方法。

交易案例比较法是指收集若干可比企业的交易资料，分析可比企业的经营和财务数据，以实际交易价格作为可比企业的价值依据，选择并计算适当的价值比率，在与被评估企业比较分析的基础上，确定评估对象价值的具体方法。

评估师应当根据所获取可比企业经营和财务数据的充分性和可靠性、可收集到的可比企业数量，恰当考虑市场法的适用性。具体来说，运用市场法应具备以下4个前提条件。

① 有一个活跃的资本市场或并购交易市场。

② 在上述市场中存在足够数量的、与评估对象相同或类似的可比公司或可比并购交易案例。

③ 能够收集并获得可比公司或交易案例的交易信息、经营信息、财务信息及其他相关资料。

④ 可以确信依据的信息资料具有代表性和合理性，且在评估基准日是有效的。

市场法以可比上市公司的公开市场价格或可比交易案例的公允交易价格为依据，使得评估结果具有市场导向，容易被交易双方所接受。但是，由于企业的复杂性，寻找合适的可比企业或案例并不容易；即使找到合适的可比公司，相关交易信息、经营信息和财务信息的获取也并非易事。这些都限制了市场法的应用。

执行企业价值评估业务，应当根据评估目的、评估对象、价值类型、资料收集等情况，分析收益法、市场法、资产基础法三种基本方法的适用性，选择评估方法。其中，收益法是相对合理、科学的方法，它反映了资产评估的实质，因此国际上通行的企业价值评估方法主要是收益法，具体包括现金流折现法（discounted cash flow，DCF）、股利折现法。期权估价法也可视为收益途径下的特殊方法。目前，在我国评估实务中，资产基础法也是广泛使用的方法。市场法在企业价值评估中的应用相对较少，但随着资本市场规模和质量的进一步提高，市场法的使用将会越来越多。

8.4 企业价值的收益法评估

1. 企业价值评估中收益法的应用形式

企业价值评估应用收益法的假设前提是持续经营，企业在持续经营的前提下：一是假设企业仍按原先设计与兴建的目的使用，企业在生产经营过程中能自觉地保持资产的再生产；二是企业经营期限是无限长。在此基础上，收益法应用于企业整体评估的形式有以下两种。

（1）年金资本化法

其计算公式为：

$$P = \frac{A}{r}$$

式中：P——企业价值评估值；

A——企业年金收益；

r——资本化率。

这种方法主要用于企业每年收益额均相等的情况。但是，在实际工作中，每年收益额均相等的企业是没有的。因此，这种方法往往适用于企业生产经营活动比较稳定，并且市场变化不太大的企业评估。

年金资本化法的具体操作过程如下：在对企业前几年的生产状况、销售状况、成本和收益情况以及同期的企业外部环境全面分析的基础上，预测企业未来若干年的收益额；然后，计算企业未来若干年内收益额的现值，并进行年金化；最后，将年金化的预期收益进行资本化处理，即可确定企业评估值。

（2）分段法

这种方法是在充分调查和了解被评估企业内部经营环境和外部环境的基础上，根据企业前几年的经营状况及产品的市场营销情况，预测企业未来 N 年收益，并假定从 $N+1$ 年开始，以后各年将保持固定收益。这样，可分别将两部分收益进行折现和资本化处理后折现，最后汇总计算出企业的评估价值。其计算公式为：

$$P = \sum_{i=1}^{N} \frac{R_i}{(1+r_1)^i} + \frac{R_{N+1}}{r_2} \times \frac{1}{(1+r_1)^N}$$

式中：P——企业价值评估值；

R_i——前 N 年内各年度预测收益额；

r_1——折现率；

r_2——资本化率。

有时，企业从 $N+1$ 年起预期收益按某一固定比率 g 稳定增长，这时分段法公式可表示为：

$$P = \sum_{i=1}^{N} \frac{R_i}{(1+r_1)^i} + \frac{R_N(1+g)}{r_2-g} \times \frac{1}{(1+r_1)^N}$$

当然，上面两种都是两段法：即第一阶段，预测的前 3～5 年的现金流是具体逐年预测；第二阶段，现金流是保持稳定不变而永续，或者以一定的增长率 g 持续增长；有时候，根据企业的情况，也可以分为三段：第一段逐年预测，第二段以一个稳定的、较高的增长率增长，第三段保持稳定不变到永续，或者以一个稳定的较低的增长率持续增长。

2. 企业价值评估中收益法的基本步骤

收益法的应用主要是在分析过去、现在资料的基础上，合理预测未来发展状况，确定有关参数，并据之测算出评估价值。收益法的主要步骤如图 8-1 所示。

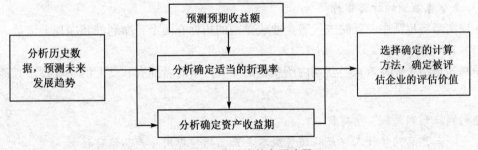

图 8-1 收益法的主要步骤

分析历史和预测未来的一般步骤如下。

① 企业概况分析，包括经营状况分析、产品生产及销售状况分析、企业经营计划和发展规划分析、企业所处行业分析、国家政策导向分析、企业生产规模分析。

② 企业主要竞争对手分析、企业所处行业地位分析、产品市场占有率及发展趋势分析。

③ 企业前三年的财务资料。

④ 企业未来五年的发展计划。

⑤ 行业的各种可收集财务指标。

⑥ 分析整理企业财务资料，剔除各种不合理因素后的财务资料。

⑦ 对企业未来五年生产、经营的合理预测。

3. 收益法中预期收益额的预测与确定

在企业价值评估中应用收益法，关键是主要参数的确定，首先就是预期收益额。运用收益法对企业整体资产进行评估时，企业收益额是一个极为重要的参数，能否正确科学地预测,直接关系到评估结果的正确性。

1) 价值评估中收益额的特性

(1) 未来收益

即收益额必须是企业将来年份可以获取的收益,而不是以前或现在的收益。所以,必须对它进行科学、合理的预测。当然,过去或现在的收益尽管不能直接作为收益法评估中的一个指标,但为预测未来收益提供了一个可靠的基础和依据。

(2) 正常收益

即收益额应该是企业未来正常年份,在经营的内外部环境没有发生明显变化的情况下,可持续不断地获取的正常收益。在评估中,在科学预测企业未来收益的基础上,还应对企业经营的环境和条件进行分析,对于那些由特殊原因造成的有利或不利影响应进行剥离。

(3) 权益收益

企业获取的纯收入中,有些不能归企业业主所有,如税收,无论是流转税还是所得税。这些不归业主所有的企业收入不能作为企业整体评估中企业收益额的一个组成部分;相反,凡是归企业业主所有的企业收支净额,无论是营业收支、资产收支还是投资收支,均为企业收益。

企业收益的以上特点是以企业发生产权变动,为确定企业交易价格这一特定目的为出发点的,从潜在投资者参与产权交易后分享企业收益的角度,潜在投资者只能分享未来正常情况该企业所获取的净收入。

2) 企业收益额的计算指标

在现实经济生活中,反映或代表企业收益额的指标有两个:净利润和净现金流量。

(1) 净利润

净利润是指企业在未来经营期内所获得的归资产所有者拥有和支配的净收益。其计算公式为:

净利润 = 利润总额 − 所得税
   = 产品销售收入 − 产品销售成本 − 产品销售费用 − 产品销售税金 +
    其他业务利润 − 管理费用 − 财务费用 ± 投资收益 ± 营业外收支 − 所得税

这种形式测算的优点在于能够比较客观地反映企业的实际经营业绩,缺点是由于企业折旧政策的不同会导致企业所实现的净利润缺乏可比性。

(2) 净现金流量

净现金流量是指企业未来经营过程中现金流入量与流出量的差额,它包括企业在未来的一切收支净额,无论是经营收支、投资收支还是筹资收支,只要形成净流量就要看作是收益。会计核算上的净现金流量包括3个部分:经营活动净现金流量、投资活动净现金流量和筹资活动净现金流量。资产评估中,筹资活动净现金流量一般不计入企业收益,因为筹资活动净现金流量不能计入企业经营成果。因此,企业价值评估中的收益额为经营活动净现金流量和投资活动净现金流量之和。

评估界一致认为应提倡以净现金流量作为预期收益额。因为它以收付实现制为原则,排除了人们主观认定的固定资产折旧费的干扰;同时,它不仅考虑了现金流量的数量,而且考虑了收益的时间和货币的时间价值;此外,它还是税后指标。因此,净现金流量比净利润更能客观地反映企业或技术资产的净收益。用净现金流量折现来评估企业价值的方法也称为现金流量折现模型（discounted cash flow model，DCF model）。

(3) 现金流量的计算

根据评估对象不同，现金流量可以分为自由现金流量、股权现金流量、股利现金流量、债权现金流量。自由现金流量是可提供给所有投资者的税后现金流量，也叫实体现金流量；股权现金流量是可供股东分配的现金流量；股利现金流量是分配给股东的现金流量；债权现金流量是分配给债权人的现金流量。根据评估的需要，可以选择不同的现金流折现模型。

股东权益价值，也称为股权价值，一般采用股权现金流折现模型，少数股权评估时，可采用股利现金流折现模型。企业价值即实体价值，也称总体价值，一般采用自由现金流折现模型。其计算公式为：

$$股权价值 = \sum_{t=1}^{n} \frac{股权现金流量_t}{(1 + 股权资本成本)^t}$$

$$股权价值 = \sum_{t=1}^{n} \frac{股利现金流量_t}{(1 + 股权资本成本)^t}$$

$$实体价值 = \sum_{t=1}^{n} \frac{企业自由现金流量_t}{(1 + 加权平均资本成本)^t}$$

表8-1列示了企业收益法价值评估模型及参数。

表8-1 企业收益法价值评估模型及参数

评估对象	现金流量	资本成本	模型
股东权益价值	股权现金流量 股利现金流量	股权资本成本	股权现金流折现模型 股利现金流折现模型
企业实体价值	自由现金流量	加权平均资本成本	自由现金流折现模型

企业的全部价值属于所有投资者，因此企业自由现金流量（FCF）是提供给所有投资者的现金流量的总和，也称之为实体现金流量，是未纳入任何与筹资有关的现金流量，如利息费用或股息，它是真正的现金流量，可以反映由企业业务产生的可以向企业所有资本供应者包括股东和债权人提供的现金流量。其计算公式为：

企业自由现金流量 = 税后经营利润 + 折旧与摊销 - 经营营运资本增加 - 资本支出

税后经营利润 $[EBIT(1-T)]$ = 税前经营利润(EBIT) - 所得税(税前经营利润 × 所得税税率)

= 营业收入 - 营业成本 - 销售费用 - 管理费用 - 所得税

经营营运资本增加 = 预测期经营营运资本 - 基期经营营运资本

经营营运资本 = 经营流动资产 - 经营流动负债

资本支出是购置各种长期资产的支出减去无息长期负债增加额。其计算公式为：

资本支出＝经营长期资产净值增加额＋折旧与摊销＋资产减值损失－无息长期负债的增加额

在评估实践中，一般预测自由现金流量较多，通过预测自由现金流量估算出企业的总价值。当评估对象为股东权益价值时，现金流量的口径为股权现金流，也叫作股权自由现金流（free cash flow to equity，FCFE）。股权现金流是指由公司经营业务产生的、归属于公司股东的现金流，可通过下式计算：

股权现金流＝息税后经营利润＋折旧与摊销－经营营运资本增加－资本支出＋债务净增加

其中：

息税后经营利润＝（营业收入－营业成本－销售费用－管理费用－财务费用）×（1－企业所得税税率）

债务净增加＝新增债务－本金偿还

由此，企业自由现金流与股权现金流的关系为：

股权现金流＝企业自由现金流量－财务费用×（1－企业所得税税率）＋债务净增加

当然，评估股权价值时，也可以用企业的实体价值减去债务价值，就得到股权价值，即：

股权价值＝企业实体价值－债务价值

当评估对象为被评估企业持有其他企业的少数股权时，考虑到被持股企业的经营、财务等数据资料获取比较困难，我国《资产评估执业准则——企业价值》提出可采用股利现金流折现的方法评估少数股权的价值，即将被评估企业收到的被持股企业向其分配的现金股利进行折现。

企业自由现金流计算举例如表8-2所示。

表8-2　F工程公司现金流量预测（2022—2027年）　　　　　单位：千元

	2022	2023	2024	2025	2026	2027
销售收入	15 243	17 858	20 694	23 504	26 374	29 075
减：销售成本（销售收入的70%）	10 670	12 500	14 486	16 453	18 462	20 353
减：销售和管理费用（销售收入的16.5%）	2 515	2 947	3 415	3 878	4 352	4 797
减：折旧	757	720	1 020	975	895	880
税前经营利润	1 301	1 691	1 774	2 198	2 665	3 045
减：所得税（税率25%）	325	423	444	550	666	761
税后经营利润	976	1 268	1 331	1 649	1 999	2 284
加：折旧	757	720	1 020	975	895	880
减：资本支出	154	50	3 450	150	175	225
自由现金流量	1 579	1 938	－1 100	2 474	2 719	2 939

3）企业收益的预测

企业收益的预测一般分为两部分：第一部分是对企业收益的历史及现状的分析与判断；第二部分是对未来企业若干年收益的预测。

（1）分析和判断被评估企业收益的历史与现状，了解和把握企业正常的盈利能力

要根据企业的具体情况确定分析的重点。对于发展历史不长的企业，要着重对其现状进行分析并在分析未来发展机会的基础上判断企业的盈利；对于已有较长经营历史且收益稳定的企业，应着重对其历史收益进行分析，并在历史收益平均趋势的基础上判断企业的盈利能力。同时，还要对财务数据并结合企业的实际生产经营情况加以综合分析。可以作为分析判断企业盈利能力参考依据的财务指标有：企业资金利润率、投资资本利润率、净资产利润率、成本利润率、销售收入利润率、企业资金收益率、投资资本收益率、净资产收益率、成本收益率、销售收入收益率等。

（2）对企业的未来预期收益额进行预测

在上述企业历史与现状的基础上，分析预测企业预期收益，预测一般可分为以下3个过程：调整评估基准日的企业收益、综合分析和判断企业预期收益的总体趋势、预测企业的预期收益。

① 调整评估基准日的企业收益，使之能反映企业的正常盈利能力。首先，对审计后的利润表和现金流量表等财务报表进行非正常因素调整，将一次性、偶发性或以后不再发生的收入或费用剔除，把企业评估基准日的利润和现金流量调整为正常数量。其次，根据审计后报表的附注和相关揭示，对在相关报表中揭示的影响企业预期收益的非财务因素进行分析，进一步对企业的收益进行调整，反映企业的正常盈利能力。需要注意的是，对企业评估基准日审计调整后的财务报表，尤其是客观收益的调整仅作为评估人员进行企业预期收益预测的参考依据，不能用于其他目的。

② 综合分析和判断企业预期收益的总体趋势。企业预期收益趋势的总体分析和判断，是在对企业评估基准日审计后实际收益调整的基础上，结合企业提供的预期收益预测和评估机构调查收集到的有关信息的资料进行的。评估人员应当尽可能获取被评估企业和可比企业经审计后的财务报表或者公开财务资料，无论财务报表是否经过审计，评估人员都应当根据所采用的评估方法对财务报表的使用要求对其进行分析和判断，但对相关财务报表是否公允反映评估基准日的财务状况和当期经营成果、现金流量发表专业意见并非评估人员的责任。企业提供的关于预期收益的预测只能是评估人员的重要参考资料，而不是评估人员对企业未来预期收益预测的唯一根据，评估人员必须深入到企业现场进行实地考察和现场调研，与企业的核心管理层进行充分交流，了解企业的生产工艺过程、设备状况、生产能力和经营管理水平，结合其他资料对企业未来收益趋势做出合乎逻辑的客观、独立的判断。

③ 预测企业的预期收益。在前面工作的基础上，结合被评估单位的人力资源、技术水平、资本结构、经营状况、历史业绩、发展趋势等，考虑宏观经济因素、所在行业现状与发展前景，运用具体的技术方法和手段形成未来收益预测。一般采用分段法，对已步入稳定期的企业而言，收益预测分为两段：一是分年预测企业未来3～5年的收益；二是预测企业未来3～5年后的收益。而对仍处于发展期、其收益尚不稳定的企业而言，首先要判断企业在何时步入稳定期；然后将其步入稳定期的前一年作为收益预测分段的时点。分段后各段预测的方法与稳定期类似。

分年预测企业未来3～5年的预期收益，是基于评估基准日调整的企业收益或企业历史收益的平均趋势，结合影响企业收益实现的主要因素预期未来变化的情况，采用适当的方法进行的。

根据前面所述，企业的预期收益主要是指净现金流量，而在未来的净现金流量的预测中，营业收入是起点也是关键点，原因在于大部分财务数据包括流动资产、部分固定资产、营业成本、管理费用、销售费用等与营业收入有直接的内在联系，这样可以通过其内在联系预测报表数据，获取预计财务报表的大部分数据，也称"营业收入百分比法"。根据会计准则，"主营业务收入"和"其他业务收入"项目合并列示在利润表中，在预测时应该采用"主营业务收入"的金额作为预测起点，在预测时可以从企业年报的会计附注中查阅相关的主营业务收入信息，作为预测依据。当"其他业务收入"所占比重较小时，也可以忽略不计，以"营业收入"作为预测起点。对于多元化的企业，如果其收入分成多个板块且不能忽略时，就应该根据情况分成多个行业板块，分别预测其未来收入的增长情况。

实践中，首先往往对营业收入增长率进行预测，然后根据基期营业收入和预计增长率计算预测期的营业收入。营业收入增长率的预测以历史营业收入增长率为基础，根据行业发展前景和企业的发展战略等因素进行修正。在修正时，要综合考虑宏观经济、行业结构与竞争状况、企业的产品竞争力及未来的经营战略等相关因素，即从宏观经济、中观行业发展、微观企业经营3方面来分析、考虑，最后综合获得一个相对科学、合理的预测的营业收入增长率。

宏观经济因素。一个国家，甚至全球的经济发展状况，会直接或间接地影响每个经营个体的发展。一段时期内经济发展过热或过缓，都会不同程度地影响各企业未来短期内的增长率，其影响程度要视企业而定。对于受国家经济增长周期波动影响较大的企业和受国家宏观经济政策调控影响较大的企业，或所处行业与国家宏观经济发展密切相关的企业，要重点分析宏观经济发展趋势对企业的影响。如电力行业、交通运输行业等，它们在一定程度上属于垄断行业，国家对其有一定的管制和保护，其他企业进入这些行业的门槛较高。对于这类行业的企业，其业务增长率很大程度上受到宏观经济发展状况的影响，因此在分析时要重点考虑宏观经济的发展趋势。

行业状况因素。企业发展增长率会较多地受到所处行业政策、行业发展趋势和同行业内企业竞争等方面的影响。不同的行业，行业特点、行业政策不同，其增长率水平也存在一定差异。行业同样存在一个发展周期，在某一时期，整个行业可能处于一个较繁荣的阶段或比较萧条的阶段，所以单个企业的增长率在很大程度上受到该行业所处发展阶段的影响。同行业内企业的竞争使企业不断寻求有效增长的动力，从而保持较高的增长率，也可能因为恶性竞争而损害企业的长期发展。因此，在预测企业的增长率时，要对行业未来的发展趋势进行较全面的分析，并考虑对企业的影响程度。同时，还要考虑上下游产业对本行业的影响，因为上下游行业会对本行业产生供给和需求，从而影响本行业的发展。

企业经营战略因素。企业内在增长率、产品竞争力及制定的未来发展战略是企业未来增长率的关键决定因素。为了客观地判断企业的正常盈利能力，还必须结合影响企业盈利能力的内外部因素进行分析，具体包括以下几方面。

第一，需求因素。需求因素对企业来说是个生死攸关的重要因素，对企业获利能力及现状具有巨大影响，其最直观的表象是企业的开工率、设备利用率和产销率。可以从这几个方面着手分析：企业产品的市场竞争状况和市场占有率；产品所处的寿命周期及替代品的竞争性；产品质量、价格、成本是否具有市场优势；产品的社会保有量、消耗周期及市场边界（国内市场或国际市场）。

第二，供给因素。主要指原材料、能源、动力、资金等因素的供应是否充分。另外，生产、生活用水及运输条件等都是影响企业收益不可忽视的因素。

第三，开发因素。指企业的产品开发、技术开发和市场开发能力不仅影响企业的收益现状，同时也对企业的未来开发获利能力产生深远的影响。

第四，经营管理因素。在现代市场经济条件下，企业的经营管理水平对企业的收益水平和获利能力有着举足轻重的影响。其中，企业管理人员的素质和水平、企业内部的经营管理机制，营销策略、职工凝聚力和企业公共形象以及对外关系等更是影响企业收益现状的重要因素。

第五，其他因素。主要指企业存量资产的状况构成及匹配状况对企业收益的影响。

通过对企业收益现状影响因素的分析，找到影响企业收益的主要因素，为预测未来收益提供线索。

预测时，首先必须根据评估对象、评估目的和评估条件等，科学、合理地设定预测企业预期收益的前提条件，一般包括：假设将来新的国家的政治、经济等政策变化对企业预期收益不会产生影响，已经出台尚未实施的除外；假设不会发生不可抗拒的自然灾害或其他无法预期的突发事件；假设企业经营管理者的某些个人行为不会出现异常等。在明确了企业收益预测前提条件的基础上，就可以着手对企业未来3～5年的预期收益进行预测。评估人员应把企业或其他机构提供的有关资料作为参考，根据可收集到的数据资料，在经过充分分析论证的基础上做出独立的预测判断。预测的主要内容有（未来3～5年）：对影响被评估企业及所属行业的特定经济及竞争因素的估计；市场的产品或服务的需求量或被评估企业市场占有份额的估计；销售收入的估计；成本费用及税金的估计；完成上述生产经营目标需追加投资及技术、设备更新改造因素的估计；预期收益的估计等。

4）企业收益额的预测方法

现金流量的预测不仅有数学方法，也有非数学方法，常用的预测方法和模型是德尔菲法、经验分析法、结合判断法、投入产出模型、回归分析模型、时间序列模型、最小二乘法、经济函数弹性分析模型、马尔可夫模型、运筹模型、统计外推模型、相互影响分析法、鲍克斯－詹金斯（Box－Jenkins）预测模型、增长曲线模型、经济寿命周期模型、系统动力学模型等。

（1）时间序列分析模型

该方法在应用中又有以下具体的分类。

① 算术平均数与几何平均数法。当采用历史数据预测企业未来营业收入增长率时，通常会采用几年的历史数据作为预测依据，此时采用的平均值估计方法不同，平均增长率也会有所不同。常用的两种平均值估计方法是算术平均数法和几何平均数法。算术平均数是过去的各种增长率的简单平均数，而几何平均数则考虑了发生于各个时期内的复利。

$$算术平均数 = \frac{\sum_{t=-n}^{-1} g_t}{n}$$

式中：g_t——在第 t 年中的增长率。

$$几何平均数 = \left(\frac{营业收入_0}{营业收入_{-n}}\right)^{1/n} - 1$$

式中：营业收入$_{-n}$——在 n 年前的营业收入。

对于每年的营业收入增长率变化不大的企业，用上述两个指标计算的估计值相差较小；而对于营业收入增长率变化较大的企业，两个估计值可能会差别较大。几何平均数能够更精确地衡量企业过去营业收入的真实增长率，尤其是当增长率在每一年都变化无常的时候。

② 移动平均数法。移动平均数法是在算术平均数法的基础上发展起来的。它是利用过去若干期实际销售量的平均值来预测当期销售量的。每预测一次，就逐次往后推移，每期预测均取前若干期销售实绩的平均值作为当期的预期值。周期个数的选择取决于实验目的，必须包括足够的期数，以抵消随机波动的影响，但期数又不能过多，以便除去过早的、作用不大的数据。期数的多少，要根据具体商品的销售规律来考虑。一般而言，移动平均期取得越长，预测的误差就越小。这种方法适用于变动不大的、比较单纯的中短期预测，如商品流通额的预测和某种商品需求量的预测等。

移动平均数计算公式为：

$$M_t = \frac{X_{t-1} + X_{t-2} + \cdots + X_{t-N}}{N}$$

式中：M_t——第 t 期的平均数，即当期预测值；

　　　N——期数；

　　　X_{t-1}——前一期实际值；

　　　X_{t-N}——前 N 期实际值。

③ 季节平均系数分析法。在销售收入的预测中，有些商品（如服装、冷饮、糕点等）销售的季节性很强。对这些销售额有一定季节性波动的商品，通常采用季节平均系数分析法进行销售收入预测。此法根据历史销售资料，用数学方法计算其季节变动趋势，测算各季平均季节性指数和季节性总平均指数，再求出季节性系数（衡量季节性的影响程度），然后用季节性系数法来预测各季销售值。

④ 移动平均数季节指数法。前述的季节系数法是用简单平均法算出季节指数，它们虽然能够反映一年中各季、各月销售量的波动程度，但不能反映销售量增长或减少的趋势。将移动平均法计算出的季节指数用于预测，就可以反映销售量增减的趋势。移动平均数是根据近来逐期的销售量和新数据来不断修改平均值，作为预测期的销售量，或据此计算季节指数，进行季节性销售量的预测。例如，预测下个月的销售量，假定用于预测的资料定为 T 期，则可用最近 T 个月实际销售量的平均数作为下个月的预测数。随着预测时间的往后推移，每推移一期就求一次平均数，这时上次求平均数时所用的最早一期资料已被舍弃，加入了最新一期的资料，因此成为移动平均数。如果计算移动平均数的资料是奇数，则推算出的移动平均数位于奇数数个资料数据的中间一行；如果资料是偶数，则推算出的移动平均数位于偶数数个数据之间。利用两个相邻的移动平均数，先加以平均，求出居中的移动平均数，再用居中的移动平均数去除同行的实际销售量，就可以求出季节指数。

移动平均数的计算公式为：

$$MA = \frac{\sum_{t=1}^{T} D_t}{T}$$

式中：D_t——第 t 期销售量；

T——移动资料期数。

⑤ 指数平滑法。如果采用移动平均数法，虽然考虑新的数据点比较容易，但需要有较多的历史数据，数据储存量比较大，有时显得不太方便。因此，理论界发展了一种依存数据较少的改进方法，这就是指数平滑法。指数平滑法是一种权数较特殊的加权平均法。前期实际销售量乘以 α（α 表示加权因子或平滑系数），前期预测的销售量乘以（1-α），这两个乘积相加便得出本期预测销售量。

指数平滑法是利用上期预测值和实际值资料进行预测的一种应用方法。其计算公式为：

$$Y_t = Y_{t-1} + \alpha(X_{t-1} - Y_{t-1})$$

式中：X_{t-1}——上期实际销售量；

Y_{t-1}——上期预测值；

Y_t——本期预测值；

α——平滑系数。

平滑系数 α 代表了新旧数据的分配比值。它的取值大小实际上表现了不同时期的因素在预测中所扮演的不同角色。α 值越大，其上期的实际值比重就越大；反之，则越小。α 取值范围为 $0 < \alpha < 1$，一般在 0.1～0.3 之间较为合适。

(2) 回归趋势分析

回归方程分析不仅能揭示因变量与自变量之间的相关性，而且通过回归方程可分析因变量与自变量在未来的变化趋势，因而回归趋势分析也是一种常用的预测方法。在资产评估中，评估人员通常需要对未来收益进行预测，这种预测除了需要对被评估对象未来所处环境进行综合分析外，还需要对其历史收益状况及影响收益变化的各个因素进行分析，从历史上各年收益变化情况中寻找其变化规律。回归方程分析则是一种很好的分析工具。在一些情况下，影响预测目标的因素基本稳定，预测目标随时间序列呈线性变化趋势，这时可直接运用一元线性回归方法进行预测。一元线性回归的基本公式为：

$$y = a + bx$$

式中：

$$a = \frac{1}{n}\sum y - \frac{b}{n}\sum x$$

$$b = \frac{n\sum xy - \sum x \sum y}{n\sum x^2 - (\sum x)^2}$$

(3) 直观预测法

直观预测法也叫定性预测法，是评估者根据自己掌握的实际情况、实践经验、专业水平，对评估客体或对象前景的性质、方向和程度作出判断。它在环境情况系统分析的基础上提出数量估计，需要的数据少，能考虑无法定量的因素，比较简便可行。直观预测法又分为德尔菲预测法、综合判断法、类推预测法及市场预测法等。

① 德尔菲预测法。这种方法是在20世纪40年代末期由美国兰德公司首先创造和使用的,50年代就在西方盛行起来。这种方法的主要过程是:主持预测的机构先选定与预测问题领域有关的专家数十人,并与他们建立适当的联系。联系的主要方式是信件往来,同时将他们的意见经过综合、整理、归纳,并匿名反馈给各位专家,再次征求意见。这种方式经过多次反复,使专家们的意见逐渐趋向一致,最后作为预测的依据。此法又称专家调查法,是一种非计算方法,当预测资料(数据)不全时,可采用此法。

② 综合判断法。综合判断法即在收集到若干原始信息后,采用统计分析的方法,对原始信息进行综合判断后作出预测。可借助专门进行行业分析的分析者的预测估计,如证券机构的研究者。在一定程度上,分析者对于增长的预测应该优于对于历史增长率的使用。分析者在预测时,会综合考虑到被公开的企业特定信息、可能影响未来增长的宏观经济信息、竞争者们所披露的关于未来前景的信息、关于企业的私有信息、非经营类的公共信息等信息,更全面的信息有利于分析者更好地预测企业的未来增长率。

③ 类推预测法。类推预测法就是根据事物、市场及其环境因素的相似性,从一个已知的事物、市场及其环境因素的发展变化情况,推测其他类似的事物、市场未来变化趋势的一种判断方法。评估预测时,该法具体又可分为产品类推法、行业类推法、地区类推法和局部总体类推法。

④ 市场预测法。市场预测法是对市场进行直接调查,在掌握大量第一手市场信息资料的基础上,经过分析和推断,对资产价值的未来市场发展趋势作出评估预测的一种方法。评估时,该法主要有购买意向调查法、展销调查法、预购调查法等。

(4) 增长曲线预测模型

经济增长现象与人的身高和体重随年龄的增长而增长的曲线相似。其相似的特征是:开始增长快,逐渐变慢,最后趋于一个限度。这种有机的曲线即为增长曲线法。

① 指数曲线模型。经济和生产上的增长总是在原有的基础上发展的,其增长速度在通常情况下与其基数的大小成正比。现有的基数越大,其增长速度也越快。许多事物在未达到饱和水平之前,常常遵循着这样的规律发展。

设预测对象 y 与其增长速度(变化率)$\dfrac{dy}{dt}$ 呈线性关系,则有:

$$\frac{dy}{dt} = ky$$

式中:k——比例常数;

　　　t——时间。

解此微分方程,可得指数曲线的一般模型:

$$y = ab^t$$

设 $\ln y = Y$,$\ln a = A$,$\ln b = B$,得到:

$$Y = A + Bt$$

利用一元线性回归方法即可求解。

② 修正指数曲线模型。在应用指数曲线模型来预测未来经济发展时会发现一个问题，即随着时间的推移，经济预测现象势必会无限地增加，有时会与实际情况相矛盾，因为任何事物的发展量都会有一定的限度。例如，当某一产品在小批量和刚刚成批生产时，销售量会越来越大，但当接近该产品的社会饱和水平时，销售量就会逐步减少。因而，有必要对指数曲线模型进行修改，以适应实际情况。

设 y 是某产品的销售量，D 是社会对该产品的饱和水平（常数），$\dfrac{\mathrm{d}y}{\mathrm{d}t}$ 是销售量对时间的变化率，如果 $\dfrac{\mathrm{d}y}{\mathrm{d}t}$ 和 $(D-y)$ 呈线性关系，比例系数为 k，则有：

$$\frac{\mathrm{d}y}{\mathrm{d}t}=k(D-y)$$

③ 冈珀茨（Gompertz）曲线模型。该曲线是一种非线性增长曲线，这种曲线所呈现的趋势是初期增长速度较慢，随后增长速度逐步加快，达到一定程度后，虽然还有一定的增长量，但增长速度逐渐降低。这种趋势在工业生产中常可遇到。例如，在新产品试制时期，产量增长不大，待正式投产并打开销路后，产量增长速度就会加快，达到一定程度后进入稳定时期，增长速度减慢。这是一种 S 形生长曲线。冈珀茨曲线，就是一种常用的增长曲线模型。

④ 逻辑斯谛（Logistic）曲线模型。此曲线和冈珀茨曲线很相近，也是初期变化平缓，随后增长加速，达到一定程度，增长率逐渐降低，终至平坦。

在实际工作中，各种方法不是互相排斥的，可将几种方法结合起来使用，也可分别使用，以互相印证。

短期预测所使用的方法通常以时间序列方法为主，预测精度要求较高。中期预测所使用的方法以时间序列、经济计量模型等为主，预测精度要求在 15% 以内。长期预测所采用的方法以经济计量模型、投入产出模型、系统动力学模型等为主，主要预测变化趋势，精度无法要求太高。

时间序列分析是建立在一个假定基础之上的，即假定未来是过去趋势的延伸。这种方法简单、方便，然而它只能用于经济平稳发展的时期，不能用于经济转折时期。此法主要用于短期预测。回归分析模型，是找出一个经济变量与若干其他变量之间的数量关系，然后用某种方法给出外生变量的未来值而算出预测系统经济变量的预测值。

在预测时，要注意根据企业的特点、产品特征、收益的特点和发展趋势，选择合适的预测方法进行预测。

在对企业的预期收益预测基本完成之后，应该对所做的预测进行严格检验，以判断所做预测的合理性。检验一般可以将预测与企业历史收益的平均趋势进行比较；对影响企业价值评估的敏感性因素加以严格的检验；对所预测的企业收入与成本费用的变化的一致性进行检验，以获得较为客观、合理的预期收益。

4. 折现率和资本化率及其估测

折现率与资本化率是两个不同的概念，但它们在本质上是没有区别的，都属于投资报酬率或资产收益率，只是适用的场合有所不同。资本化率是将稳定化的收益（年金）转化为该收益的现行资本化价值，适用于永续年金的还原。折现率是将未来有限期的预期收益转化为现值,适用于有限期预期收益的还原。

1)折现率确定的原则

确定折现率时一般应遵循以下原则。

① 不低于无风险报酬率的原则。在存在正常资本市场和产权市场的条件下,政府债券利率和银行存款利率是投资者进行其他投资时,在考虑和权衡投资报酬率时必须考虑的基本因素。如果折现率小于无风险报酬率,就会导致投资者将资金转存银行或购买无风险的国债,而不愿去冒险进行得不偿失的投资。

② 以行业平均报酬率为基准的原则。一般来说,投资者由于各自偏好的不同,投资的领域也不同。因此,在评价各种投资方案优劣的时候,需要以社会平均报酬率作为统一的尺度来进行衡量。但是,社会平均报酬率一般很难求得,而行业平均报酬率则可以根据国家公布的有关统计数据计算得出,因此行业平均报酬率可以取代社会平均报酬率作为确定折现率的基准。

③ 折现率和资本化率与收益额相匹配的原则。折现率或资本化率的确定和选取要与企业的预期收益相匹配。通常情况下,如果预期收益中考虑了通货膨胀因素和其他因素的影响,那么在折现率中也应有所体现。反之,如果预期收益中没有考虑通货膨胀因素和其他因素的影响,那么在折现率中也不应单向反映。

④ 折现率与评估对象口径一致的原则。折现率反映投资人对所投资的资产所期望的必要投资报酬率。在企业价值评估中,针对不同的评估对象,折现率有不同的口径。如果评估对象为企业整体价值,折现率必须反映企业全部投资者(股东和债权人)期望的投资报酬率,此时应选择企业的加权平均资本成本作为折现率指标。如果评估对象为股东权益价值,折现率则反映的是企业股权投资者所期望的必要投资报酬率,此时应选择股权资本成本作为折现率指标。相应地,折现率的口径与现金流量口径也必须一致。

折现率和现金流量的口径除了满足评估对象的要求之外,对通货膨胀因素的考虑也必须保持一致性。评估时,如果采用名义现金流量,则折现率应采用包含通货膨胀率的资本成本。如果采用实际现金流量,折现率应采用不包含通货膨胀率的资本成本。

评估对象与现金流量口径及折现率口径的匹配关系如表 8-3 所示。

表 8-3 评估对象与现金流量口径、折现率口径的匹配关系

评估对象	现金流量口径		折现率口径
企业整体价值	企业自由现金流	名义现金流	加权平均资本成本 + 通货膨胀率
		实际现金流	加权平均资本成本
股东权益价值	股权自由现金流 股利现金流	名义现金流	股权资本成本 + 通货膨胀率
		实际现金流	股权资本成本

2)企业资本成本确定的主要方法

(1)风险累加法

采用风险累加法确定折现率的基本公式为:

$$折现率 = 无风险报酬率 + 风险报酬率$$

无风险报酬率即最低报酬率,在我国通常可以参照一年期银行储蓄利率确定。风险报酬

率的估算方法主要是风险累加法。

企业在其持续经营过程中可能要面临许多风险,像前面已经提到的行业风险、经营风险、财务风险、通货膨胀等。将企业可能面临的风险对回报率的要求予以量化并累加,便可得到企业评估折现率中的风险报酬率。用公式表示为:

风险报酬率 = 行业风险报酬率 + 经营风险报酬率 + 财务风险报酬率 + 其他风险报酬率

行业风险主要指企业所在行业的市场特点、投资开发特点,以及国家产业政策调整等因素造成的行业发展不确定性给企业预期收益带来的影响。

经营风险是指企业在经营过程中,由于市场需求变化、生产要素供给条件变化,以及同类企业间的竞争给企业的未来预期收益带来的不确定性影响。

财务风险是指企业在经营过程中的资金融通、资金调度、资金周转可能出现的影响企业未来收益的不确定性因素。

其他风险包括国民经济景气状况、通货膨胀等因素的变化可能对企业预期收益的影响。

量化上述各种风险所要求的回报率,主要是采取经验判断。它要求评估人员充分了解国民经济的运行态势、行业发展方向、市场状况、同类企业竞争情况等。只有在充分了解和掌握上述数据资料的基础上,对于风险报酬率的判断才能较为客观合理。当然,在条件许可的情况下,评估人员应尽量采取统计和数理分析方法对风险回报率进行量化。

(2) 加权平均资本成本模型(WACC)

加权平均资本成本模型是指企业综合资本成本以各种资本占全部资本的比重为权数,对各种资本成本进行加权平均计算得出。运用加权平均资本成本模型估算折现率或资本化率,是以了解和掌握企业的资本构成及各种资本投资所要求的投资报酬或资本成本为前提的。

由于受多种因素的制约,企业不可能只使用某种单一的筹资方式,往往需要通过多种方式筹集所需资金。如果评估人员能准确掌握企业各种资金来源在资本总额中的构成比例,就可以按加权平均资本成本模型来计算折现率。

加权平均资本成本模型表达式为:

$$WACC = R_e \times W_1 + R_d \times W_2 \times (1 - T)$$

式中:WACC——加权平均资本成本;
R_e——权益资本成本;
W_1——权益资本比率(目标资本结构);
R_d——付息债务成本;
W_2——付息债务资本比率(目标资本结构);
T——所得税税率。

企业的权益资本成本往往利用资本资产定价模型(CAPM)计算,即:

$$R_e = R_f + \beta \times (R_m - R_f)$$

式中:R_e——权益资本成本;
R_f——无风险报酬率;
R_m——市场的平均报酬率;
β——企业相对于市场的β系数。

β 系数一般可由上市公司股票的报酬率与市场报酬率的拟合回归得到。β 系数的计算公式为：

$$\beta = \frac{\sum (x_i - x_0)(y_i - y_0)}{\sum (y_i - y_0)^2}$$

式中：x_i——计算期内企业股票在 i 时刻的收益率；
x_0——计算期内企业股票 N 期的平均收益率；
y_i——计算期内证券市场综合指数在 i 时刻的收益率；
y_0——计算期内证券市场综合指数 N 期的平均收益率。

市场指数存在不同的选择方式。在实际计算中，通常选用市场指数收益率替代。美国常用的指数为标准普尔500指数，即以500家规模最大、行业上具有代表性的上市公司，按市值加权所得到的投资组合作为市场投资组合的近似。在我国证券资本市场中，目前主要有3种选择方式：一是采用上海证券交易所与深圳证券交易所的所有上市公司，按市值加权组合市场投资组合。二是对于上海证券交易所的上市公司，计算其β系数时，市场回报率选为上证指数收益率；对于深圳证券交易所的上市公司，计算其β系数时，市场回报率选择深证成指收益率。这一方式主要考虑到上海证券交易所与深圳证券交易所的上市公司，其股价变动仍存在一定的独立性，分开估计β系数的可靠性更强。三是类似于美国上市公司β系数估计，选择标准普尔500指数，我国上市公司也可以选择沪深300指数、中证500指数或中证800指数等。

无风险资产也存在不同的观点，通常选择国库券作为无风险资产。在实际计算中，可以选择短期国债（期限在1年以内）的利率作为无风险利率，由于10年期的债券流动性最强，也可以选择10年期国债的利率作为无风险利率。我国资本市场由于国债的流通性较弱，也可以选择1年期银行定期存款利率作为无风险利率。

β系数计算的回归期限长度，也可以选择1～5年期的估计窗口，还需要确定回报率的最短时间间隔，可以用月收益率、周收益率及日收益率。不同的资本市场数据提供商采用不同的办法，如国际上著名的 Reuters（路透社）采用的是月收益率，5年时间的回归期；Bloomberg（彭博资讯社）采用的是周收益率，2年时间的回归期；国内的 CSMAR 国泰安数据库，采用的是日收益率，1年时间的回归期。采用历史证券交易数据估计β系数时，总是存在估计误差的问题。已有研究表明，上市公司估计β系数会向着全部证券投资组合的β系数均值移动，即长期来看，β值倾向于取值为1。因而，将估计β值与长久β值（1.0）取平均值。彭博资讯社分别采用了估计值用0.67的权重及长久β值（1.0）取0.33的权重，加权得出调整值。而其他数据服务商则可能采用了不同的权重数值。

企业财务结构的变化并不影响总资产生成的现金流的总量及其风险。进行资产投资时，股东投资的一元钱与债权人投资的一元钱，在项目运营角度上起到的作用是完全相同的。因而，资产β系数仅取决于企业经营行业及经营杠杆，而不随财务结构变化而变化，数值上等同于无杠杆（零负债）时的股权资本β系数，即非杠杆性β系数。历史数据显示，债权人承担的风险远小于股东面临的风险，大型蓝筹企业的β值接近于0。因而，通常就假定负债的β值为0。另外，债务利息在税前支付，可以抵扣利润，降低企业上缴的税费，能够起到抵税作用，也需相应做出调整。此时，表达式为：

$$\beta_1 = [1 + (1-T) \times D/E] \times \beta_u$$

式中：β_1——杠杆性贝塔系数；
β_u——无杠杆性贝塔系数；
D——债务资本市场价值；
E——股权资本市场价值；
T——所得税税率。

可以发现，财务杠杆是影响 β 系数的一项重要因素。在其他因素不变的情况下，高负债比例会显著提升企业股权资本的 β 系数。在经济繁荣时期，固定利息支出的银行贷款及企业债券能够放大收益，而经济衰退时期，高负债又会成为公司运营中的沉重负担。因此，对非上市公司估值时，可以参考选择同行业经营相近的多家上市公司作为参照企业，参考其 β 系数时，应该先将其非杠杆化，再根据被评估企业的资本结构情况，调整成被评估企业的杠杆性 β 系数。

资本资产定价模型建立在一系列严格的假设条件基础上，然而这些假设在真实的市场中并不能完全实现。例如，该模型假设投资者的投资范围仅限于公开金融市场上交易的资产（如股票、债券、无风险资产等），市场不存在交易成本和信息不对称，所有投资者均为理性人且具备同质预期，他们都将持有 Markowitz 有效边界上的资产组合，非系统风险被完全分散。而在现实经济中，大量的评估对象是非上市公司，而且评估业务的委托人或潜在投资人通常为实体企业（并非专业投资机构），并未持有有效的投资组合，不可能完全分散非系统风险。因此，必须承认目标企业非系统风险的客观存在，并在折现率中考虑投资者因为承担该类风险而需要得到的必要补偿。

在实务中，一些专业公司对资本资产定价模型进行了改进，除了考虑系统风险因素之外，还考虑了非系统风险因素对必要报酬率产生的影响。这方面最著名的公司就是美国金融数据服务机构——Ibboston Associates。该机构提出的 Ibboston 扩展模型是将公司规模报酬率和公司特有风险报酬率纳入资本资产定价模型，改进后的股权资本成本计量公式为：

$$R_e = R_f + \beta \times (R_m - R_f) + R_S + R_C$$

其中，R_S 表示企业规模报酬率，R_C 表示企业特有风险报酬率。

Ibboston Associates 每年出版的 SBBI 年鉴（*Stock, Bonds, Bills and Inflation Yearbook*）中提供了模型中的各类风险报酬率参数，是美国评估师和金融分析师的重要数据来源。

我国的企业价值评估实务中也广泛采用 Ibboston 扩展模型对企业股权资本成本进行分析。中国资产评估协会组织行业专家对中国企业的规模报酬率和其他特有风险报酬率进行过专门分析和测算，为我国评估师的执业提供了一些宝贵的参考数据。

阅读材料

CAPM 模型在中国资本市场……——基于规模溢价的实证分析

5. 收益期的确定

收益期要按照被评估企业的企业性质、企业类型、所在行业现状与发展前景、协议与章程约定、经营状况、资产特点和资源条件等确定。通常要考虑企业的固定资产使用年限、主要产品所处的生命周期、经营者的素质、外部环境的影响（如竞争对手的变化）、国家投资政策的变化等。主要的确定方法有以下 3 种。

（1）合同年限法

企业整体发生产权变动后，如中外合资，在确定其收益期时应以中外合资双方共同签订的合同中规定的期限作为企业资产收益期。

（2）企业整体资产经营寿命法

企业产权发生变动后没有规定经营期限的，按其正常经济寿命测算，通常可按企业的主要资产，如土地使用权或者矿产的有效使用年限作为其预期经济寿命期。

（3）永续法

如无特殊情况，企业经营比较正常，且没有对足以影响企业继续经营的某项资产的使用年限进行规定，或者这种限定是可以解除的，并可以通过续延方式永续适用的，则在测算其收益时，收益期的确定可采用永续法。

采用永续法时，需要明确基期、预测期和后续期。基期是作为预测基础的时期，通常是预测工作的上一个会计年度。基期的各项数据是预测的起点，不仅包括各项财务数据的金额，还包括它们的增长率及反映各项数据之间联系的财务比率。确定基期数据的方法有两种：一种是以上年实际数据作为基础数据；另一种是以修正后的上年数据作为基期数据。如果通过对历史财务报表的分析认为，上年财务数据具有可持续性，未来也不会发生重要的变化，则以上年实际数据作为基期数据；如果通过对历史财务报表分析认为，上年的数据不具有可持续性，就应适当进行调整，使之适合未来情况。

当然，预测期和后续期的划分不是事先主观确定的，而是在实际预测过程中根据具体企业的营业收入增长率和投资回报率的变动趋势确定的。

通常需要将企业收益期划分为详细预测期和稳定期。在详细预测期，需要对企业收益逐年进行预测。稳定期是指从企业达到稳定状态开始直至企业收益结束的期间。

企业经营达到相对稳定前的时间区间是确定详细预测期的主要因素。评估人员应当在对企业产品或者服务的剩余经济寿命以及替代产品或者服务的研发情况、收入结构、成本结构、资本结构、资本性支出、营运资金、投资收益和风险水平等综合分析的基础上，结合宏观政策、行业周期及其他影响企业进入稳定期的因素合理确定详细预测期。

企业达到稳定状态的5个特征是：一是企业收入成本的结构较为稳定且基本接近行业平均水平；二是企业的资本结构逐渐接近行业平均水平或企业目标资本结构水平；三是企业除为维持现有生产能力进行更新改造的资本性支出以外，不再有新增投资活动；四是企业的投资收益水平逐渐接近行业平均水平或市场平均水平；五是企业的风险水平逐渐接近行业平均水平或市场平均水平。

6. 永续增长率的确定

从理论上说，一个企业不可能永远以高于宏观经济增长的速度发展下去，否则，它最终会超过宏观经济总规模。竞争均衡理论也认为，企业通常不可能在竞争的市场中长期取得超额利润，其净资产回报率会逐渐趋于社会平均水平。因为较高的净资产回报率会吸引更多的投资者进入该行业，从而加剧竞争，最终导致净资产回报率降低到社会平均水平；反之，较低的净资产回报率会使一些竞争者退出该行业，最终导致净资产回报率上升到社会平均水平。通常，国家宏观经济增长率应该成为企业永续增长率的上限。

就具体企业而言，事实上，根据企业进入稳定状态的表现可以看出，由于此阶段企业的净资产收益率（ROE）与股利支付率（d）保持基本不变，增长率（g）可通过以下公式进

行估计:

$$g = \text{ROE} \times (1 - d)$$

上式中,g 表示企业在永续期(即稳定期)的增长率,也称为企业的可持续增长率。

综上所述,应用收益法(即现金流股价模型)评估企业价值的步骤如图 8-2 所示。

图 8-2 应用收益法评估企业价值步骤

8.5 企业价值的市场法评估

1. 市场法的评估步骤

企业价值评估的市场法具体可分为上市公司比较法和交易案例比较法。

市场法的评估步骤(见图 8-3)如下。

① 根据资料的可获得性,选择使用上市公司比较法或交易案例比较法。

② 选择数量足够的可比上市公司或可比交易案例。

③ 对目标公司和可比公司进行财务报表调整,剥离非经营性资产和溢余资产。

④ 选择适当的价值比率,并计算各可比对象的价值比率。价值比率是指企业整体价值或股权价值除以与价值密切相关参数的比值。

⑤ 将可比对象价值比率调整为目标企业的价值比率,并计算初步评价结果。

⑥ 考虑流动性(上市公司比较法)和控制权溢价(交易案例比较法),得到最终评估结论。

由于上市公司比较法中的"可比企业"是上市公司,可供选择的参照企业样本相对较多,其股权市场价格、财务数据和其他企业信息比较容易获得,且信息的可靠程度较高,便于进行对比分析。因此,上市公司比较法是市场法中较为常用的方法。本书主要以上市公司比较法为例介绍市场法的应用。

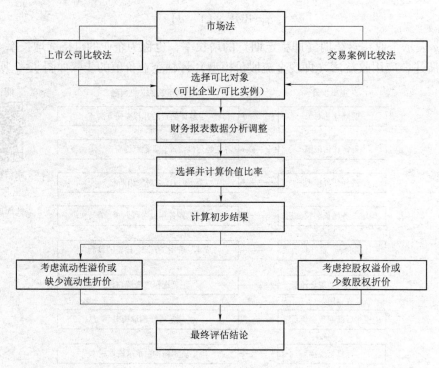

图 8-3 市场法的评估步骤

2. 可比企业的选择

在上市公司比较法中，可比企业的选择范围是：有一定的上市交易历史，且近期股票价格没有异动的上市公司。评估师选择可比企业，应当考虑以下几个方面。

① 主营业务相似。可比企业与目标企业应属于同一行业，或者受相同经济因素的影响，主营业务、业务结构相同或相似。

② 财务经营业绩相似，经营风险相当。

③ 企业的资产规模相当。

④ 企业所处的生命周期阶段相同，成长性相当。

总之，选择可比企业的原则是：与目标企业"尽量接近"。其中，企业规模和成长性是影响企业价值的关键因素，如果差异较大，还需要进行专门的修正调整。

3. 财务报表的调整

将目标企业和可比企业的非经营性资产、溢余资产剔除，仅将二者的经营业务进行比较。因为只有经营业务的财务绩效、成长性等才具有可比性。

4. 可比企业价值比率的选择与计算

价值比率通常分为盈利类价值比率、收入类价值比率、资产类价值比率、其他特殊价值比率，计算公式如下：

$$盈利类价值比率 = \frac{企业整体价值或股权价值}{盈利类参数}$$

第8章 企业价值评估

$$\text{收入类价值比率} = \frac{\text{企业整体价值}}{\text{销售收入}}$$

$$\text{资产类价值比率} = \frac{\text{企业整体价值或股权价值}}{\text{资产类参数}}$$

$$\text{业务类价值比率} = \frac{\text{企业整体价值或股权价值}}{\text{业务类参数}}$$

表 8-4 列举了各类价值比率的具体形式。

表 8-4 各类价值比率的形式

项目	用于评估股东权益价值的价值比率	用于评估企业整体价值的价值比率
盈利类价值比率	PE 价值比率 = 股价/每股净利润 股权税后现金流价值比率 = $\dfrac{\text{股权价值}}{\text{净利润 + 折旧摊销}}$	息税前利润价值比率 = EV/EBIT 息税折旧摊销前利润价值比率 = EV/EBITDA 公司税后现金流价值比率 = $\dfrac{\text{EV}}{\text{EBIT} \times (1 - T) + \text{折旧摊销}}$ 注:EV 为企业整体价值,下同;T 为企业所得税税率。
收入类价值比率	—	营业收入价值比率 = EV/营业收入
资产类价值比率	净资产价值比率 = 股权价值/净资产账面价值	总资产价值比率 = EV/总资产账面价值 长期资产价值比率 = EV/长期资产账面价值
业务类价值比率	—	矿山可开采储量价值比率 = EV/可开采储量 专业人员数量价值比率 = EV/专业人员数量 发电量价值比率 = EV/年发电量 电信运营商用户数量价值比率 = EV/用户数量 ⋮

价值比率选择的一般原则如下。

① 对于亏损性企业,通常应选择资产类价值比率。

② 对于无形资产较多的企业(如高科技企业、服务类企业等),通常应选择盈利类价值比率。

③ 如果可比企业与目标企业资本结构存在较大差异,一般应选择全投资口径的价值比率。

④ 如果企业的各类成本比较稳定,销售利润水平也比较稳定,则可以选择销售收入价值比率。

⑤ 如果可比企业与目标企业税收政策存在较大差异,则应选择税前收益的价值比率。

⑥ 构造价值比率需要注意全投资与股权投资的口径问题,分子、分母的口径应保持一致。

如果一项评估业务适用多个价值比率,通常应该选用多类、多个价值比率分别计算,避免选择单一价值比率可能出现的偏差。

5. 流动性和控制权溢折价因素的考虑

1) *流动性溢价/缺少流动性折扣*

流动性是指资产在转换为现金时其价值不发生损失的能力。如果某资产能够以可预期的价格迅速出售，则该资产具有流动性；相反，如果资产缺乏以合理、可预期的价格迅速转换为现金的能力，则该资产缺乏流动性。流动性折扣就是收益相同的两种资产由于流动性的不同而导致的价格差异。当存在流动性折扣时，可在资产或权益价值的基础上扣除一定数量的价值，以体现该资产或权益缺少流动性。

当企业价值评估采用市场法时，目标企业通常是非上市公司。如果采用上市公司比较法，以公开市场上正常交易的上市公司股票市值作为目标企业的评估基础，由于这个"市值"代表流动性股权的价值，因此评估结论应当在价值比率调整的基础上考虑流动性折扣。如果采用交易案例比较法，由于所选的可比企业是非上市公司，这些股权都缺乏流动性，因此无须考虑流动性折扣的问题。

国际上对流动性溢价/缺少流动性折扣主要通过以下两个途径估算：一是限制股票交易研究（restricted stock studies），即通过研究销售存在限制性的股票的交易价与同一公司销售没有限制的公司股票的交易价之间的差异来估算缺少流动性折扣；二是 IPO 前研究（pre-IPO studies），即通过公司 IPO 股权交易价格与上市后股票交易价格对比来研究缺少流动性折扣。

我国主要通过以下两个途径研究缺少流动性折扣：一是上市公司法人股的交易价格与流通股股价的差额；二是非上市公司并购市盈率与上市公司市盈率的对比。

2) *控制权溢价/少数股权折价*

控制权是指根据公司法和企业章程中规定的赋予公司控股股东对企业经营决策管理的权利，也就是企业经营管理的控制权。由于控股股东拥有许多非控股股东所不享有的利益，因此控股股权与同样比例的非控股股权相比存在溢价，表现为投资者愿意以高于市场流通价格的成本获得公司的控股权益。相反，不具有控制权的股权价值与同样比例的控股权价值相比则存在折扣，称为少数股权折价。因此，控制权溢价和少数股权折价是相互对应的，即控制权溢价是在缺少控制价格的基础上溢价；少数股权折价是在控制权价值基础上的折价。即：

$$控制权价值 \times (1 - 少数股权折价率) = 少数股权价值$$

或

$$少数股权价值 \times (1 + 控制权溢价率) = 控制权价值$$

由此

$$控制权溢价率 = 1 - 1/(1 - 少数股权折价率)$$

或

$$少数股权折价率 = 1 - 1/(1 + 控制权溢价率)$$

控制权之所以拥有溢价，是因为控股股东相对于少数股权股东而言，拥有企业的经营管理决策权，能够获得并购协同效应，甚至关联交易的好处。

运用上市公司比较法时，可比上市公司的股票价格代表缺乏控制权的"少数股东权益"，如果评估对象是公司的控股股权，则需要考虑控制权溢价。

6. 市场法评估案例

【例 8-1】X 公司拟收购 Y 公司。由于在资本市场上能够找到一定数量的可比上市公司，具备市场法应用的前提，所以评估师选择上市公司比较法对 Y 公司的全部股东权益进行评估。

（1）选择可比公司

评估师从行业、经营规模、上下游业务分部、产品结构、产品销售地点等多方面进行比较，在公开市场上选择了 A、B、C、D、E、F、G 7 家可比公司。

（2）可比公司价值比率的选择和计算

本次评估选择了 EBIT 比率（EV/EBIT）和 EBITDA 比率（EV/EBITDA）作为估值比较指标。7 家可比公司的价值比率计算如表 8-5 所示。

表 8-5 可比公司的价值比率

序号	公司名称	EV/EBIT	EV/EBITDA
1	A	13.77	5.10
2	B	11.71	9.37
3	C	14.11	11.87
4	D	16.00	11.49
5	E	20.59	6.58
6	F	31.61	7.40
7	G	24.42	8.38
	平均值	18.89	8.60

（3）Y 公司价值比率的调整

通过将 Y 公司与 7 家可比上市公司的盈利能力、偿债能力、未来发展能力 3 方面进行比较，结果显示 Y 公司的盈利能力和发展能力明显高于可比公司的平均水平，偿债能力为可比公司的平均水平。经综合分析，评估师认为 Y 公司的 EBIT 比率和 EBITDA 比率应该在 7 家可比公司的平均水平的基础上上浮 15%，即取 Y 公司的 EBIT 比率和 EBITDA 比率分别为 21.72 和 9.89。

（4）关于流动性折扣的考虑

由于所评估的股权价值是在非上市条件下的价值，而可比公司的股权价值是公开市场上可流通的价值，因此评估师需要对评估结果进行缺乏流动性折扣的考虑。经过调查研究，市场上非流通控股权转让的流动性折扣一般为 5%～15%，评估师取中间值，即流动性折扣为 10%。

（5）最终计算过程与结果

经过以上分析，运用市场法对 Y 公司股东全部权益价值的评估过程和结果如表 8-6 所示。

表8–6 Y公司股东全部权益价值的评估过程和结果

EBIT 比率修正过程		EBITDA 比率修正过程	
EBIT/万元	1 687	EBITDA/万元	3 291
可比公司 EV/EBIT 平均值	18.89	可比公司 EV/EBITDA 平均值	8.60
修正系数	15%	修正系数	15%
修正后 EV/EBIT	21.72	修正后 EV/EBITDA	9.89
EV/万元	36 642	EV/万元	32 548
减：付息债务/万元	11 977	减：付息债务/万元	11 977
加：溢余现金/万元	252	加：溢余现金/万元	252
未扣除流动性折扣的全部股东权益价值/万元	24 917	未扣除流动性折扣的全部股东权益价值/万元	20 823
流动性折扣率	10%	流动性折扣率	10%
股东全部权益价值/万元	22 425	股东全部权益价值/万元	18 741
平均值/万元		20 583	

8.6 企业价值评估新方法的探讨

近年来，随着企业价值评估日益广泛和重要，人们在不断探索一些新的评估方法，主要有剩余收益价值评估模型、经济增加值法和期权定价法等。

1. 剩余收益价值评估模型

所谓剩余收益，是指公司的净利润与股东所要求的报酬之差。剩余收益的基本观点认为企业只有赚取了超过股东要求的报酬的净利润，才算是获得了正的剩余收益；如果只能获得相当于股东要求的报酬的利润，则仅仅是实现了正常收益。

剩余收益价值评估模型使用公司权益的账面价值和预期剩余收益的现值来表示股票的内在价值。在考虑货币时间价值及投资者所要求的风险报酬的情况下，将企业预期剩余收益按照一定的贴现率进行贴现以后加上当期权益价值就是股票的内在价值。

收益法的价值评估模型的理论基础是现金流折现法（discounted cash flow，DCF），由此衍生出价值评估的自由现金流模型（free cash flow model，FCF）和股利折现模型（dividend discount model，DDM）。但是以 FCF 和 DDM 为代表的价值评估模型都有其内在的缺陷，首先是使用的数据过少，尤其是忽略了财务报告中包含的有关企业当前与未来的有价值的信息；其次是从价值分配（股利）的角度考虑的，未能从价值创造的角度考虑。显然，利用这类模型进行估价还有待于进一步完善。

20世纪90年代 Feltham 和 Ohlson 等人在传统股利折现模型的基础上，结合经济学的相关理论，从价值创造的角度考虑"股利是怎么来的"，完整地表达了以会计信息为基础的剩余收益价值评估（residual income valuation，RIV）模型，简称剩余收益评估模型。该模型首次将股票价值与股东权益账面价值和未来盈利联系起来，从而确立了会计账面数字在决定股票内在价值中的直接作用,回答了"会计信息是如何决定股价的"这一以往长期研究所没有解决的问题,为未来的企业价值评估的相关研究奠定了坚实的基础。

1) 模型的3个相关假设

剩余收益价值评估模型的前提由以下3个基本假设构成。

① 公司股票价格等于公司未来期间的预期股利的现值,即股利折现模型(DDM):

$$P_t = \sum_{\tau=1}^{\infty} \frac{E_t(d_t)}{(1+r)^t} \tag{8-1}$$

式中:P_t——t 时刻公司权益的价格;
d_t——公司在时刻 t 支付的净股利;
r——折现率(假定为常量);
$E_t(\cdots)$——基于时刻 t 可获得信息的期望价值。

② 公司的会计处理满足净盈余会计联系:

$$b_t = b_{t-1} + NI_t - d_t \tag{8-2}$$

式中:b_t 和 b_{t-1}——t 和 $t-1$ 时刻公司权益的账面值;
NI_t——时刻 $t-1$ 到时刻 t 的期间内的会计收益。

净盈余会计要求所有影响账面价值的利得与损失都应包括在收益中,即从一个期间到另一个期间账面值的变化等于收益减去股利净支付。该假设允许基于未来盈余和账面价值表示未来股利。

③ 线性信息动态假设(LID)即剩余收益满足下列修正的自回归过程:

$$\chi_{t+1}^{a} = \omega \chi_t^{a} + v_t + \varepsilon_{1,t+1} \tag{8-3(a)}$$

$$v_{t+1} = \gamma v_t + \varepsilon_{2,t+1} \tag{8-3(b)}$$

式中:v_t——关于未来剩余收益而不是关于目前剩余收益的信息;
$\varepsilon_{1,t+1}$ 和 $\varepsilon_{2,t+1}$——不可预测的均值为0的干扰项;
ω 和 γ——固定的常数参数,它们的值都大于0小于1。

将式(8-3(a))中的"剩余收益"(或"非正常收益")χ_t^{a}、χ_{t+1}^{a} 定义为该期间的会计收益与该期间的资本成本之差,即

$$\chi_t^{a} = NI_t - r \times b_{t-1} \tag{8-4}$$

这里 r 是资本成本,表示收益返还率,假设它是不变的。剩余收益的来源是形成权益价值与账面价值不同的因素,该差异源于经济条件和用于描述这些条件的会计制度的组合。

2) 模型的一般形式

将公司股票价格表示成账面价值与未来剩余收益的现值之和,即:

$$P_t = b_t + \sum_{\tau=1}^{\infty} \frac{E_t(\chi_{t+\tau}^{a})}{(1+r)^\tau} \tag{8-5}$$

在剩余收益价值评估模型中,资本和收益流量是从股东的角度来加以定义的,这种形式与股利折现模型是相同的,并以净盈余会计联系(CSR)为前提。

剩余收益价值评估模型的实质意义是：公司的价值是由现有的净资产的账面价值与未来剩余收益的折现值所确定的。剩余收益价值评估模型的出现对实证研究者来说具有重要的意义，因为它建立了会计数据与公司价值间全新的理论框架，从而更有利于深入探索现行会计信息与股票价格或回报的关系。Bernard认为该模型"是近年来资本市场研究的最重要的发展，提供了研究财务报告数据与公司价值关系的基础，同时提供了这一领域缺乏已久的模型结构。他们研究的价值可被评价为研究的一次革命，……"；Kin Lo和Thomas Lys指出：剩余收益价值评估模型最大的贡献就在于它将公司的价值来源建立在价值创造而不是价值分配的理论之上，与Miller和Modigliani的股利无关论完全一致。

剩余收益价值评估模型明确了会计数据在股票估价中的作用。由于传统财务理论是用未来现金流量（股利）的折现值来评估股票价值的，而未来现金流量信息又无法从现行财务报告中获取，只能取自其他信息来源，这样会计信息在股票估价中的作用便难以显现。而在剩余收益价值评估模型中，股东权益的账面净值（账面净资产）可直接从资产负债表获得，未来预期净资产收益率可根据当期净资产收益率外推计算，从而提供了一个可用现行会计数据进行股票估价的模型，将会计数据是如何作用于股票价值的内在机制清晰地表达了出来。在评价股票价值的基础上，该模型可以进一步研究企业价值的评估。

2. 经济增加值法

1）经济增加值的概念

考察企业价值增加最直接的方法是计算其市场增加值，因此在价值评估中可以引入经济增加值法。经济增加值（economic value added，EVA），也叫经济附加值，是由Stern Stewart于1991年提出的用于评价企业财务经营业绩的指标。在企业经营权与管理权分离的条件下，如何有效地评价企业的经营业绩及其向股东提供投资回报，使管理者的报酬与其真实的经营业绩挂钩，以达到有效地激励和约束管理者，降低委托代理成本，提高经济运行效率的目的，成为现代经济学和管理学理论与实践中一个亟待解决的问题，也是一个极难解决的问题。有很多公司的财务报表及相关的财务分析指标均显示出良好的业绩状况，但公司的价值却在下跌。显然，传统的用于衡量企业经营业绩的财务指标，诸如利润、每股盈余（EPS）及投资回报（ROI、ROA、ROE）等均不能很好地显示企业的真实经营业绩。因此，业界迫切需要有新的评价指标和方法对企业经营业绩进行正确的评价。经济增加值指标就是在这样的背景下产生的新的评价企业财务经营业绩的指标。简单来说，它是企业净经营利润减去所有资本（权益资本和债权资本）的差额。其计算公式为：

$$EVA = 息前税后净经营利润 - 全部资本成本$$
$$= 息前税后净经营利润 - 投资资本 \times 加权平均资本成本$$

计算EVA的另一种办法是用投资资本报酬率与资本成本之差，乘以投资资本，即：

$$EVA = 税后净利润 - 股权费用$$
$$= 息前税后利润 - 利息 - 股权费用$$
$$= 息前税后利润 - 全部资本费用$$
$$= 投资资本 \times 投资资本报酬率 - 投资资本 \times 加权平均资本成本$$
$$= 投资资本 \times (投资资本报酬率 - 加权平均资本成本)$$

因此，EVA与会计利润最主要的区别是：它扣除了全部资本的费用，而会计利润仅仅扣除了债务利息。

运用 EVA 指标评价企业业绩和投资者价值是否增加的基本思路是：企业的投资者可以自由地将它们投资于企业的资本变现，并将其投资于其他资产，因此投资者从企业至少应获得其投资机会成本。这意味着从经营利润中扣除按权益的经济价值计算的资本成本后，才是股东从经营活动中得到的增值收益。由此可见，经济附加值是立足于股东角度定义的企业利润。这一评价指标与股东财富最大化联系较紧密，较好地体现了企业的财务目标。EVA 指标的作用主要有 4 个方面：评价（measurement）、管理（management）、激发（motivation）和沟通（mindset），简称为"4M"作用。EVA 不仅仅是评价企业财务业绩的指标，同时也是一种企业管理和激励机制。因此，准确地说，EVA 是企业财务管理业绩的重要评价指标，是公司的管理制度和激励机制的重要内容，是公司的文化语言。由于 EVA 具有上述作用，目前在美国、加拿大、欧洲、墨西哥、澳大利亚、新西兰和南美的许多公司和企业，已采用 EVA 作为它们财务经营业绩的重要评价指标。

2001 年 EVA 引入我国，国内的一些大型国有企业集团开始考察美国和欧洲的公司应用 EVA 的情况，逐步理解并接受了 EVA 价值管理观念，并在企业内部高层管理者中开展相关内容培训，如中远集团、中化集团、北控集团、华润集团等。从 2010 年起，国资委在中央企业范围内全面推行 EVA 考核，并将 EVA 考核结果作为职务任免的重要依据。根据我国国有企业的特点，其参数有所调整。

$$EVA = 税后净营业利润 - 资本成本$$
$$= 税后净营业利润 - 调整后资本 \times 平均资本成本率$$

其中

税后净营业利润 = 净利润 + (利息支出 + 研究开发费用调整项 - 非经常性收益调整项 × 50%) × (1 - 25%)

调整后资本 = 平均所有者权益 + 平均负债合计 - 平均无息流动负债 - 平均在建工程

平均资本成本率原则上定为 5.5%。承担国家政策性任务较重且资产通用性较差的企业，资本成本率定为 4.1%。资产负债率在 75% 以上的工业企业和 80% 以上的非工业企业，资本成本率上浮 0.5%。

EVA 指标虽然克服了传统利润指标忽略企业资产价值会随时间变化而发生变化，以及忽视所有者权益机会成本的弊端，但仍存在以下问题。

第一，一个企业在按照 EVA 指标按经济价值评价财务经营业绩时，似乎已为股东创造了财富，但如果按交易价格来计算，则企业并未创造股东预期的收益。例如，某公司是一个完全以股票融资的无负债企业，期初共有股票 100 股，该股票的市场交易价格为 25 元，每股的经济价值为 20 元。因此，该公司的期初市场价值为 2 500 元，期初经济价值为 2 000 元。假定市场上的投资者预期该股票在本期应获得 10% 的回报，则该公司的加权平均资本成本（WACC）为 10%。如果该年度企业创造的税后净营业利润（NOPAT）为 225 元，则该公司当期创造的 EVA 为：

$$EVA = NOPAT - (2\,000 \times 10\%) = 225 - 200 = 25 \text{（元）}$$

如果按市场价值来计算，则：

$$EVA = NOPAT - (2\,500 \times 10\%) = 225 - 250 = -25\text{（元）}$$

因此，从 EVA 指标的角度看，该企业在当期为其股东创造了 25 元的财富，而从市场交易价格来计量，则该企业的股东财富在本期减少了 25 元。

第二，EVA 指标仅仅关注企业当期的经营情况，没有反映出市场对企业整个未来经营收益的预期。如果股票市场是有效率的，那么从一个较长的时间跨度来检验，经营评价法和交易评价法是吻合的。经营评价法是一种着重企业当期经营情况评价的方法，如利润指标和 EVA 指标采用的均为经营评价法。这种评价方法不能体现市场对公司未来收益预测的调整。而交易评价法是通过公司股价变化对公司的经营情况进行评价的一种方法。这种方法通过在期初买入股票，在期末卖出股票获得收益，同时通过领取现金股利和股票价格上涨决定股东的财富到底增加了多少。然而，由于通常都是从一个较短的时间跨度（如 1 年、1 个季度或者 1 个月）来评价企业的经营状况，因此任何经营评价法的结果都会与交易评价法的结果有一定的偏离。

为了弥补上述不足，修正后的经济附加值指标（REVA）随之产生。

2）REVA 指标的提出

REVA（refined economic value added，REVA）是由 Jeffrey 等人于 1997 年提出的，是以资产市场价值为基础的企业经营业绩评价指标。其计算公式为：

$$REVA = 税后净营业利润 - 公司资产的市场总价值 \times 加权平均资本成本$$

公司用于创造利润的资本价值总额既不是公司资产的账面价值，也不是公司资产的经济价值，而是其市场价值。这是因为：在任何一个会计年度的开始，投资者作为一个整体都可将公司按照当时的市场价值出售，然后将获得的收入投资到与原来公司风险水平相同的资产上，从而得到相当于公司加权平均资本成本（WACC）的回报。如果投资者没有将其拥有的资产变现，这些投资者就放弃了获得其投资的加权资本成本的机会。在任何一个给定的时期内，如果一个公司真正为其投资者创造了利润，那么该公司的期末利润必须超过以期初资本的市场价值计算的资本成本，而不是仅仅超过以公司期初资产的经济价值为基础计算的资本成本。因为投资者投资到该公司的资本的实际价值（可变现价值）是当时的市场价值，而不是经济价值。

3）EVA 指标、REVA 指标的意义

① 股东财富最大化与企业决策联系在一起。REVA 指标有助于管理者将财务的两个基本原则融入到经营决策中：企业的主要财务目标是股东财富最大化；企业的价值增值依赖于投资者预期的未来利润能否超过资本按市场价值计算的成本。根据 REVA 的定义可知，企业 REVA 持续地增加，意味着公司市场价值的不断增加和股东财富的持续增长。

② 便于管理者理解财务指标。通过评价公司使用资本的成本，REVA 指标使管理者在关心收入的同时注意管理资产，帮助他们正确理解这两者之间的关系。这就使得所有企业管理者共同去关心资产的经营和收益，并围绕股东财富最大化和企业价值最大化这一共同目标进行正确的权衡和决策。

③ 改变了企业多种目标的混乱状况。许多公司用一系列的指标来说明其财务目标，比如在制定战略计划时，通常考虑市场收入的增加；对产品的生产是以毛利或现金流量作为评价基础；经营单位以资产回报作为评估基础；财务部门通常用净现值法对资本投资进行分

析；管理者的红利发放一般是根据年利润计划计算确定。对所有这些目标的衡量与考核方法的不一致，很可能会导致一些冲突。而使用REVA指标却可以排除由于多目标带来的多种分析方法的不一致而产生的矛盾和冲突，使企业所有不同目标的决策集中于一个共同的问题：如何改善企业的REVA，并使其成为财务管理制度中联系不同管理者、管理者与职员的纽带，以及所有管理决策的共同语言，从而使企业的目标始终定位在股东财富和企业价值最大化上。REVA指标的意义在于将企业和公司经营业绩衡量考核指标直接与财务目标相联系，使二者保持高度的一致性，从而有利于企业的管理。

④ 更为科学地从市场价值上定义了企业利润。考虑资产的市场价值是REVA指标最重要的特点。在传统的会计方法下，大部分企业都是盈利的。然而，那些盈利少于按期初资本市场价值计算的资本成本的企业，其财富实际上是在减少。由于非上市公司不易取得资产的市场价值，因此评估人员可以将EVA指标作为一个财务效益评价指标，对于上市公司则宜采用REVA指标。可以说，EVA指标、REVA指标提供了一个评价企业价值的新思路。

⑤ 是一种有效的激励方式。目前国内大多数企业的薪酬制度是固定薪金制，不能对经营者形成有效激励。而EVA激励机制可以用EVA指标的增长数额来衡量经营者的贡献，并按此数额的固定比例作为奖励给经营者的奖金，使经营者利益和股东利益挂钩，激励经营者从企业角度出发，创造更多的价值。

⑥ 能真正反映企业的经营业绩。EVA指标与基于利润的企业业绩评价指标的最大区别在于：它将权益资本成本（机会成本）也计入资本成本，有利于减少传统会计指标对经济效率的扭曲，从而能够更准确地评价企业或部门的经营业绩，反映企业或部门的资产运作效率。

⑦ 注重公司的可持续发展。EVA指标不鼓励以牺牲长期业绩的代价来夸大短期效果，也就不鼓励削减研究和开发费用的行为。EVA指标着眼于企业的长远发展，鼓励企业经营者进行能给企业带来长远利益的投资决策，如新产品的开发研究、人力资源的培养等，这样杜绝了企业经营者短期行为的发生。因此，应用EVA指标不但符合企业的长期发展利益，而且也符合知识经济时代的要求，有利于整个社会技术的进步，从整体上增进企业的核心竞争力与加快社会产业结构的调整。

4）价值评估的经济增加值模型

根据现金流量折现原理，如果一年的投资资本报酬率正好等于加权平均资本成本，即净现值为零，此时，提供资源的所有方都取得了应得的报酬，EVA也必然为零，企业的价值与期初相同，既没有增加，也没有减少。

如果企业的投资资本报酬率超过加权平均资本成本，则EVA也必然大于零，企业的价值增加；反之，如果企业的投资资本报酬率小于加权平均资本成本，也就是EVA小于零，则企业的价值将减少。

因此，企业价值等于期初投资资本加上EVA的现值，即：

$$企业价值 = 投资资本 + 预计EVA现值$$
$$投资资本 = 股本 + 全部付息债务$$
$$= 净营运资本 + 长期资产净值 - 无息长期负债$$

【例8-2】某公司年初投资资本为3 500万元，预计今后每年可取得息前税后利润400万元，每年净投资为零，资本成本为10%，则有：

$$每年 EVA = 400 - 3\,500 \times 10\% = 50（万元）$$

$$EVA 现值 = \frac{50}{10\%} = 500（万元）$$

$$企业价值 = 3\,500 + 500 = 4\,000（万元）$$

如果用现金流量折现法，可以得出同样的结果：

$$自由现金流量现值 = \frac{400}{10\%} = 4\,000（万元）$$

可见，EVA模型与现金流量折现模型在本质上是一致的，但是EVA模型具有可以计量单一年份价值增加的优点，而净现金流量法却无法做到。

在实践中，企业总价值的计算同样可以采取分段法进行。

$$企业总价值 = 期初资本 + 预测期 EVA 现值 + 后续期 EVA 现值$$

期初资本可供选择的有3种：账面价值、重置价值、资产的可变现价值。评估人员可以选择重置价值或者资产的可变现价值。

3. 期权定价法（OPM法）

传统上的价值评估是以确定性为假设条件的。在现实生活中，我们生活在一个充满不确定性的世界里，尤其是进入21世纪以来，由于经济全球化、技术进步、消费者地位的提升、新产品研发因素等的影响，这种不确定性更加凸显。

在传统的观念里，高风险和不确定性的提升将会降低资产价值。它假设不确定性同损失联系在一起应加以回避，在这样的前提下，不确定性越大，企业所面临的风险和潜在的损失就越大。但是期权价值理论认为，如果企业经理人能有效地管理投资计划的不确定性，将大大提高企业价值，如图8-4所示。在期权价值理论（在本章中会对期权价值理论进行详细介绍）的分析框架下，可将传统评价理论忽略的"管理弹性"和"策略弹性"纳入考虑范畴，同时考虑投资项目"不可逆性"与投资决策的"可延迟性"。期权价值理论认为，当净资产大于零时，则在采用净现值法的基础上考虑标的物的不确定性所蕴藏的机会。

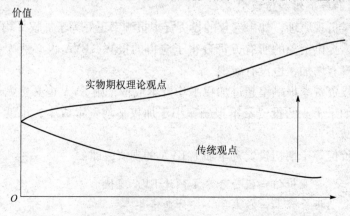

图8-4 传统观点与期权理论对不确定性的观点示意图

期权价值理论对不确定性的分析角度很明显,与传统的观点正好相反。在不确定性很大的情况下,传统的企业价值评估方法越来越难以对企业做出正确的价值评估,而基于期权理论的企业价值评估原则较好地体现了项目投资的风险性、不确定性及连续性的特点,因此期权定价法应运而生。

期权定价法(OPM 法)也叫抉择权定价法,是 20 世纪 70 年代以后发展起来的抉择权(期权)定价理论,为企业价值评估提供了一种新思路。所谓期权,就是赋予其所有者在特定时间或特定时间以前,按照特定价格买进或卖出某种资产权利的一份契约。在企业价值评估中,资产负债表中资产方和负债方都可能拥有期权。资产方期权包括推迟、扩大、缩小、放弃、开办和关闭项目的抉择权,当期权成本低于其提供利润时,资产期权增加了管理决策的灵活性,为投资创造了按低成本选择的能力;负债方期权(如可赎回、可转换债务)则影响公司的资本成本。1973 年,布莱克(Black)与舒尔斯(Scholes)在二项式期权定价模型的基础上,运用无风险完全套期保值和模拟投资组合,提出了期权评估模型(OPM)。具体公式为:

$$C = S \times N(d_1) - E \times e^{-rt} \times N(d_2)$$

$$d_1 = \frac{\ln(p/E) + (r + 0.5\delta^2)t}{\delta\sqrt{t}}$$

$$d_2 = \frac{\ln(p/E) + (r - 0.5\delta^2)t}{\delta\sqrt{t}}$$

式中:C——期权价值;

S——标的资产的现行价格;

E——期权的执行价格;

r——无风险利率;

δ——标的资产年回报率标准差;

t——距到期日的剩余年数;

$N(d)$——标准正态分布随机变量小于或等于 d 的概率。

期权定价法是标准现金流折现模式的变异,它融合了净现值和决策法的优点,从净现值方法中借用了估计风险值的观点;从决策树形图分析方法中借用了决策节点(允许在接到信息后和开始进入下步之前做出决策)的模拟灵活性。

这种方法比较适合于创业期的高新技术企业。创业期企业往往没有取得销售收入或销售收入比例很小,净现金流为负,以单一的技术或产品为主,用普通的现金流贴现法无法得出客观的结果。与一般企业相比,高新技术企业具有高风险、高回报的特点,其未来的现金流是有风险的、不确定的。而高新技术企业的价值则恰恰在于一个有可能获得未来巨大现金流但也可能失败的机会。也就是说,它是一个机会的价值。高新技术企业的强大生命力在于它们具备及时把握市场机遇的能力,同时也具备充分运用这种机遇的实力,结果是要么失败,丧失初始投资;要么取得巨大成功,获得极高水平的报酬率。这种情况比较适合于用期权定价法评定,即期权总价值中的"时间价值"。

【例 8-3】某公司是一家专攻纳米技术的高科技公司,刚刚创业,目前还没有收入和利润,但有一种很有希望的产品。公司在未来 10 年内拥有该产品的专利权。经模拟试验,在一系列技术竞争情况下,如果现在开始生产此产品,预计现金流的现值为2.5亿元,开发该产品的成本的现值为5亿元。由于技术发展十分迅速,对各种情况的模拟表明该项目现值的变化范围很大,年标准差为0.6(说明过程的不确定性)。为维持该项技术,公司必须每年投资1 000万元进行研究,无风险利率取1.98%。试评估公司的价值。

【分析】① 将专利拥有权看作买方期权。公司所拥有的专利技术只是一种允许公司开发和制造某种产品的权利。这种权利或机会只有在预期产品销售的现金流超过开发成本时,公司投资人才会投巨资来生产这种产品;否则,公司宁愿继续等待时机,甚至放弃开发,以避免产生任何新的投资成本。所以,此时可将专利拥有权看作买方期权。

② 运用期权定价模型时的各种输入变量。对产品专利而言,其标的资产就是专利产品本身,标的资产的现实价值就是现在生产该产品的预计现金流的现值。本例中,标的资产就是该产品,它的当前价值是2.5亿元。生产专利产品的初始投资成本的现值为这个买方期权的价格。也就是说,公司决定为生产销售专利产品而进行投资时,这个专利权就被执行;否则就不执行。本例中,该专利权的执行价格为5亿元。用来估算标的资产当前价值的现金流及其现值在计算过程中可能存在大量的不确定性。这种不确定性正是我们采用期权定价理论的原因。在本例中不确定性来源于技术的迅速发展,其标准差为0.6。当产品专利技术的保护期结束时,专利权期限也就到了。此例中专利期限为10年,10年后项目投资的净现值为零。在期权定价时使用的无风险利率必须与期权的期限相对应,此处为10%。

解:期权定价模型的有关输入变量如下:

标的资产当前市场价值(S) = 预期现金流的现值 = 2.5亿元

执行价格(E) = 开发此产品的投资成本现值 = 5亿元

期权的期限(t) = 公司拥有该专利产品的有效期 = 10年

标的资产价值的标准差 = 资产价值现金流的标准差 = 0.6

无风险利率 = 1.98%

代入期权评估模型,进行计算:

$$d_1 = 0.688\,8 \quad N(d_1) = 0.754\,5$$
$$d_2 = 1.208\,6 \quad N(d_2) = 0.113\,4$$
$$V = C = S \times N(d_1) - E \times e^{-rt} \times N(d_2) = 2.5 \times N(0.754\,5) - 5 \times e^{-1.98\% \times 10} \times N(0.113\,4)$$
$$= 0.953\,2 \text{(亿元)}$$

由此可求得拥有专利权的公司价值为0.953 2亿元。这个方法比传统的现金流量折现法(2.5亿元 − 5亿元 = −2.5亿元)更加符合实际。

由上面的分析可以看出,虽然该产品在目前是不可行的,但是公司对该产品的拥有权是很有价值的。或者说,对于高新技术企业,当折现的现金流为负值时,其公司价值并不一定小于零,这正是风险投资者投资于高新技术企业的原因,也是二板市场门槛低的原因之一。由此可见,期权定价法可以广泛地应用于公司价值评估,特别是高新技术企业在创业阶段的评估。当传统的折现现金流量和相对估价法不太适用时,它可以另辟蹊径,达到理想的效果;即使是在传统评估方法适用的情况下,期权定价法也为我们提供了一个很有价值的独特方法。

对于既有一定的获利能力又具有发展潜力的高新技术企业,其企业价值是其现有获利能力和潜在获利机会的价值之和。因此,可以将折现现金流法和期权定价法结合起来,用折现现金流法对高新技术企业现有的经营业务所产生的预期现金流进行折现,评估出高新技术企业现有经营业务的价值,即现实获利能力的价值;用期权定价法对其潜在的获利机会价值进行评估,评估出其潜在获利机会的价值,两者相加得到企业价值的评估值。即:

$$V = S + C$$

式中:S——企业的现金流折算价值;
C——期权价值。

需要说明的是,尽管参数的输入不可能十分确切,进而影响到期权价值计算的准确度,但是运用期权定价法来调整按折现现金流量法评估的企业价值,无疑会使企业发展机遇这一要素能在企业价值中得以充分体现,从而使评估值进一步趋向合理。更重要的是,期权定价法所蕴含的思想和理念有助于理解为什么诸如微软、清华同方等一些高技术企业的股价会长期居高不下。同时,也有助于提高企业管理人员认识和把握机遇、创造财富的能力。

8.7 价值评估在企业并购中的具体应用

企业并购包括兼并(mergers)与收购(acquisition)两个概念,这两个概念经常合在一起使用,简称并购(M&A)。并购是一项复杂的经济行为。影响并购成交价格的因素,不仅包括目标公司的价值,还有其他许多因素,如并购公司自身的价值,并购双方在市场和并购中所处的地位,并购双方对资产未来收益的预期,并购双方对同一投资的机会成本的比较,充分考虑产权市场供求状况、未来经营环境的变化、附加条件的苛刻程度等。其间涉及众多的关系和问题,如法律问题、政府问题、人员安排问题等都是非常棘手的问题。但是,在并购过程中,双方最关心、最敏感的问题就是并购的价格问题,即如何科学合理地评估并购价格。详细的价值分析与评估能够提高并购公司在与目标公司谈判过程中的地位,并为其带来巨大的收益。这就需要应用科学合理的企业价值评估。

1. 并购中企业价值评估的内容

并购的主要程序包括:评估企业自我价值;确定并购策略,合理选择并审查并购目标;评估目标企业的价值;评估协同效应;评估并购后联合企业的价值等。其中,从对象来看,评估并购方企业自我价值、评估目标企业价值与评估并购后联合企业价值共同构成并购中企业的价值评估的主要内容。

(1) 评估企业自我价值

在评估自身价值之前,并购企业首先必须对本企业进行详细的分析与评价,通常包括对企业的财务现状、经营管理、人事组织、市场竞争等进行评价,为预测未来的经营状况、评估企业的价值提供数据、奠定基础。确定本企业的价值是企业实施并购的基础,对整个并购过程来说十分重要。没有对自身价值进行评估,就不能评价不同的并购策略会给企业带来多大的价值,从而无法选择适当的并购策略。

(2) 确定并购策略,合理选择并审查并购目标

评估了自身价值后,并购企业需要判断企业的发展方向,以确定适合本企业的并购策

略。如果企业的供应商日益集中，垄断地位加强，使企业的成本居高不下，那么企业可以考虑进入供应行业，这是选择纵向并购。如果企业的产品很有竞争优势，客户群体日益扩大，但企业现有生产能力难以满足要求，则企业需并购一家同行业的、生产设备精良的企业，以扩大生产规模，提高效益，这是横向并购；如果企业生产的产品竞争激烈，很难实现预期的销售增长，那么企业可以考虑并购另一种生产与众不同产品的企业，以保持盈利，这是实施混合并购。确定好基本策略后，企业需要进行目标的选择。选择并购目标没有固定的标准，并购企业需针对自己企业的经营状况与发展目标，制定适合自己的选择标准，并且标准的制定必须能确实反映出并购企业的策略目标。并购企业选择目标时通常需考虑企业的产业类别、市场地位、财务状况、技术水平、人事组织、规模大小等因素。从理论上讲，选择标准定得过于细致，并购企业会失去很多好机会，但就整体配合性而言，选择标准定得越详细，并购企业找到的目标企业越适合。并购企业可以借助投资银行、会计师事务所或律师事务所等专业咨询机构的帮助，来制定明确的选择标准。

并购企业选中目标企业后，应该进行必要的审查和核实，从而降低并购中的风险。并购企业可以依靠自己的力量进行审查，也可以在外部人员的帮助下完成审查。审查的范围十分广泛，其类型取决于并购者对信息的需要、潜在目标企业的规模、财务信息的可靠性、内在风险的大小、所有允许的时间等多方面因素。例如，在并购的情况下，分析目标企业内部信息的可能性会受到限制，因此收购方只能对可以得到的公开信息进行收集、汇总和分析。尤其在目标企业是私人企业时，进行审查的难度是很大的。审查过程中应注意保密性问题。审查并购目标通常包括企业的背景和历史、营运状况、财务状况、税收、法律等方面。

(3) 评估目标企业的价值

评估目标企业的价值在企业并购中十分关键，它是制定收购支付价格的主要依据。在选定并购目标，对其财务状况、所在的产业、经营状况和人事管理状况进行分析，并且据此充分评价实施并购可能带来的各种风险之后，并购企业才可进行价值评估。一般情况下，目标企业不会同意接受低于自身价值的价格，并购方支付的价格为目标企业的价值再加上一部分溢价，溢价部分的多少则需具体情况具体分析。

(4) 评估协同效应

评估协同效应在整个并购评估中占有举足轻重的地位。获得协同效应，是企业实施并购的主要目的之一。只有协同效应大于零，企业才有并购的必要性。有效的评估协同效应，可对并购后联合企业的未来经营、盈利状况进行合理的预测，以更好地评估并购后联合企业的价值；同时，联合企业价值的评估越合理、越准确，企业得出的协同效应的价值越精确，二者相辅相成。协同效应的多少是决定并购成败的关键，有许多并购企业对协同效应没有进行恰当评价，过于乐观，支付了很高的溢价，甚至超过了并购的实际协同效应，最终导致并购失败。

(5) 评估并购后联合企业的价值

在对协同效应进行细致评价的基础上，并购企业可以更加合理地预计并购后企业的经营情况，以尽量精确地评价并购后联合企业的价值。而用并购后联合企业的价值，减去并购前并购双方企业的价值之和，又可以得出并购的协同效应的数值。对二者进行分析验证，有助于确定协同效应的最终结果。协同效应是溢价的上限，超出这个范围，并购企业只能放弃对目标的并购。可见，评估并购后联合企业的价值也十分重要。

并购后，联合企业的价值应大于并购前并购双方独立经营的价值，即并购产生的协同效应大于零，这是并购可行与否的基础条件。判定并购可行后，并购企业方可着手实施并购，包括制定价格、谈判签约、筹措资金、支付等具体操作过程。

从上述过程可以看出，根据评估对象的不同，可以将并购中的企业价值评估分为：并购企业自身的企业价值评估、目标企业的价值评估、协同效应评估和并购后联合企业的价值评估。这四者既各自独立，又相互联系，缺一不可，共同构成了并购中的企业价值评估，对并购决策的成功起着至关重要的作用。它们决定着并购能否实现，并决定着支付价格。其中，最为核心的内容是目标企业的价值评估和协同效应的评估，二者主要决定了并购价格，即收购支付价格大于目标企业价值而小于目标企业价值与协同效应价值之和，即：

$$目标企业价值 < 收购支付价 < 目标企业价值 + 协同效应价值$$

当然，影响收购支付价格的因素很多，如并购双方的地位、并购双方对资产预期收益的估计、产权市场的供求变化情况等，均会影响收购方支付的价格。但是，无论如何，目标企业的评估值及协同效应评估值是最主要的决定因素，因此二者的评估是并购评估的核心。一般来说，目标企业的价值相对易于评定，而协同效应的评估则很复杂。因此，在评估中，并购企业往往还需要评估并购后的联合企业价值。用并购后联合企业的价值，减去并购前并购双方企业的价值之和，就可得出并购的协同效应的数值，对二者进行分析验证，就可以确定协同效应的最终结果。而并购后的联合企业会产生一些新的现金流入与流出，这需要进一步分析和预测。

2. 企业并购中现金流量的构成

在企业并购中，目标企业的价值评估及并购者自身的企业价值评估主要采用企业价值评估方法，国外主要运用的是收益法中的现金流量折现技术。在我国的上市公司并购重组中，以收益法和资产基础法作为评估方法的占了大多数，而市场法运用较少，但其比例在逐渐提升。因此，收益法是目前国际上通用的方法，但是其缺点也是比较明显的，主要是参数的预测难度较大，受较强的主观判断和未来收益不可预见因素的影响。随着我国评估业的进一步成熟与发展，以及我国资产评估与国际评估界的进一步靠拢和交融，收益法尤其是现金流量折现法的应用将越来越广泛。

1) 并购投资项目净现金流量的构成

（1）并购投资项目现金流入量的构成

评估人员在评估并购投资项目时，结合并购投资的特点，除了考虑被并购企业的净现金流量以外，还应主要考虑以下现金流量的增减，以作为并购投资项目的现金流入量。

① 并购后采取的措施对目标企业现金流量的影响。并购是一项特殊的投资行为，其特殊性在于并购行为是一个持续的过程，交易的完成只是其中的一个阶段，后续的重组、整合及追加投资将是这一过程中的主要部分，也是决定并购成功的重要部分。根据并购的效率理论，不同企业的合并是可能导致价值增加的，但这种增加并不会自然发生，而要通过一系列整合行为来完成。

② 并购后收购企业的现金流量因并购行为而发生的增减。这些现金流同样是因为并

购项目引起的，评估人员在评价项目时应将其考虑在内。大多数并购行为中，收购企业的目标不仅仅是要获得目标企业的资产，更重要的是要通过并购促进本企业的战略发展。在横向并购中，收购企业收购生产同类商品的企业或生产工艺相近的企业，能够迅速扩大生产规模，节约共同费用，提高通用设备的使用效率；在纵向并购中，收购企业能够加强市场各环节的配合，实现协作化生产，加速生产流程，缩短生产周期，节省运输、仓储费用等。

我们把以上两类现金流统称为规模经济与协同效应所带来的现金流量。因此，企业并购投资的现金流入量 F_i 应由两部分组成，用公式表示为：

$$F_i = FF_i + FS_i$$

式中：FF_i——基本净现金流量，即企业并购不论是否发生，目标企业拥有的获取未来净现金流量的能力；

FS_i——规模经济与协同效应所带来的现金流量，这也是企业并购投资的目的之一。

（2）并购投资项目现金流出量的构成

对并购投资项目而言，现金流出量主要是收购企业对项目投入的资金，包括支付的交易费用、交易价格和并购后对目标的重组、整合及追加投资，我们把后者称为整合成本。其用公式表示为：

$$F_0 = FP_0 + FF_0 + FC_0$$

式中：F_0——并购项目的现金流出量；

FP_0——收购企业支付的交易价格；

FF_0——收购企业支付的交易费用；

FC_0——收购企业并购后的整合成本。

值得注意的是，这里所说的现金流出量只是以上各项成本或费用中的付现部分，其他非付现的成本或费用并不计入现金流出量的范围。

（3）并购投资项目净现金流量

并购投资项目的净现金流量为其现金流入量与现金流出量之差，即：

$$FCF = F_i - F_0$$

2）并购中现金流入量的预测

① 预测程序。一般而言，对现金流的估算常用的方法是以销售额的估算为基础，由销售额计算出净利润，进而求得净现金流量。

② 计算目标企业净现金流量的历史数据。目标企业的净现金流量历史数据可以通过企业的财务报表等相关数据调整得出。根据上述对净现金流量的界定，企业净现金流量可在利润表中净利润的基础上进行如下调整得到：加上税后利息费用；减去税后非营业利润；减去流动资产（不包括超额现金）每年变化量；加上无息流动负债（不包括短期借款）每年变化量；减去固定资产净值的每年变化量；减去其他长期资产的每年变化量；加上其他长期债务的每年变化量。

③ 进行数据分析。剔除历史年份中异常变动因素对数值的影响，并对数据进行分析，确保数据能够代表目标企业通过经营行为获得现金的能力。

④ 进行预测。根据目标企业的净现金流量历史数据的特征，可以采用相应的方法预测未来的净现金流量。

3）并购中现金流出量的预测

根据前面的论述，并购投资的现金流出主要包括三部分：交易费用、并购价格和整合成本。需要注意的是，现金流出量应是这些费用或成本在预测期内的付现部分，对于非付现的支出，并不计算在内。

并购中现金流出量的预测

3. 协同效应的评估

协同效应主要包括经营协同效应、财务协同效应和管理协同效应。经营协同效应主要是指实现协同后的企业生产经营活动在效率方面带来的变化及效率的提高所产生的效益，其含义为协同改善了公司的经营，从而提高了公司效益，包括产生的规模经济、优势互补、成本降低、市场份额扩大、更全面的服务等。财务协同效应是指协同的发生在财务方面给协同公司带来收益，包括财务能力提高、合理避税和预期效应。例如在企业并购中产生的财务协同效应就是指在企业兼并发生后通过将收购企业的低资本成本的内部资金投资于被收购企业的高效益项目上，从而使兼并后的企业资金使用效益更高。管理协同效应又称差别效率理论，主要指的是协同给企业管理活动在效率方面带来的变化及效率的提高所产生的效益。如果协同企业的管理效率不同，在管理效率高的企业与管理效率不高的企业协同之后，低效率企业的管理效率得以提高，这就是所谓的管理协同效应。管理协同效应来源于行业和企业专属管理资源的不可分性。获得协同效应是企业实施并购的主要目的和动机，也是企业并购的最终效益所在。假设并购方企业为 X，目标企业为 Y，并购后的联合企业为 (X+Y)，其价值分别为 V_X，V_Y，V_{X+Y}。并购者判断并购是否可行，必须首先满足 $V_{X+Y} > V_X + V_Y$，此时并购才有实施的必要。其次，考虑支付价格 P，一般情况下，$P - V_Y > 0$，即购买价格要大于目标企业价值，否则目标企业不会同意出售企业，而且并购者要支付的溢价可能很高才会和目标企业达成协议。但是，溢价部分绝不能高于并购所能带来的协同效应，否则并购后的协同效应无法弥补，造成并购成本大于并购收益，从而造成并购失败。因此，协同效应的多少是决定并购成败的关键，它是控制溢价的上限。如果把并购也视为一种普通的投资活动，其净现值等于协同效应与控制溢价（其他成本忽略不计）之差。对并购者来说，协同效应与支付溢价的差额越大，整个并购交易的价值就越高。

经营协同效应

从前面已知，能否产生协同效应是并购是否进行的关键。因此，协同效应的评估是企业并购中的一个重要环节。协同效应是指并购后企业的总体效应大于并购前企业各自经营的效应的部分。并购者并购企业之后，不仅目标企业在并购企业的控制和影响下价值会发生变化，并购企业也会由于协同效应的影响，使自身的现金流量发生改变，导致企业价值提高。协同效应的作用对并购双方皆有体现，其产生过程涉及众多不确定因素，如市场的反应、并购后的整合等，因此其价值很难具体预测，至今仍属于公司财务领域的一个前沿课题。在实践中，协同效应的评估可以采用整体企业价值差额法进行倒推，也可以具体分析并购中的各种协同效应和协同成本，采用加和法进行。

阅读材料	阅读材料	阅读材料	阅读材料
协同效应评估的整体企业价值差额法	协同效应评估的加和法	股票收益理论计算模型	协同效应的实证计算模型

案例分析：A 公司整体价值的评估

（一）评估目的、范围

资产评估范围为××有限公司因发起设立股份有限公司而涉及的某地 A 有限公司（以下简称"A 公司"）拟投入股份公司全部资产及相关负债的整体资产价值。评估基准日为 2023 年 6 月 30 日。A 公司营业执照中规定的经营范围为：刀具及有关工具等。本次评估采用收益法中的现金流折现模型。

（二）明确预测年度的财务数据预测

1. 营业收入预测

对于 A 公司的主要业务，根据 2021 年、2022 年、2023 年上半年经营情况分为两大类：一是公司自产自销的收入，主产品有伞齿刀和其他刀具；二是外购商品的销售收入，主要对外购各种工具进行销售。预测期中假设预测期销量与产量一致。

（1）自产自销产品收入

公司目前经营方式属于定制加工，目前设计能力符合未来生产需要。因此，预测期间不考虑产能约束的问题。

① 未来预测年度销售数量。根据历史销售情况，并与企业相关人员进行沟通，2023 年下半年销售数量将随着经济回暖而有一定的上升。激光锯片由于已经停产，未来也不准备继续经营，因此未来将不考虑激光锯片的销售。考虑到经济状况的好转，2024 年将有恢复性的 10% 的增长，2025 年后按 5% 的增长率进行预测，如表 8-7 所示。

表 8-7　公司销售数量预测　　　　　　　　　　　　　　　　　　　　　单位：把

项目	2023 年 7—12 月	2024 年	2025 年	2026 年	2027 年	2028 年
机械刀具	5 000.00	10 000.00	11 000.00	11 550.00	12 128.00	12 734.00
木工刀具	701.00	1 127.00	1 240.00	1 302.00	1 367.00	1 435.00
伞齿刀具	600.00	950.00	1 045.00	1 097.00	1 152.00	1 210.00
高频锯片	2 000.00	3 000.00	3 150.00	3 308.00	3 473.00	3 647.00
其他工具	40 000.00	110 000.00	121 000.00	127 050.00	133 403.00	140 073.00
CVD 膜制品	3 000.00	3 490.20	3 839.00	4 031.00	4 233.00	4 445.00
CVD 膜粒	1 000 000.00	1 500 000.00	1 650 000.00	1 732 500.00	1 819 125.00	1 910 081.00

② 未来自产自销产品收入。根据历史销售情况，并与企业相关人员进行沟通，目前销

售价格已经趋于平稳,未来价格将不会有太大的变动。根据以上分析,未来预测期内自产自销产品的收入如表8-8所示。

表8-8 公司自产自销产品的销售收入预测 单位:元

项目	2023年7—12月	2024年	2025年	2026年	2027年	2028年
机械刀具	500 000.00	1 000 000.00	1 100 000.00	1 155 000.00	1 212 800.00	1 273 400.00
木工刀具	483 690.00	777 630.00	855 731.86	898 380.00	943 375.36	990 150.00
伞齿刀具	4 440 000.00	7 030 000.00	7 628 500.00	7 898 400.00	8 179 200.00	8 470 000.00
高频锯片	1 000 000.00	1 500 000.00	1 575 000.00	1 654 000.00	1 736 500.00	1 823 500.00
其他工具	129 600.00	311 647.30	342 812.03	359 952.63	377 951.68	396 848.84
CVD膜制品	120 000.00	139 608.00	153 560.00	161 240.00	169 320.00	177 800.00
CVD膜粒	1 670 000.00	2 505 000.00	2 748 855.59	2 886 298.37	3 030 613.29	3 182 143.54

(2) 贸易收入预测

根据历史年度发生情况并与企业相关人员进行沟通,该项业务历史年度一般维持在300万元左右,2023年由于业务结构变更,企业撤销了贸易部门,该类收入下降比较快,预计以后年度维持2023年的水平。具体预测情况如表8-9所示。

表8-9 公司贸易收入预测 单位:元

项目	2023年7—12月	2024年	2025年	2026年	2027年	2028年
贸易收入	600 000.00	1 139 651.47	1 196 634.04	1 256 465.74	1 319 289.03	1 385 253.48

(3) 营业收入合计

由以上分析,预计未来营业收入情况如表8-10所示。

表8-10 未来营业收入预测 单位:元

项目	2023年7—12月	2024年	2025年	2026年	2027年	2028年
营业收入	8 943 290.00	14 403 536.77	15 601 093.52	16 269 736.75	16 969 049.36	17 699 095.86

2. 营业成本预测

营业成本以企业以前年度财务相关资料为基础,剔除不合理因素,并结合预测年度产量的变化情况,分析其变动趋势,综合分析并做出合理预测。

营业成本包括直接材料及辅料、人工工资、折旧费、其他制造费用等。直接材料及辅料按收入成本比进行测算。人工工资包括工资、奖金、津贴等,参考人事部门提供的未来年度人工需求量因素,并考虑近几年当地社会平均工资的增长水平,以2023年预测数为基数,根据企业实际情况每年工资水平增长5%。折旧费按照生产部门占用的设备的原值和经济耐用年限进行预测。其他制造费用按历史发生情况进行预测,并考虑一定的物价上涨幅度。具体预测结果如表8-11所示。

表 8-11 营业成本预测　　　　　　　　　　　　　　　　　　　　　　　　单位：元

项目	2023 年 7—12 月	2024 年	2025 年	2026 年	2027 年	2028 年
机械刀具直材	162 754.35	325 508.70	358 059.57	375 962.55	394 776.95	414 502.78
木工刀具直材	249 038.69	400 380.32	440 592.82	462 551.17	485 718.05	509 801.02
伞齿刀具直材	1 289 759.90	2 042 119.84	2 215 975.99	2 294 378.28	2 375 946.88	2 460 420.35
高频锯片直材	690 279.92	1 035 419.87	1 087 190.87	1 141 722.98	1 198 671.07	1 258 725.43
其他工具直材	46 195.81	111 086.41	122 195.05	128 304.81	134 720.55	141 456.43
CVD 膜制品直材	32 966.42	38 353.14	42 186.03	44 295.88	46 515.62	48 845.25
CVD 膜粒直材	550 874.65	826 311.98	906 751.42	952 088.99	999 693.44	1 049 677.97
贸易成本	593 395.63	1 127 107.01	1 183 462.36	1 242 635.47	1 304 767.25	1 370 005.61
人员工资成本	419 322.47	1 428 301.01	1 428 301.01	1 428 301.01	1 428 301.01	1 428 301.01
折旧费	113 676.25	279 660.50	381 009.49	360 277.71	355 563.49	351 955.48
其他间接费用	1 000 000.00	2 200 000.00	2 420 000.00	2 541 000.00	2 668 050.00	2 801 452.50
合计	5 148 264.09	9 814 248.77	10 585 724.60	10 971 518.85	11 392 724.31	11 835 143.82

3. 税金及附加预测

税金及附加主要为城市建设税、教育费附加，城建税为流转税的5%，教育费附加为流转税的3%。本次参照历史年度营业税金及附加占销售收入的比例对未来年度营业税金及附加进行预测。具体情况预测如表8-12所示。

表 8-12 税金及附加预测　　　　　　　　　　　　　　　　　　　　　　　单位：元

项目	2023 年 7—12 月	2024 年	2025 年	2026 年	2027 年	2028 年
税金及附加	71 546.32	115 228.29	124 808.75	130 157.89	135 752.39	141 592.77

4. 管理费用预测

管理费用包括管理人员工资及附加费、固定资产折旧、差旅费、业务招待费、办公费、车辆使用费、审计费等。

管理人员工资及附加费的预测同生产人员工资及附加费预测。管理类固定资产折旧按基准日企业折旧政策测算。差旅费、业务招待费、办公费、车辆使用费、审计费根据业务量的增加并参照未来物价上涨因素每年以一定比例增长。未来年度预测结果如表8-13所示。

表 8-13 管理费用未来年度预测　　　　　　　　　　　　　　　　　　　　单位：元

项目	2023 年 7—12 月	2024 年	2025 年	2026 年	2027 年	2028 年
管理费用	2 458 935.88	2 551 700.03	2 598 000.03	2 646 615.03	2 679 840.78	2 733 438.82

5. 销售费用预测

销售费用包括销售人员工资及附加费、差旅费、办公费等。营销人员工资及附加费的预测同生产人员工资及附加费预测。差旅费、办公费根据业务量的增加每年以一定比例增长。未来年度预测结果如表8-14所示。

表 8-14 销售费用预测　　　　　　　　　　　　　　　　　　　　单位：百元

项目	2023 年 7—12 月	2024 年	2025 年	2026 年	2027 年	2028 年
销售费用	414 040.81	689 537.03	721 246.28	738 950.81	757 467.40	776 797.78

6. 财务费用

本次评估资本成本采用的是加权资本成本模型，因此没有考虑未来年度的财务费用。

7. 投资收益

公司没有对外投资，未来也没有相应规划，因此取值为零。

8. 营业外收支

对于营业外收支，都是非正常科目，预计以后年度不再发生。综合上述分析，评估人员预计未来年度营业外收支净额为零。

9. 所得税

根据目前《税法》规定，A 公司所得税税率为 25%。

10. 折旧预测

本次评估假设企业在保持目前生产经营状况的资产规模前提下，考虑在经济寿命年限结束后进行设备更新，以维持现有的固定资产规模。具体预测根据企业基准日固定资产原值、类别及该类固定资产的折旧率测算，按企业会计政策实行直线法计提折旧，同时计算折旧时剔除非经营性资产、盈亏、报废等事项的影响（数据略）。

11. 摊销

对于摊销的预测，公司主要是外购专有技术的摊销。根据财务人员提供的资料，并与企业进行沟通和了解，未来企业要维持目前的利润水平，尚需要在未来年限内追加购买技术。本次评估以尚在使用的专有技术和对应的技术年限测算未来的摊销数额（数据略）。

12. 资本性支出

以更新的同类设备基准日时购置价确定预测期内各年度资本性支出；永续期资本性支出增加以固定资产计算的折旧额确定（数据略）。

13. 营运资金的预测

$$营运资金 = 流动资产 - 不含有息负债的流动负债$$
$$营运资金追加额 = 当年营运资金 - 上年营运资金$$

营运资金的需求一般与营业收入呈线性关系，评估人员在对公司 2022 年度营运资金调整的基础上，按照营运资金各科目占销售收入的比例进行预测。（数据略）

14. 企业净现金流的确定

根据上述预测的各项目数据及如下公式：

$$企业自由现金流量 = 息前税后利润 + 折旧费用 + 摊销费用 -$$
$$资本性支出 - 营运资本追加额$$

得出预测期的企业现金流量如表 8-15 所示。

表 8-15 企业现金流量表　　　　　　　　　　　　　　　　　　　　单位：元

项目名称	2023 年 7—12 月	2024 年	2025 年	2026 年	2027 年	2028 年
企业现金流量	475 413.70	1 228 887.87	1 439 213.98	1 701 342.40	2 037 672.83	2 344 122.17

（三）永续年度的财务数据预测

本次评估明确预测期为2023—2028年，假设以后年度公司达到稳定状态，永续期企业自由现金流量保持2 659 092.00元。

（四）加权资本成本的确定

根据Wind资讯查询的距基准日10年期国债的平均收益率为3.75%，因此本次无风险报酬率R_f取3.75%。

市场风险溢价是投资者对于一个充分风险分散的市场投资组合所要求的高于无风险利率的回报率。根据研究得出，市场风险溢价取7.08%。

企业风险系数（β_L）是根据Wind资讯查询的与企业类似的沪深A股100家上市公司β系数估计值计算确定，具体确定过程如下：

首先查询公布的类似上市公司的无财务杠杆的β系数，以类似上市公司的平均资本结构（经分析后）确定企业的目标资本结构（D/E），由此计算出企业的β系数。计算公式如下：

$$\beta_L = [1 + (1-T) \times D/E] \times \beta_U$$

式中：β_L——有财务杠杆的β系数；

D/E——根据市场价值估计的被估企业的债务与股权比率；

β_U——无财务杠杆的β系数；

T——所得税税率。

经测算，同类上市公司无财务杠杆的平均β系数为0.804 2。

结合企业经营的时间及贷款情况、企业目前的盈利情况、可比上市公司的资本结构、管理层未来的筹资策略等，D/E确定为10%。

所得税税率为25%时，则：

$$\begin{aligned}\beta_L &= [1 + (1-T) \times D/E] \times \beta_U \\ &= [1 + (1-25\%) \times 10\%] \times 0.804\ 2 \\ &= 0.864\ 5\end{aligned}$$

根据企业具体的经营状况、优劣势及风险分析，取企业特定风险调整系数R_c为1%。则权益资本报酬率：

$$\begin{aligned}K_e &= R_f + \beta_L \times RP_m + R_c \\ &= 3.75\% + 0.864\ 5 \times 7.08\% + 1\% \\ &= 10.87\%\end{aligned}$$

$$WACC = K_e \times E/(D+E) + K_d \times [D/(D+E)] \times (1-T)$$

式中，K_d以目前企业执行的实际平均贷款利率为基础，经分析今后利率走势及企业历史年度利率后确定为6.06%。所得税税率为25%时，有

$$\begin{aligned}WACC &= K_e \times E/(D+E) + K_d \times [D/(D+E)] \times (1-T) \\ &= 10.87\% \times 100/(100+10) + [6.06\% \times 10/(100+10)] \times (1-25\%) \\ &= 10\%\end{aligned}$$

（五）企业价值计算

企业价值计算结果详见表8-16。

表8-16 企业价值计算结果　　　　　　　　　　　　　　　　　　　　　单位：万元

年度	2023年7—12月	2024年	2025年	2026年	2027年	2028年	未来永续
自由现金流量	47.54	122.89	143.92	170.13	203.77	234.41	265.91
折现率	10%	10%	10%	10%	10%	10%	10%
折现系数	0.9535	0.8668	0.7880	0.7164	0.6512	0.5920	
折现值	45.33	106.52	113.41	121.87	132.70	138.78	1574.25
企业价值	2232.86						

案例分析　　　　　　　　　　　　　　　阅读材料

B公司股东全部　　　　　　　　　　　　科创板人工智能
权益的价值评估　　　　　　　　　　　　企业价值评估研究
　　　　　　　　　　　　　　　　　　　——以虹软科技为例

思考题

1. 什么是企业价值评估？与单项资产评估相比，它的特点是什么？
2. 企业价值评估的3种主要方法是什么？如何应用？
3. 衡量企业收益的常用指标是什么？运用收益法评估企业价值时如何预测企业的收益？
4. 如何在企业价值评估收益法中确定折现率？
5. 企业价值评估应用收益法的主要步骤是什么？
6. 企业价值评估应用市场法的主要步骤是什么？
7. 什么是企业价值评估剩余收益估价模型？有何经济内涵？
8. 什么是企业价值的经济增加值评估法？如何进行？
9. 企业价值评估的期权定价法有何意义？如何进行？
10. 企业并购中如何评估协同效应？

练习题

一、单选题

1. 运用收益法进行企业价值评估，其前提条件是（　　）。
　　A. 企业具有生产能力　　　　　　　B. 企业各项资产完好
　　C. 企业能够持续经营　　　　　　　D. 企业具有商誉

2. 从本质上讲，企业评估的真正对象是（   ）。
   A. 企业的生产能力   B. 企业的全部资产
   C. 企业整体资产   D. 企业获利能力
3. 根据投资回报的要求，用于企业价值评估的折现率中的无风险报酬率应以（   ）为宜。
   A. 行业销售利润率   B. 行业平均成本利润率
   C. 行业债券利率   D. 国库券利率
4. 运用收益法评估企业价值时，预期收益预测的基础主要是（   ）。
   A. 评估基准日企业实际收益   B. 评估基准日企业净利润
   C. 评估基准日企业净现金流量 D. 评估基准日企业客观收益
5. 用于企业价值评估的收益额，通常不包括（   ）。
   A. 利润总额   B. 净利润
   C. 净现金流量   D. 无负债净利润
6. 运用市场法评估企业价值应遵循（   ）。
   A. 替代原则   B. 贡献原则
   C. 企业价值最大化原则   D. 配比原则

二、多选题

1. 在企业价值评估中，能否按企业永续经营状态评估，需要考虑（   ）等因素后决定。
   A. 企业的规模   B. 评估目的
   C. 企业要素资产的功能和状态 D. 国家政策法规的相关规定
2. 在对企业各单项资产实施评估并将评估值加和后，再运用收益法评估企业价值，这样做可以（   ）。
   A. 比较判断哪一种方法是正确的
   B. 判断企业是否存在商誉
   C. 判断企业是否存在经济性贬值
   D. 为确定企业的最终评估价值提供更多的信息
3. 就一般意义而言，可用于企业价值评估的收益额，通常包括（   ）。
   A. 息前净现金流量   B. 无负债净利润
   C. 净利润   D. 利润总额
4. 运用市场法评估企业价值，需要构造价值比率。（   ）是合理的价值比率。
   A. 股权价值/EBIT   B. 股权价值/净资产账面价值
   C. 企业价值/净利润   D. 企业价值/EBITDA
5. 对持续经营的企业而言，企业整体价值与构成企业的可辨认单项资产评估值之和之间的差异主要表现在（   ）。
   A. 人力资源价值   B. 商誉价值
   C. 非经营性资产的价值   D. 无形资产价值
6. 企业价值评估的对象通常指（   ）。
   A. 企业整体价值   B. 企业债务价值
   C. 企业股东全部权益价值   D. 企业股东部分权益价值

7. 相对而言，资产基础法适用于（　　）的价值评估。
　　A. 连续亏损企业　　　　　　　　B. 持续经营企业
　　C. 有形资产占比较大的企业　　　D. 无形资产占比较大的企业

8. 在预测未来的企业自由现金流时，需要对基期的现金流进行调整，以便作为预测的基础。可能涉及的调整项包括（　　）。
　　A. 将基期的营业收入和营业成本调整为正常的水平
　　B. 剔除偶然性的收入或支出项目
　　C. 将财务费用调整为正常的水平
　　D. 将管理费用和销售费用调整至正常水平

三、计算题

1. 某企业预计未来5年的预期收益额为10万元、11万元、12万元、12万元、13万元，并从第6年开始，企业的年收益额将维持在15万元水平上。假定资本化率为10%，试估测该企业持续经营条件下的企业价值。

2. 某企业20×1年底被评估时基本情况如下。
① 该企业未来5年预期利润总额分别为100万元、110万元、120万元、120万元和130万元，从第6年开始，利润总额将在第5年的基础上，每年比前一年度增长2%。
② 该企业适用的所得税税率为25%。
③ 据查，评估基准日社会平均收益率为9%，无风险报酬率为4%，被评估企业所在行业的基准收益为9%，企业所在行业的平均风险与社会平均风险的比率（β）为1.2。
④ 被评估企业生产经营比较平稳，将长期经营下去。
试评估该企业的股东全部权益价值。

3. 华丰公司是致力于食品生产的一家企业，现打算评估公司的整体价值，评估基准日为2022年12月31日，详细预测期为2023—2026年，2027年进入永续期，2022年销售收入为12 000万元，后四年销售收入每年增长率为5%，2026年（永续期）稳定增长率为3%，销售净利率为10%，所得税税率为25%，2022年利息费用为150万元，折旧和摊销为300万元，资本性支出为800万元，营运资金为200万元，其中利息费用、折旧和摊销、资本性支出、营运资金在预测期占销售收入比重不变，其他资料如下。
① 无风险利率为4%。
② 目前公司债务资本为4 000万元，股权资本为8 000万元。由于公司新成立，β系数不便确定，特寻找行业内可比公司甲的β系数作为参考，甲公司的资产负债率为40%，β系数为1.2，所得税税率为20%。
③ 市场平均风险报酬率为8%。
④ 预测期2023—2026年，每年投入资本为12 500万元，13 800万元，14 200万元，13 900万元。
⑤ 假设永续期投入资本回报率与2026年持平。
⑥ 2022年债务资本成本为6%，加权平均资本成本维持在2022年的水平保持不变。
试计算华丰公司2022年12月31日的企业整体价值。

第9章 以财务报告为目的的评估

学习目标

学完本章，应该能够：
- 了解以财务报告为目的的评估的产生背景和作用；
- 理解公允价值的概念；
- 理解以财务报告为目的的评估与以交易为目的的评估的区别；
- 理解以各类财务报告为目的的评估的基本要求和方法。

关键术语

以财务报告为目的的评估　资产减值测试　企业合并对价分摊　投资性房地产　金融工具评估

内容提要

以财务报告为目的的评估，是指资产评估师基于企业会计准则或相关会计核算、披露要求，运用评估技术，对财务报告中各类资产和负债的公允价值进行分析、估算，并发表专业意见的行为和过程。本章主要介绍其产生背景、作用和评估特征，以及其主要的评估方法及注意事项。

9.1 以财务报告为目的的评估概述

1. 以财务报告为目的的评估的产生及发展

随着公允价值在全球会计界的应用日益广泛，以财务报告为目的的评估也受到评估界的日益关注。公允价值的会计计量需要应用大量的估值技术，为评估界提供了巨大的新业务空间。围绕公允价值计量的相关问题，以国际评估准则委员会（IVSC）为代表的国际评估界积极与包括国际会计准则委员会（IASB）和美国财务会计准则委员会（FASB）在内的会计界进行对话，就评估界在参与确定公允价值、提高财务报告质量方面如何发挥作用进行沟通。这些沟通增进了会计界对评估界的了解，对在会计准则中确立评估行业的作用起到了积极的促进作用。通过与会计界的沟通合作，IVSC 及时调整与财务报告相关的准则。例如：

2005 年第 7 版国际评估准则针对 2004 年国际会计准则的修订，对国际评估应用指南 1

（以财务报告为目的的评估）和评估指南 8（以财务报告为目的的评估业务中的成本法）进行了修订。2007 年 IVSC 发布了《以财务报告为目的的无形资产评估指南》讨论文件，2009 年和 2010 年两次修订该指南的征求意见稿，并于 2011 年形成准则。2017 年 9 月发布《以财务报告为目的的评估指南》，并于 2017 年 10 月 1 日起实施。除商誉之外，评估准则中关于可辨认无形资产的定义和分类与 FASB 发布的 141 号（企业并购）、142 号（商誉和其他无形资产）准则中的相关规定几乎相同。

IVSC 从 2009 年开始关注金融工具的评估，经过几年的努力，于 2013 年发布了《权益类衍生工具》的技术信息文件（technical information paper, TIP）的征求意见稿。

2009 年 IASB 将投资性在建工程纳入 IAS40，IVSC 迅速做出反应，在同一年发布了《投资性在建工程的评估》征求意见稿，并于 2011 年形成准则。

经历了金融危机之后，评估界和会计界对不确定性都更加关注。IVSC 于 2010 年发布了《不确定性评估》的讨论文件（discussion paper, DP），2012 年发布了《不确定性评估》的 TIP 文件征求意见稿，并于 2013 年发布正式 TIP 文件。2021 年 7 月 30 日，IVSC 发布新版《国际评估准则》（IVS），并自 2022 年 1 月 31 日起生效。

为了更好地参与和辅助企业的财务报告活动，IVSC 不仅在业务准则方面紧跟会计准则的变化发展，而且在评估师执业操作方面也不断出台相关规定。例如，IVSC 在 2012 年发布《评估操作指引——审计程序中评估师的职责（征求意见稿）》，要求评估师理解审计师的工作和审计师所面临的执业环境，从而更有效地协助审计师和企业完成财务报告的审计过程。

在美国，财务会计准则委员会（FASB）、美国注册会计师协会（AICPA）、公众公司会计监察委员会（PCAOB）等会计组织与美国评估促进会（AF）等评估专业团体也不断加强合作，共同推动以财务报告为目的的评估发展。FASB 十分重视公允价值评估的研究，2001 年发布的 141 号准则（企业并购）和 142 号准则（商誉和其他无形资产）对合并对价分摊（PPA）方法、商誉确定方法等事项进行了详尽的规范。它们不仅是会计准则，客观上也起到了评估准则的作用，推动了服务于会计和财务报告目的的评估业务发展。141 号和 142 号准则实施后，AICPA 针对审计过程中无形资产的估值计量和判断问题进行进一步研究，于 2001 年发布了企业并购时收购研发资产的估值和审计专业文件。该文件提出的多期超额收益折现法、许可费节约法理念已被审计界和评估界普遍接受。PCAOB 也专门发布了指导意见，要求审计师在公允价值审计过程中充分利用评估师、精算师、环保专业人员等的工作。2010 年 5 月，AF 发布贡献资产费用（CAC）文件，就运用多期超额收益折现法对被收购企业所拥有的客户资源、研发中项目等主要无形资产进行评估时，如何考虑各相关贡献资产对企业现金流的贡献、以最终确定主要无形资产的超额收益予以了详细规范。

英国皇家特许测量师学会（RICS）从 20 世纪 70 年代开始制定以财务报告为目的的评估操作规范，对涉及固定资产重估、投资性房地产评估等方面均专门做出了规定。

伴随着新会计准则在我国的实施，中国资产评估协会于 2007 年出台了《以财务报告为目的的评估指南（试行）》，实现了资产评估与会计计量的有效衔接，以满足会计计量在专业上的要求，也强化了公允价值计量的公正性。2010 年，中国资产评估协会再次出台《投资性房地产评估指导意见（试行）》，规范对财务报告中投资性房地产公允价值的评估。

评估业务强调价值类型，在我国的评估准则体系中，专门发布了《资产评估价值类型指导意见》，对价值类型的定义和选择进行规范。虽然"公允价值"不属于评估业务的价值类型之一，价值类型指导意见中也没有关于公允价值的定义，但是会计准则中的公允价值与评估准则中的市场价值概念非常接近，二者都强调了公平交易、市场参与者的特征（理性人，信息充分）、自愿交易，因此为了解决会计和评估领域对于资产价值类型定义的不匹配问题，《资产评估价值类型指导意见》指出：在符合会计准则计量属性规定的条件时，会计准则下的公允价值等同于市场价值，即在符合会计准则计量属性规定的条件下，通过评估市场价值实现以财务报告为目的的评估中的公允价值目标。

可见，以财务报告为目的的评估是基于企业会计准则或相关会计核算、披露的要求，因此在遵循评估准则的基础上，还要参照相关会计准则的规定，以满足财务报告披露的要求。

阅读材料
公允价值在会计界应用的发展历程

2. 以财务报告为目的的评估的内容及对象

以财务报告为目的的评估是为会计的计算、核算及披露提供专业意见。评估对象是财务报告中各资产和负债，如资产减值、投资性房地产、金融工具等涉及会计核算事项的资产，以及非同一控制下的企业合并中取得的被购买方的可辨认资产、负债及或有负债等。价值类型是公允价值或特定价值，它对评估技术（评估方法）具有一定的约束。

阅读材料
我国公允价值的产生

评估技术（评估方法）是确定资产评估值的具体手段与途径，它既受估价标准的制约，又要根据实际可用资料和评估对象的具体情况来选择。

以财务报告为目的的评估业务所涉及的评估对象与传统的评估业务相比，更加多元化且更加复杂。以财务报告为目的的评估业务涉及的评估对象不仅有各类单项资产、负债，也有资产组合或资产组组合（对资产组或资产组组合的分析应当符合会计准则的要求）。表9-1所示为一般常见的以财务报告为目的的评估所涉及的评估对象。

表9-1 以财务报告为目的的评估的评估对象

序号	评估事项	评估对象	会计准则
1	投资性房地产的公允价值计量	已出租的土地使用权、持有并准备增值后转让的土地使用权，已出租的建筑物	企业会计准则第3号——投资性房地产
2	资产减值测试	单项资产或资产组或资产组合 ① 商誉 ② 寿命不确定的无形资产 ③ 存在减值迹象的	企业会计准则第8号——资产减值
3	合并对价分摊	① 构成合并对价的非现金资产、发行或承担的债务、发行的权益性证券等 ② 合并中取得的被购买方可辨认资产、负债及或有负债	企业会计准则第20号——企业合并
4	金融工具公允价值计量	以公允价值计量且其变动计入当期损益的金融资产或金融负债，或可供出售金融资产	企业会计准则第22号——金融工具确认和计量

3. 推动以财务报告为目的的评估发展的外部因素

（1）公允价值计量专业性的需要

资产公允价值的确定需要具备很强的专业知识，这可能超出了会计人员的知识和能力范围，需要借助外部评估人员提供专业的评估意见。同时，外部评估人员的参与也减轻了企业内部会计人员的责任。另外，会计信息是投资者、债权人、潜在投资者进行决策的重要依据，对于专业性强、复杂程度高的公允价值确定，财务报告外部使用者更希望和更愿意看到由专业评估人员提供的评估结果。

（2）审计独立性的需要

审计人员是公允价值计量的最终审核人。基于独立性的要求，审计单位或人员不能对同一客户提供公允价值评估服务，因此需要聘请独立的评估人员对资产公允价值进行评估。

（3）审计人员的要求

聘请外部独立评估人员更能发挥专业优势，在提高会计信息质量的同时，也降低了审计人员的风险。

由此可见，公允价值计量体系是一个由会计责任、评估责任和审计责任构成的三维责任体系。其中，外部专业评估人员运用评估技术提供公允价值的专业意见，对评估结论的合理性负责；企业内部会计人员将评估结果运用于会计计量，对公允价值的计量和披露负责；审计人员则对公允价值的披露进行审查与核实，并发表审计意见，对公允价值的审计结论负责。

4. 以财务报告为目的的评估的特点

以财务报告为目的的评估与大多数以交易为目的的评估业务相比，更加注重与会计准则的联系，评估过程更加考虑谨慎性原则和可靠性原则，评估报告中的信息披露更加充分。具体表现在以下几个方面。

（1）评估人员必须对相关会计准则充分理解

以财务报告为目的的评估为会计计量提供服务，会计计量模式、会计核算方法、会计披露要求将影响评估对象、价值类型的确定及评估方法的选择。评估人员应当理解会计计量模式的概念，知晓企业合并、资产减值、投资性房地产、金融工具等会计核算方法，根据会计准则的要求，合理确定评估对象，选择与会计计量模式相符的价值类型和评估方法，从而更有效地服务于会计计量的特定要求。

（2）价值类型需要与会计准则中的定义相衔接

以财务报告为目的的评估涉及企业合并、资产减值、投资性房地产、金融工具、股份支付等多项会计核算业务，每项会计核算业务不同，其所对应的评估对象、价值类型、评估方法均不同。比如固定资产，为资产减值事项提供资产评估时，所涉及的会计计量模式是可回收金额，对应的会计价值类型为"公允价值减去处置费用的净额"或"资产预计未来现金流量的现值"，可分别理解为评估价值类型中的"市场价值减去处置费用净额"或"在用价值"；为企业合并事项提供评估服务时，所涉及的会计价值类型是公允价值，对应的评估价值类型是"市场价值"。

只有理解了会计准则和评估准则规定的价值类型之间的联系，才能正确运用评估技术来满足会计计量的要求。

（3）评估方法选择需要充分考虑数据来源的可靠性

在一般的评估业务中，评估人员通常根据评估对象、价值类型、评估资料收集情况等相关条件来选择评估方法，然而在以财务报告为目的的评估中，评估方法的选择条件更加强调"数据来源"，以反映以财务报告为目的的评估的可靠性要求。

根据数据来源可靠性要求，首选的数据是活跃市场中可以被观察到的、由市场价格机制决定的市场价格，它最容易被市场交易各方承认和接受。在找不到被评估资产市场价格的情况下，可采用类似的数据，通过按照严格条件选取的类似项目的市场价格来决定所计量项目的公允价值，或借助外部的评估人员通过市场法进行评估。因此，市场法是评估公允价值首选的方法。如果同类资产也不存在可观察的市价，或者可观察的价格不能代表可靠的市价，则需要考虑采用收益法对资产的价值做出评估，会计准则中称之为"资产预计未来现金流量的现值"。因此，评估方法的选用有先后顺序，最优先考虑的是市场法，其次考虑的是收益法。成本法在投资性房地产评估、资产减值测试评估中不能使用。

（4）评估基准日的确定要符合会计准则的相关要求

在一般的资产评估业务中，对评估基准日的确定是原则性的，只要求评估人员在报告中写明确定基准日的理由或成立条件，并尽可能与评估目的实现日接近。而以财务报告为目的的评估业务对评估基准日的选择既要满足资产评估的基本要求，又要符合相关会计准则的要求。《以财务报告为目的的评估指南》指出评估基准日可以是资产负债表日、购买日、减值测试日、首次执行日等。

（5）评估报告的信息披露更加详细和严格

其具体表现在以下几个方面。

① 评估报告要充分披露确定公允价值的方法、相关估值假设及主要参数的选取原则等。一般业务的评估报告只提供评估方法及其原理的简要说明，以及最终的评估结论。对于以财务报告为目的的评估业务，评估报告中需要增加披露：价值类型的定义及其与会计准则或相关会计核算、披露要求的对应关系；评估方法的具体运用，结合相关计算过程、评估参数等加以说明；关键性评估参数的测算、逻辑推理、形成过程和相关评估数据的获取来源等。

② 执行以财务报告为目的的评估，当评估程序或条件受到限制时，不得出具评估报告。评估人员执行一般的资产评估业务，当评估程序受到限制无法排除时，经与委托方协商后仍可出具报告，同时在评估报告中说明评估程序受限情况及其对评估结论的影响，并明确评估报告的使用限制。然而在执行以财务报告为目的的评估时，评估程序或条件受到限制，以至于评估人员无法确信评估结论的合理性时，评估人员不得出具评估报告，同时还应当提醒委托方关注公允价值或会计准则设计的特定价值计量的可靠性。

③ 评估方法与前期不一致时必须说明。执行以财务报告为目的的评估业务，评估人员选择评估方法时应当与前期采用的评估方法保持一致，以使前后期资产公允价值的计量具有一致性。如果前期的评估方法所依据的市场数据已发生重大变化而不再适用，或通过采用与前期不同的评估方法可使得评估结果更具代表性、更能反映评估对象的公允价值或特定价值时，评估人员可以变更评估方法，但应当在报告中描述相应的变动并说明变动的原因。

在评估过程中，评估人员与审计人员需要充分沟通，明确评估业务基本事项，并充分理解会计准则或相关会计核算、披露的具体要求。

9.2 资产减值测试中的评估

1. 资产减值的概念和资产减值会计的发展

近年来,财务报告原则经历了从"受托责任观"向"决策有用观"的转变。在传统的"受托责任观"下,会计的目标是向资源提供者(股东)如实反映资源的受托者(企业管理当局)对受托资源的管理和使用情况。此时会计披露强调信息的可靠性,对资产的计量倾向于采用历史成本计量属性。同时,"受托责任观"重视资产购置的成本支出,并将其作为费用分配和损益计算的基础,这是一种以成本为中心的资产计价思想。这种观点把利润表作为重心,将资产负债表置于次要地位,强调会计本质上不是一个资产计价的过程,而是收入和成本费用的配比过程。"决策有用观"更强调信息的相关性,认为会计的目标就是向会计信息使用者提供对他们进行决策有用的信息,主要是关于企业现金流动、经营业绩及资源变动的信息。在"决策有用观"下,资产的价值不取决于取得资产所花费的历史成本,而取决于其未来获取经济利益的能力。按照这个定义,当企业资产的账面价值高于该资产预期的未来经济利益时,就应该对该资产记录一笔减值损失。这就是资产减值会计的实质。

在过去,"资产虚胖、利润浮肿"是一个司空见惯的现象:坏账准备提取比例低,已发生的坏账损失要经过财政部门批准才能核销,大量呆账、坏账长期悬置,妨碍了企业的资金周转;存货积压严重,流动性风险大,其市价已远低于账面价值,但在资产负债表上仍以历史成本反映;随着科技的进步,原有设备已被淘汰或弃用,但这些被淘汰或弃用的设备仍然按部就班地计提(计算和提取)折旧,从而造成资产不实和利润虚增。由此可以认为,资产在使用过程中会受到经济环境(如物价波动)、法律环境(如会计准则)、科技发展水平等的影响,从而导致同一资产的历史成本与预期带来的经济利益金额(即资产的可回收金额)发生差异。因此,对各项资产可回收金额小于原资产账面价值的这部分差额,不再列入资产负债表的资产中,而作为资产减值损失,提取资产减值准备。如果资产有发生减损的迹象,且已判断是资产减值,就应对其可收回金额进行正式估计。

资产减值会计就是对资产减值情况所进行的确认、计算与披露过程。我国资产减值会计产生于20世纪90年代初期,其运用范围和程度逐步扩大,2006年3月1日发布的《企业会计准则第8号——资产减值》,首次将资产减值单独作为一项准则列出来,对资产减值的确认、计量和相关信息的披露有了较为详细的规定。对于新旧资产减值会计准则对比如表9-2所示。

表9-2 新旧资产减值会计准则对比

区别内容	旧资产减值会计准则(2001)	新资产减值会计准则(2006)
对资产项目的规定	分别对短期投资、应收账款、存货、固定资产、无形资产等八项资产项目的减值做了具体的规定	进一步扩大资产减值准则的适用范围,除存货、投资性房产等有另行规定的以外,均适用本规定
减值测试的时点	企业应当"定期"或者"至少于每年年度终了",进行减值测试,计提资产减值准备	将测试时点改为"资产负债表日"

续表

区别内容	旧资产减值会计准则（2001）	新资产减值会计准则（2006）
对"资产可收回金额"的界定	以"销售净价"与"预期未来现金流量的现值"两者之间的较高者确定	以"资产的公允价值减去处置费用后的净额"与"资产预计未来现金流量的现值"两者之间的较高者确定
长期资产减值测试	固定资产、无形资产等长期资产应按单项资产进行减值测试	若长期资产没有销售市价且不能产生现金流，则以该资产所属的资产组为基础确定可收回金额，据以确定减值损失
企业合并形成的商誉	按照直线法摊销	改用公允价值法，每年至少进行一次减值测试
资产减值准备的回转	如果已计提减值准备的资产价值又得以恢复，应在已计提减值准备的范围内转回	资产减值损失一经确认，不得转回
资产减值迹象判断	无明确规定	明确"企业应当在会计期末对各项资产进行核查，判断资产是否有迹象表明可能发生了减值"；明确"如不存在减值迹象，不应估计资产的可回收金额"

2. 资产减值测试及其测试流程

资产的主要特征之一是必须能够为企业带来经济利益的流入，如果资产不能够为企业带来经济利益或者带来的经济利益低于其账面价值，那么该资产就不能再予以确认，或者不能再以原账面价值予以确认，否则将不符合资产的定义，也无法反映资产的实际价值，其最终会导致企业资产的虚增和利润虚增。根据《企业会计准则第8号——资产减值》（以下简称"资产减值准则"）的规定，当企业资产的可收回金额低于其账面价值时，即表明资产发生了减值。要在每年年末对资产进行测试，即确定资产的可回收金额是否低于账面价值，是否发生了减值。确定资产的可回收金额就是对资产减值测试服务的评估，它是以财务报告为目的的评估中的重要组成部分。评估人员在资产价值估算方面有着会计人员所不具有的独立性、专业性，因此完全有能力为会计人员提供资产价值评估方面的专业服务。

资产减值测试的评估对象应该与资产减值测试对象保持一致，分为三类：单项资产、资产组及资产组组合。资产减值涉及的资产包括：存货、长期股权投资（对子公司、联营企业和合营企业的投资）、成本模式下后续计量的投资性房地产、固定资产、生产性生物资产、金融资产、无形资产、商誉和探明石油天然气矿区权益及相关设施。

资产减值测试的流程如图9-1所示。

在判断资产可回收金额是否高于账面价值时，要按照可靠性原则，首先判断"公允价值－处置费用"是否高于账面价值。如果前者较高，则减值测试结束，资产未减值。如果后者较高，或者资产的公允价值无法可靠估计，则进一步估计资产的"预计未来现金流现值"，并判断其是否高于账面价值。如果前者较高，资产未减值；反之，资产减值。

如果资产的公允价值和预计未来现金流均无法可靠估计，则需要将资产所在的资产组作为评估对象，估计资产组的可回收金额，其流程与单项资产可回收金额相同。资产组的减值被估计之后，再按照会计准则的相关规定，分摊至各单项资产。

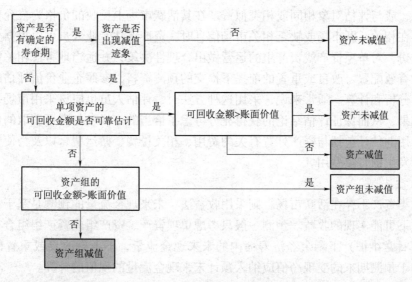

图 9-1 资产减值测试的流程

3. 资产减值评估的价值类型

根据会计准则,资产减值测试需要判断资产的"公允价值-处置费用"和"预计未来现金流现值"。其中,公允价值减去处置费用后的净额,是自愿买方和自愿卖方在各自理性行事且未受任何强迫压制的情况下,评估对象在基准日进行正常公平交易的价格并扣减相应的处置费用后得到的净额,可理解为评估中的市场价值减去处置费用后的净额。计算资产预计未来现金流量的现值,应当从一般市场参与者的角度进行假设,由此估计资产的未来现金流。但是在实际操作中,企业可能无法可靠估计在市场参与者假设下的资产未来现金流数据,在这种情况下,只要没有证据表明市场参与者会采用不同的假设,企业也可基于自身的角度进行假设,由此估计资产的未来现金流。这样的评估结论也符合公允价值的定义,等同于评估准则中市场价值的概念。如果资产在企业中的实际利用状况与行业的一般状况不同,而评估以资产的实际使用情况为基础,根据资产对企业的实际贡献计算资产的未来现金流现值,此时计算结果可理解为评估中的在用价值。

4. 资产减值测试的评估对象

资产减值测试的评估对象可以单项资产、资产组或资产组组合为单位。资产组是企业可以认定的最小资产组合,其产生的现金流应当基本上独立于其他资产或资产组产生的现金流。资产组组合是指由若干个资产组组成的最小资产组合。

常见的评估的资产组或者资产组组合为:房屋建筑物、土地使用权、机器设备、工程物资、在建工程、生产线、营业网点、业务部门等。对于资产组或资产组组合而言,其账面价值应当包括可直接归属及可以合理分摊于该资产组或资产组组合的商誉与总部资产的账面价值。

5. 资产减值测试的评估方法和评估参数

资产减值测试的评估方法主要是市场法和收益法,成本法次之。

(1) 市场法

根据《以财务报告为目的的评估指南》的规定,首先考虑采用市场法,以公平交易中销售协议价格,或与评估对象相同或相类似资产在其活跃市场上反映的价格为公允价值计算依据。当不存在相关活跃市场或缺乏相关市场信息时,资产评估专业人员可以根据企业以市场参与者的身份,对单项资产或资产组的运营做出合理性决策,并适当地考虑相关资产或资产组内资产的有效配置、改良或重置的前提下提交的预测资料,参照企业价值评估的基本思路和方法进行分析和计算。通常来说,采用这种方法时,评估人员也应该采用市场乘数等其他方法验证结果,从而保证评估结论的获得充分考虑了恰当的市场参与者可获取的信息。

处置费用的估计包括与资产处置有关的费用、相关税费、搬运费,以及为使资产达到可销售状态所发生的直接费用。

（2）收益法

如果同类资产不存在活跃市场,则采用收益法。未来现金流量的预测是基于特定实体现有管理模式下可能实现的收益。预测一般只考虑单项资产、资产组或资产组组合在正常运行情况（简单日常维护）下剩余经济寿命内的未来现金流量,不考虑改良或重置的,资产组中其他项目于预测期末的变现净值应纳入预计未来现金流量的现值的计算。

（3）成本法

根据《以财务报告为目的的评估指南》的规定,对于不存在相同或者相似资产活跃市场的,或者不能可靠地以收益法进行评估的资产,可以采用成本法进行评估。但资产评估专业人员应当获取企业的承诺,并在资产评估报告中披露,其评估结论仅在相关资产的价值可以通过资产未来运营得以全额回收的前提下成立。

6. 商誉减值的测试与评估

根据《会计监管风险提示第8号——商誉减值》,减值迹象主要体现在以下几个方面。

① 承诺业绩方面是否完成。现金流或经营利润持续恶化或明显低于形成商誉时的预期,特别是被收购方未实现承诺的业绩。

② 行业政策是否有明显不利变化。所处行业产能过剩,相关产业政策、产品与服务的市场状况或市场竞争程度发生明显不利的变化。

③ 产品或服务是否被模仿或升级替换。相关业务技术壁垒较低或者技术快速进步,产品与服务易被模仿或已升级换代,盈利现状难以维持。

阅读材料

商誉减值测试中的问题

④ 核心团队是否发生明显不利变化。核心团队发生明显不利变化,且短期内难以恢复。

⑤ 商誉相关资质是否发生变化。与特定行政许可、特许经营资格、特定合同项目等资质存在密切关联的商誉,相关资质的市场惯例已发生变化,如放开经营资质的行政许可、特许经营或特定合同到期无法接续等。

阅读材料

商誉减值测试评估中的问题

⑥ 客观环境的变化是否导致投资报酬率明显提高。客观环境的变化导致市场投资报酬率在当期已经明显提高,且没有证据表明短期内会下降。

⑦ 境外境况变化。经营所处国家或地区的风险突出,如面临外汇管制、恶性通货膨胀、宏观经济恶化等。

评估人员要从以上7个方面根据最初的分析底稿,经过相关访谈、核查验证相关变化的资料和外部分析研究报告等判断是否有减值迹象并形成相关底稿。

7. 资产评估在企业资产减值测试中的应用案例

【例 9-1】A 化工有限公司拥有的一套化工设备资产组，由于受外部环境影响，国内产品产能过剩、产品市场价格持续低迷，相关项目暂时停止生产，这套化工设备资产组已出现减值迹象。评估人员对这套化工设备在 2022 年 12 月 31 日的可收回价值进行了评估，其目的是为 A 化工有限公司对这套设备资产组进行减值测试提供价值参考依据。

为了明确本次评估的相关事项，确保评估报告符合《企业会计准则第 8 号——资产减值》的相关要求，评估人员首先与审计人员、企业管理层就下列事项进行了讨论，并取得了一致的意见。

① 资产组的确认。评估人员与 A 化工有限公司管理层经过多次讨论，认为委估固定资产、在建工程及无形资产之间相互关联、相互依存，其组合产生的主要现金流量独立于其他资产。最终确定将委估固定资产、在建工程及无形资产认定为一个资产组，进行减值测试。

② 评估基准日。年度财务报告日 2022 年 12 月 31 日。

③ 评估对象和范围的确定。具体资产范围为 A 化工有限公司指定评估的已出现减值迹象的固定资产、在建工程及无形资产。

④ 评估目的。确定 A 化工有限公司拥有的化工设备资产组可收回价值，为 A 化工有限公司对化工设备资产组进行减值测试提供价值参考依据。

⑤ 价值类型。根据评估目的，采用市场价值类型。市场价值是指自愿买方和自愿卖方在各自理性行事且未受任何强迫压制的情况下，对在评估基准日进行正常公平交易中，某项资产应当进行交易的价值估计数额。

⑥ 评估方法。由于该资产组的公允价值减去处置费用的净额难以确定，因此决定计算预计未来现金流量的现值来确定资产组的可回收金额。

在资产组现有管理、运营模式前提下，资产组内的主要资产经简单维护的剩余使用寿命为 5 年，并以此作为资产组的剩余使用寿命。

考虑无风险报酬率和资产组的风险报酬率，运用累加法确定资产组的折现率为 13.59%。计算公式为：

$$P = \sum_{t=1}^{5} \frac{R_t}{(1+r)^t}$$

式中：P——资产组预计未来现金流量的现值；

R_t——未来第 t 年资产组预计现金流量；其中，$R_1 \sim R_4$ 分别为息税前利润、折旧及摊销、资本性支出、营运资本追加额；

R_5 = 息税前利润 + 折旧及摊销 – 资本性支出 – 营运资本追加额 + 营运资本回收额 + 资产组处置净现金流

t——预测期数；

r——折现率。

⑦ 评估结论。采用收益法测算的 A 化工有限公司化工设备资产组预计未来现金流量的现值为 41 900.00 万元，即该资产组在 2022 年 12 月 31 日的可收回金额为 41 900.00 万元。

9.3 企业合并对价分摊的评估

1. 企业合并及企业合并对价分摊

1) 相关概念

《企业会计准则第20号——企业合并》规定，企业合并是指将两个或两个以上单独的企业合并形成一个报告主体的交易或事项。企业合并分为同一控制下的企业合并和非同一控制下的企业合并。同一控制下的企业合并是参与合并的企业在合并前后均受同一方或相同的多方最终控制，且该控制并非是暂时性的。非同一控制下的企业合并是指参与合并的各方在合并前后不受同一方或相同的多方最终控制的。此外，涉及业务的合并可比照企业合并准则的规定处理。组建合营企业、购买子公司少数股权及购买资产或资产组等，不属于企业合并准则的规范范围。

合并对价分摊（purchase price allocation，PPA）是指符合企业合并准则中非同一控制下企业合并规定的企业将合并成本在取得的可辨认资产、负债及或有负债之间分配，进而确定商誉价值。同一控制下的企业合并，不涉及合并对价分摊的问题。对于同一控制下的企业合并，合并方在企业合并中取得的资产和负债，应当按照合并日在被合并方的账面价值计量。对于非同一控制下的企业合并，购买方在购买日应当对合并成本进行分配，按照相关规定确认所取得的被购买方各项可辨认资产、负债及或有负债。购买方对合并成本大于合并中取得的购买方可辨认净资产公允价值的差额，应当确认为商誉。

2) 企业合并对价分摊的评估对象

合并对价公允价值分摊评估对象包括合并中取得的被购买方的可辨认有形资产、可辨认无形资产、各项负债及或有负债。根据企业合并准则的规定，合并取得的被购买方的有形资产、无形资产及或有负债，其公允价值如能可靠计量，应当单独确认为有形资产、无形资产或者或有负债，并按照公允价值计量。

① 合并中取得的被购买方的可辨认有形资产，是指合并中取得的被购买方除无形资产以外的各项资产，其所带来的经济利益很可能流入企业且公允价值能够可靠计量，主要包括被购买方所具有的货币资金，有活跃市场的股票、债券、基金等金融工具，应收款项，存货，不存在活跃市场的金融工具，投资性房地产，房屋建筑物，机器设备等。

② 企业合并中取得的被购买方无形资产，在其公允价值能够可靠计量的情况下，应单独予以确认。企业合并中取得的区别于商誉单独确认的无形资产，一般是按照合同或法律产生的权利。某些并非产生于合同或法律规定的无形资产，需要区别于商誉单独确认的关键条件——是否可辨认，即能够区别于被购买企业的其他资产并且能够单独出售、转让、出租等。对于满足合同权利或基于法律的法定权利，即使从法律角度并非合同或有合同约束力，如订单，甚至是可以取消的订单同样满足合同权利的确认条件。

如果合同协议含有限制特定资产从被认购方分离的条款，即需要与其他相关的合同、资产、负债一起出售或转移，此类限制并不影响满足合同权利的无形资产的确认。需要关注的是，满足可分离条件的无形资产的出售、转移、授权许可、租赁或者交换不能受到任何限制，否则该类资产不满足可分离的确认条件。例如，客户信息受到保密协议的限制，不可以被出售，因此其无法满足可分离的条件。

下列无形资产因无法满足上述可辨认的判断条件，在实务操作中一般不作为可辨认无形资产，如消费者基础、客户服务能力、地域优势、经过特别训练的员工等。

③ 或有负债。评估人员应当根据《企业会计准则第 13 号——或有事项》中的相关依据，识别并确认被收购公司在收购日是否存在需确认的或有负债。与或有事项相关的义务同时满足下列条件，应当确认为预计负债：该义务是企业承担的现时义务，履行该义务很可能导致经济利益流出企业；该义务的金额能够可靠计量。需要关注以下方面：在收购日是否存在未决诉讼；在收购日是否存在待执行的亏损合同；被收购公司是否有为其他公司或个人进行债务担保；在收购日是否存在已对外公布的详细重组计划；被收购公司对售出产品所做的质量保证；了解对被收购公司进行的相关尽职调查的结果。可能确认的或有负债的项目一般包括产品质量保证、不可撤销的亏损合同、未决诉讼、重组义务等。

3）合并对价分摊对合并报表的影响

企业合并准则规定，企业合并形成母子公司的，母公司应当编制购买日的合并资产负债表，因企业合并取得的被购买方各项可辨认资产、负债及或有负债应当以公允价值列示。企业合并发生当期的期末，购买方应当在附注中披露被购买方各项可辨认资产、负债在上一会计期间资产负债表日的账面价值和公允价值。同时，合并对价分摊会影响购买方合并日后各期间的会计利润，如对商誉、经济寿命不确定的无形资产进行的年度减值测试，可能加剧未来会计期间合并利润表的净利润波动。

阅读材料

企业合并对价分摊评估的程序

2. 企业合并对价分摊评估方法

1）有形资产和负债的评估

对于企业合并中涉及的有形资产和负债的评估，在遵循企业合并准则应用指南的规定下，可按表 9-3 所示的方法确定。

表 9-3 有形资产、负债及或有负债的评估方法

评估对象		评估方法
货币资金		按照购买日被购买方的账面余额确定
金融工具	有活跃市场的股票、债券、基金等	按照购买日活跃市场中的市场价值确定
	不存在活跃市场，如权益性投资等	参照《企业会计准则第 22 号——金融工具确认和计量》等，采用适当的估值技术确定其公允价值
应收款项	短期应收款项	一般应按应收取的金额作为公允价值，同时考虑发生坏账的可能性及相关收款费用
	长期应收款项	以适当的现行利率折现后的现值确定其公允价值，同时考虑发生坏账的可能性及相关收款费用
存货	原材料	按现行重置成本确定
	在产品	按完工产品的估计售价减去至完工仍将发生的成本、预计销售费用、相关税费，以及基于同类或类似产成品的基础上估计可能实现利润确定
	产成品和商品	估计售价减去估计的销售费用、相关税费，以及购买方通过自身努力在销售过程中对于类似的产成品或商品可能实现的利润确定

续表

评估对象		评估方法
房屋建筑物	存在活跃市场的	以购买日的市场价格确定其公允价值
	同类或类似房屋建筑物存在活跃市场	参照同类或类似房屋建筑物的市场价格确定公允价值（市场法）
	同类或类似房屋建筑物也不存在活跃市场，无法取得相关市场信息	按照一定的估值技术（如重置成本法等）确定其公允价值
机器设备	存在活跃市场	按购买日的市场价格确定其公允价值
	同类或类似机器设备存在活跃市场	参照同类或类似机器设备的市场价格确定其公允价值（市场法）
	同类或类似机器设备也不存在活跃市场，或因有关的机器设备具有专用性，在市场上很少出售、无法取得确定其公允价值的市场证据的	用收益法或考虑该机器设备各类贬值（包括实体性贬值、功能性贬值和经济性贬值）后的重置成本合理估计其公允价值
短期债务		一般应按应支付的金额作为其公允价值
长期债务		按适当的折现率折现后的现值作为其公允价值
或有负债		公允价值在购买日能够可靠计量的，应单独确认为预计负债。此项负债应当按照假定第三方愿意代购买方承担该项义务，就其所承担义务需要购买方支付的金额计量

2）无形资产的评估

无形资产公允价值的确定，可分为存在活跃市场的，应按购买日的市场价格确定其公允价值；不存在活跃市场的，无法确定有关市场信息的，按照一定的估值技术确定其公允价值。选择一定估值技术确定时，评估人员要考虑无形资产的各种情形，选择适当的方法进行估值，如表9-4所示。

表9-4 无形资产的具体评估方法

收益法	常用的具体方法包括增量收益折现法、节省许可费折现法、多期超额收益折现法
成本法	成本法较少运用于企业无形资产的评估，但在计算机软件等评估中较常用
市场法	市场法往往较难作为无形资产的首选评估方法

3）递延所得税的评估

对于企业合并中取得的被购买方各项可辨认资产、负债及或有负债的公允价值与其原计税基础之间存在差额的，应按照《企业会计准则第18号——所得税》的规定确认相应的递延所得税资产或递延所得税负债，所确认的递延所得税资产或递延所得税负债的金额不用折现。特别注意，对于被购买方在企业合并之前已经确认的商誉和递延所得税项目，购买方在分配企业合并成本，汇总可辨认资产和负债时不应予以考虑。

在按照规定确定了合并中应予以确认的各项可辨认资产、负债的公允价值后，其计税基础与账面价值不同形成暂时性差异的,应当按照所得税会计准则的规定确认相应的递延所得税资产或递延所得税负债。

4) 合并商誉的评估

在汇总计算各项可辨认资产、负债的公允价值后,即可得到被购买方可辨认净资产公允价值。根据企业会计准则的规定,购买方对合并成本大于合并中取得的被购买方可辨认净资产公允价值的差额,应确认为商誉。对于企业合并商誉应确认的商誉值,评估人员应当对其合理性进行分析,解释商誉所代表的含义及其组成成分。一般来说,商誉由以下几类因素构成:第一,企业现有的管理团队和员工团队;第二,并购后的协同效应,如销售额的增加、成本开支的压缩等;第三,企业持续经营的能力,包括各类不符合无形资产确认条件的其他资产,如市场占有率、通过资本市场直接融资的能力、良好的政府关系等;第四,在商誉的评估结果较高的情况下,评估人员应当提请公司管理层关注其减值风险,并考虑及时执行商誉的减值测试程序;第五,收购方对收购对价的判断失误所导致收购对价过高。

通常情况下,企业合并成本按照购买方为进行企业合并支付的现金、非现金资产、发行或承担的债务和发行的权益性证券等在购买日的公允价值,以及企业合并中发生的各项直接相关费用之和确定。对于通过多次交换交易分步实现的企业合并,其企业合并成本为每一单项交换交易的成本之和。

5) 整体合理性测试

通常,在对各类资产负债进行分摊评估后,评估人员应进行整体合理性的检验。在合并对价分摊中,以被购买方各项资产公允价值为权重计算的加权平均资本回报率,应该与其加权平均资本成本相等或接近。如果二者的差异较大,则需要进一步复核无形资产的识别过程,以及各项可辨认资产、负债和或有负债的评估过程是否合理。各项资产的加权平均资产回报率可采用以下公式计算:

$$R = \frac{\sum_{i=1}^{n} A_i R_i}{\sum_{i=1}^{n} A_i}$$

式中:R——加权平均资产回报率;

A_i——各项可辨认资产的公允价值;

R_i——各项可辨认资产的要求回报率。

除了考虑被购买方的整体企业价值外,还需考虑与该资产自身风险相关的因素。在确定可辨认无形资产的必要资产回报率时,可参考企业价值评估时采用的加权平均资本成本,并在此基础上考虑必要的风险溢价或折价。

3. 企业合并对价分摊评估案例

【例9-2】A公司以现金20亿元(假设不存在其他交易费用)收购了另一家处于非同一控制下的 B 公司 100% 的权益。合并对价分摊前 B 公司在收购日的简易资产负债表如表9-5所示。

表9-5　B公司简易资产负债表（PPA之前）　　　　　　　　　　　　　　　单位：亿元

流动资产	8	负债	14
固定资产	12	股东权益	6
资产合计	20	负债与股东权益合计	20

评估过程如下。

① 确定合并成本。本案例中，合并成本为20亿元人民币。

② 识别表外无形资产和或有负债。根据调查及与管理层沟通，评估人员认为B公司的自创商标和自创专利技术在其生产经营过程中发挥了重要作用，因此评估人员将这两项无形资产纳入评估范围。此外，评估人员并未发现B公司在收购日存在任何可辨认或有负债。

③ 对各项可辨认资产和负债的公允价值进行评估，如表9-6所示。

表9-6　B公司可辨认资产和负债的评估结果　　　　　　　　　　　　　　单位：亿元

资产科目	原账面价值	公允价值	增值额	公允价值评估方法
流动资产	8	10	2	市场法
固定资产	12	16	4	成本法
无形资产	0	8	8	
其中：商标资产	0	5	5	收益法
专利技术	0	3	3	收益法
负债科目				
（原）负债	14	14	0	—
递延所得税负债	0	3.5	3.5	

注：假设B公司适用的所得税税率为25%。

以上评估工作完成后，B公司的资产负债表如表9-7所示。

表9-7　B公司简易资产负债表（PPA之后）　　　　　　　　　　　　　　　单位：亿元

流动资产	10	负债	14
固定资产	16	递延所得税负债	3.5
无形资产	8	股东权益	16.5
资产合计	34	负债与股东权益合计	34

④ 商誉计算。

$$商誉价值 = 合并成本 - 可辨认净资产公允价值$$
$$= 20 - 16.5$$
$$= 3.5（亿元）$$

⑤ 整体合理性测试。假设流动资产、固定资产、无形资产的必要报酬率分别为6%、

9%和16%，以各项资产公允价值为权重的加权平均资本回报率（WARA）的计算如表9-8所示。

表9-8 加权平均资本回报率计算表

项目	回报率	占总资产比例	加权回报率
流动资产	6%	29%	1.74%
固定资产	9%	47%	4.23%
无形资产	16%	24%	3.84%
WARA			9.81%

已知B公司的加权平均资本成本（WACC）为11%，则WARA的计算结果表明B公司各项资产、负债的公允价值评估具备合理性。

9.4 投资性房地产的评估

1. 投资性房地产与公允价值计量

投资性房地产是指为赚取租金或资本增值，或两者兼有而所持有的房产，包括能够单独计量和出售，主要包括已出租的土地所有权、持有并准备增值后转让的土地使用权和已出租的建筑物。

投资性房地产的具体范围如下。

① 已出租的土地使用权和已出租的建筑物。是指以经营租赁方式出租的土地使用权和建筑物。

② 持有并准备增值后转让的土地使用权。是指企业取得的、准备增值后转让的土地使用权。按照国家有关规定认定的闲置土地，不属于持有并准备增值后转让的土地使用权。

③ 某项房地产，部分用于赚取租金或资本增值、用于生产商品、提供劳务或经营管理，能够单独计量和出售的、用于赚取租金或资本增值的部分，应当确认为投资性房地产；不能单独计量的部分不确认为投资性房地产。例如，甲房地产开发商建造了一栋商住两用楼盘，一层出租给一家大超市，其余楼层均为普通住宅，在这种情况下，如果一层商铺能够单独计量和出售，应当确认为甲房地产开发商的投资性房地产，其余楼层为甲房地产开发商的存货，即开发商品。

④ 企业将建筑物出租，按租赁协议向承租人提供的相关辅助服务在整个协议中不重大的，如企业将办公楼出租并向承租人提供保安、维修等辅助服务，应当将该建筑物确认为投资性房地产。

《企业会计准则第3号——投资性房地产》规定，有确凿证据表明投资性房地产的公允价值能够持续可靠取得，可以对投资性房地产采用公允价值模式进行后续计量。采用公允价值模式计量的，应当同时满足以下条件：投资性房地产所在地有活跃的房地产交易市场；企业能够从房地产交易市场上取得同类或类似房地产的市场价格及其他相关信息，从而对投资性房地产的公允价值做出合理的估计。

2. 投资性房地产涉及的评估情形

按照我国会计准则的规定，投资性房地产的以下会计处理将涉及公允价值评估：

① 在成本模式的后续计量中，投资性房地产的减值测试；

② 采用公允价值对投资性房地产进行初始计量和后续计量；

③ 非投资性房地产转为采用公允价值模式计量的投资性房地产；

④ 采用公允价值模式计量的投资性房地产转为自用房地产或存货时，需要按其转换当日的公允价值作为自用房地产或存货的账面价值。

3. 投资性房地产的评估方法与披露要求

投资性房地产的公允价值评估应首选市场法。与交易目的下房地产评估的市场法相比，以财务报告为目的的市场法评估更加关注交易案例的可比性和信息来源的可靠性。由于投资性房地产在评估基准日往往带有租约，因此交易案例除了在交易情况、交易时间、区位状况、实物状况要与评估对象足够接近之外，还要考虑租约的可比性。

收益法也是投资性房地产公允价值评估可使用的方法。收益法同样要考虑租约对房地产价值的影响。如果合同租金高于或低于市场租金，且租约合法、有效并实际履行，那么在租期内预测未来净收益应当采用租约所确定的租金，租约期外的租金采用正常客观的租金。

无论是采用市场法还是收益法，评估结果往往反映的是房地产"房地合一"的价值。此时，评估人员应该了解评估对象在财务报表或报告中原始数据的内涵。比如，账面记录是"房地合一"的价值还是仅房屋的价值？如果财务报表中对应的资产账面价值不包含土地使用权，评估人员应当提请企业管理层重新分类，或者在评估结论中扣除土地使用权的价值，并在评估报告中进行必要的披露。

4. 投资性房地产评估案例分析

【例 9-3】某企业拥有一处投资性房地产，是位于某市中的商铺 X，出于财务报表披露的目的，需要评估该商铺的公允价值。评估基准日为 2022 年 12 月 31 日。

由于同一商圈的同类商铺具有活跃的交易市场，评估人员决定采用市场法进行评估。

评估人员在同一商圈寻找了近期成交的 3 个同类商铺作为可比案例，被评估商铺 X 和可比案例的资料、差异因素修正过程、评估结果计算过程如表 9-9～表 9-11 所示。

表 9-9 被评估商铺 X 与可比案例的背景资料

		被评估商铺 X	可比案例 A	可比案例 B	可比案例 C
成交单价/（元/m²）		待评估	7 350	7 350	7 300
交易日期		评估时点 2022.12.31	2022.10.5	2022.9.10	2022.6.20
交易情况		正常	正常	正常	正常
租金水平		正常	正常	正常	正常
区域因素	繁华程度	初步形成专业市场，繁华程度一般	初步形成专业市场，繁华程度一般	初步形成专业市场，繁华程度一般	专业市场尚未形成，繁华程度较差
	交通便捷度	临近城市交通主干道，停靠公交线路较多，交通较便捷			
	基础设施配套	水、电、气供应充足，各项基础和公共配套设施完善			
	自然环境	周边绿化覆盖率较好，环境卫生及空气质量良好，整体环境良好			

续表

		被评估商铺 X	可比案例 A	可比案例 B	可比案例 C
个别因素	建筑结构	高层钢混结构	高层钢混结构	高层钢混结构	高层钢混结构
	公摊比例	公摊较小	公摊较小	公摊较小	公摊较小
	临街状况	临街商铺	临街商铺	临街商铺	临街商铺
	层次	第1层	第1层	第1层	第1层
	规模用途	大型商业步行街商铺	大型商业步行街商铺	大型商业步行街商铺	大型商业步行街商铺
	面积形状	43 m^2，形状规则	40 m^2，形状规则	54 m^2，形状规则	45 m^2，形状规则
	宽深比	宽深比适中	宽深比略优	宽深比适中	宽深比略优
	建成年代	2018年	2018年	2018年	2018年

表 9-10 差异因素修正系数估计

			案例 A	案例 B	案例 C
交易情况		修正幅度/%	+0	+0	+0
		修正系数	100/100	100/100	100/100
交易日期		修正幅度/%	+0	+0	+0
		修正系数	100/100	100/100	100/100
区域因素	商业繁华程度	状态比较	相似	相似	较差
		修正幅度/%	0	0	-5
	交通便捷度	状态比较	相似	相似	相似
		修正幅度/%	0	0	0
	基础设施配套	状态比较	相似	相似	相似
		修正幅度/%	0	0	0
	自然环境	状态比较	相似	相似	相似
		修正幅度/%	0	0	0
	修正系数		100/100	100/100	100/95
个别因素	建筑结构	状态比较	相似	相似	相似
		修正幅度/%	0	0	0
	公摊比例	状态比较	相似	相似	相似
		修正幅度/%	0	0	0
	临街状况	状态比较	相同	相同	相同
		修正幅度/%	0	0	0
	楼层	状态比较	一层	一层	一层
		修正幅度/%	0	0	0
	规模用途	状态比较	相同	相同	相同
		修正幅度/%	0	0	0
	面积形状	状态比较	相似	面积较大	相似
		修正幅度/%	0	-1	0
	宽深比	状态比较	略优	相似	略优
		修正幅度/%	+1	0	+1
	建成年代	状态比较	相同	相同	相同
		修正幅度/%	0	0	0
	修正系数		100/101	100/99	100/101

表 9-11 评估结果计算表

可比实例	交易单价/ （元/m²）	交易情况 修正	交易时间 修正	区域因素 修正	个别因素 修正	比准价格/ （元/m²）
案例 A	7 350	100/100	100/100	100/100	100/101	7 277
案例 B	7 350	100/100	100/100	100/100	100/99	7 424
案例 C	7 300	100/100	100/100	100/95	100/101	7 608
估算结果	（7 277 + 7 424 + 7 608）/3 = 7 436（元/m²）					

由于 X 商铺目前所带租约的租期较短，合同租金与市场租金相当，因此评估人员认为租约影响为 0，X 商铺"房地合一"状态的公允价值为 7 436 元/m²。

9.5 金融工具的评估

2017 年 3 月 31 日，财政部修订发布了《企业会计准则第 22 号——金融工具确认和计量》等三项金融工具会计准则，金融工具在新会计准则有 3 种计量方式，分别为以摊余成本计量、以公允价值计量且变动计入其他综合收益和以公允价值计量且变动计入当期损益。因此，在判断金融工具在资产负债表日的公允价值时就需要评估人员进行评估。

1. 金融工具的定义、分类及计量

1) 金融工具的定义

《企业会计准则第 22 号——金融工具确认和计量》的定义是：金融工具是指形成一个企业的金融资产，并形成其他单位的金融负债或权益工具的合同。

2) 金融工具的分类

金融工具按照会计要素分类包括金融资产、金融负债和权益工具。金融资产包括现金、银行存款、应收账款、应收票据、贷款、股权投资、债权投资等；金融负债指企业应付账款、应付票据、应付债券等；权益工具主要指企业发行的普通股、认股权证等。

金融工具按照职能划分，可以分为三类：第一类是用于投资和筹资的工具，如股票、债券等；第二类是用于支付、便于商品流通的金融工具，主要是指各种票据；第三类是用于保值、投机等目的的工具，如期权、期货等。前两类又称为基础金融工具，第三类称为衍生金融工具。

基础金融工具包括企业持有的现金、存放于金融机构的款项、普通股、优先股，以及代表在未来期间收取或支付金融资产的合同权利或义务等，如应收账款、其他应收款、其他应付款、存出保证金、存入保证金、客户贷款、客户存款、债券投资和应付债券等。

衍生金融工具建立在基础产品或基础变量之上，分为独立衍生工具和嵌入衍生工具两类。独立衍生工具包括远期合同、期货合同、互换合同和期权合同以及具有远期合同、期货合同、互换合同和期权合同一种或一种以上特征的工具。

金融工具的分类如图 9-2 所示。

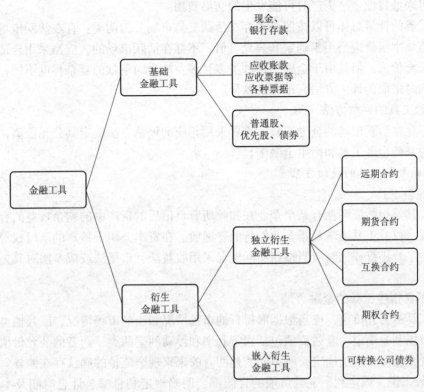

图9-2 金融工具的分类

3) 衍生金融工具的特点

衍生金融工具具有以下特点。

① 价值联动性。其价值随着特定利率、金融价格、商品价格、汇率、价格指数、费率指数、信用等级、信用指数或其他类似变量的变动而变动。

② 杠杆性。衍生金融工具一般不要求初始净投资，或与对市场情况变动有类似反应的其他类型合同相比，要求很少的初始净投资。企业从事衍生金融工具交易不要求初始净投资，通常指签订某项衍生金融工具合同时不需要支付现金或者现金等价物。

③ 跨期结算性。衍生金融工具在未来某一日期结算，表明衍生金融工具结算需要经历一段特定期间。需要指出的是，如买卖非金融项目的合同，根据企业预期购买此类合同不符合衍生金融工具的定义。但是，当此类合同可以通过现金或其他金融工具净额结算或通过交换金融工具结算，或者合同中的非金融项目可以方便地转换为现金时，这些合同应当比照衍生金融工具进行会计处理。

2. 金融工具的会计计量

根据《企业会计准则第22号——金融工具确认和计量》的相关规定：企业初始确认金融资产或金融负债，应当按照公允价值计量。对于以公允价值计量且其变动计入当期损益的金融资产或金融负债，相关交易费用应当直接计入当期损益；对于其他类别的金融资产或金融负债，相关交易费用应当计入初始确认金额。即除持有至到期投资及贷款和应收账款、在活跃市场中没有且其公允价值不能可靠计量的权益工具投资以及与该权益工具挂钩并须通过交付该权益工具结算的衍生金融资产外，其余应当按照公允价值对金融资产进行后续计量，且不扣除将来处置该金融资产时可能发生的交易费用。

金融工具的计量总体可以按照是否存在活跃交易市场分为两类：存在活跃市场的金融工具，活跃市场中报价应当用于确定其公允价值；不存在活跃市场的，应当采用合适的评估方法确定其公允价值。但是由于金融工具种类多且涉及的合同条款的复杂程度不同，在进行金融工具评估时采取的评估方法有很大的差异。

3. 金融工具的评估方法

对于不存在活跃市场的金融工具，需要采用相应的评估方法确定其公允价值，这类金融工具也分为基础金融工具和衍生金融工具。

1) 基础金融工具的评估方法

（1）权益工具

权益工具是指能证明拥有某个企业在扣除所有负债后的资产中的剩余权益的合同。从发行方的角度，权益工具通常是指企业发行的普通股、在资本公积下核算的认股权等。评估人员在对权益工具进行评估时应当按照实际情况采用收益法、市场法或成本法对其公允价值进行评估。

（2）不含衍生工具的金融负债

债务工具的公允价值，应当根据取得日的市场情况和当前市场情况，或其他类似债务工具的当前市场利率确定。金融负债包括固定利率和浮动利率两类，两者的公允价值通常都是采用未来现金流量折现法确定，所不同的是两者的未来现金流量的确认存在差异。

① 一般来说，固定利率金融负债的合同都会明确规定利息率、计息时间及本金偿还等条款，可以通过这些合同条款来明确金融工具的未来现金流量及对折现率的参考。在确定折现率时，根据金融工具的合同条款和实质特征，采用市场上其他金融工具的市场收益率作为折现率，也可以通过分析市场上可类比的其他金融工具（如公司债券）的特征（金融工具自身的信用等级、剩余期间及金融工具的计价货币等）来确定。

② 浮动利率金融负债的公允价值也是采用未来现金流折现法，与固定利率金融负债的区别在于确定其未来现金流量。在确认未来现金流量时，由于浮动利率金融负债的合同条款往往只规定合同期内的利率随着某些基础金融变量（如伦敦银行同业拆借利率）的变化而变化，未来现金流量无法准确估计。此时，评估人员在评估时应首先对那些基础金融变量的变化做出适当的、合理的估计。

2) 衍生金融工具的评估方法

（1）远期合约和期货合约

远期合约是指在某个将来时刻按照确定的价格购买或出售某项资产的协议。它在场外进行交易。在签署远期合约时，所选择的交易价格应该使远期合约的价值对双方都为零。期货合约也是买卖双方签订的在确定的将来时间按确定的价格购买或出售某项资产的协议。与远期交易不同，期货交易一般以标准合约为标的，在交易所内交易。期货合约品种往往按交割月份划分。此外，期货合约一般允许进行保证金交易。

假设 F_t 为 t 时刻远期交割价格，S_t 为 t 时刻资产现价，r 为 t 时刻的无风险收益率，$T-t$ 为远期合约剩余期限，V_t 为 t 时刻远期合约的公允价值。

合约签署时，远期交割价格为 F_0，资产现价为 S_0，合约公允价值 V_0 为 0。远期合约处于时刻 t 时，远期交割价格为 F_t，资产现价为 S_t，合约公允价值为 V_t，如图 9–3 所示。

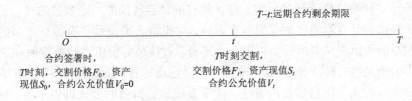

图 9 – 3 远期合约

如果投资者购入资产的远期合约期限为 T，同时在时刻 t 卖出同一资产的远期合约，期限为 $T-t$。那么在时刻 T，投资者以价格 F_0 购入资产，同时以价格 F_t 卖出资产，投资者的净现金流为 $F_t - F_0$。由于购入或卖出资产的远期合约并不需要发生现金流，因此在 t 时刻，远期合约的价值为净现金流的折现值。计算公式为：

$$V_t = (F_t - F_0) \times e^{-r(T-t)}$$

（2）期权合同

期权合同主要包括看涨期权和看跌期权。看涨期权的持有者有权在某一确定的时间以某一确定的价格购买标的的资产。看跌期权的持有者有权在某一确定时间以某一确定的价格出售标的的资产。期权合同中的价格被称为执行价格。合同中的日期为到期日、执行日或期满日。

期权可分为美式期权和欧式期权，其中美式期权可在期权有效期内任何时候执行，而欧式期权只能在期权到期日执行。需要注意的是，期权虽然赋予其持有者到期行使权利的选择权，但持有者不一定必须行使该权利。

目前广泛采用的期权评估方法有 B – S 模型和 Lattice 模型。

（3）互换合同

互换合同是两个公司之间达成协议，以按照实现约定的方式在将来交换彼此的现金流。互换合同的公允价值实际上可以看作一系列债券的组合。

假设公司 A 和公司 B 达成了互换合同，公司 B 同意向公司 A 支付由年利率 6% 和本金 100 万美元所计算的利息；同时，公司 A 同意向公司 B 支付 6 个月 LIBOR 和同样本金所计算的浮动利息。此互换合同相当于公司 B 向公司 A 发行了本金 100 万美元、年利率为 6% 的公司债券；同时，公司 A 向公司 B 发行了以 LIBOR 为利率的同样本金的浮动利率公司债券。因此，此互换合同的公允价值实际上就是上述固定利率债券及浮动利率债券公允价值的差额。

（4）混合衍生工具

嵌入衍生工具是包括该衍生工具和非衍生主合同在内的混合金融工具中的一个组成部分。

可转换债券是人们比较熟悉的一类嵌入衍生工具。可转换债券是债券的一种，它可以转换为债券发行公司的股票，通常具有较低的票面利率。从本质上讲，可转换债券是在发行公司债券的基础上附加了一份期权，并允许购买人在规定的时间范围内将其购买的债券转换成指定公司的股票。

可转换债券是一种兼具股权性和债权性的组合金融工具，它除了承诺在规定的日期支付一定的利息及到期偿还本金外，还赋予持有者在债券发行后一段时间内（转换期限），可以按照约定的条件（转换价格或转换比率）将其持有的债券转换成一定数量的发行公司的股票的权利。可转换债券具有股票和债券的双重属性，对投资者来说是"有保证本金的股票"。

可转换债券的价值评估可以分为以下3个部分：直接债券价值、转换价值和期权价值。

直接债券价值是指可转换债券不用来兑换，而是在即将到期之前直接在市场出售的价值。根据计算典型的水平附息债券的方法，计算直接债券价值的公式可表示为：每年付息一次债券的估价公式：

$$P = \sum_{t=1}^{n} \frac{C}{(1+r)^t} + \frac{M}{(1+r)^n}$$

式中：P——现值；

M——债券面值；

C——年利息；

r——贴现率；

n——持有年限。

这个 P 也就是该可转换债券的最低价值，因为如果实际出售价格低于这个价值，投资者在可转换债券到期之前便不会将其卖出，而是等到债券到期再收回本金和利息。

转换价值是指如果可转换债券按时价兑换成股票而得到的价值，亦即由可转换债券兑换而得的股票数量与股票价格的乘积。也就是说，转换价值取决于股票市场。当股票市场上下波动时，转换价值也将上下波动。但转换价值是另一种最低界限，即可转换债券售价不可能低于转换价值，如果可转换债券售价低于其转换价值，则投资者将购进可转换债券，并用其来兑换该公司股票，然后再将该股票售出，这样投资者便可获利。由于套利的结果，便使得此转换价值成为第二种最低界限。可转换债券一般都具有赎回条款，即在某一特定时间公司有权按特定价格赎回债券（可称作赎回价格），通常允许投资者选择按赎回价卖出债券或是在赎回期限前兑换股票。这样做的目的是避免金融市场利率下降或公司股票涨幅过高时给发行公司带来的风险，但更主要的功能是迫使投资者行使其转换权，这种强迫转换对发行公司是十分重要的，因为它不必再支付债券的本金，并由此调整了资本负债结构。

转换价值 = 普通股票市场价值 × 转换比率

因此，可转换债券有两个最低价值界限：直接债券价值和转换价值，其中转换价值是由公司的基本普通股价值决定的。

期权价值是指在到期之前，可转换债券的持有者拥有随时购买该债券对应股票的买权。如果愿意，便可将债券转换成股票。由于期权本身有价值，因此到期前的可转换债券的实际价值总是高于它的价值低限。可转换债券的市场价格与其价值低限的差额，便是股票买权价值，即为期权价值。当然，履行这种期权需放弃债券，也就是说，这种期权是一种其履约价等于债券价值（或赎回价值）的股票买权。可转换债券的价值通常超过直接债券价值和转换价值。之所以会发生这种情况，一般是因为可转换债券的持有者不必立即转换。相反地，持有者可以通过等待并在将来利用直接债券价值与转换价值二者孰高来选择对自己有利的策略。这份等待而得到的选择权（期权）也有价值，它将引起可转换债券的价值超过纯粹债券价值和转换价值。

因此，可转换债券的价值可以用公式表示为：

可转换债券价值 = max ｛直接债券价值，转换价值｝ + 期权价值

评估可转换债券的价值主要是判断直接债券价值和转换价值的大小及期权的价值，期权的价值评估可以使用 B – S 模型或者 Lattice 模型。

图 9 – 4 是各种金融工具的评估方法的总结。

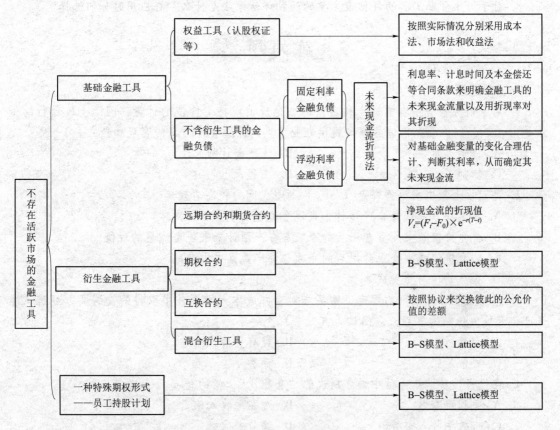

图 9 – 4　金融工具评估方法

阅读材料　　　　　　　　　　　　　　　阅读材料

金融工具评估案例　　　　　　　　　　　不良债权评估案例

思　考　题

1. 以财务报告为目的的资产评估指什么？
2. 以财务报告为目的的评估业务具体包括哪几类？
3. 资产减值测试的一般流程是什么？

4. 企业合并对价分摊是什么？其对财务报表有哪些影响？
5. 在进行企业价值合并分摊评估时要进行整体性测试，整体性测试是指什么？
6. 投资性房地产是指什么？在什么情况下需要进行投资性房地产的评估？
7. 投资性房地产评估有哪几种方法？
8. 对于衍生金融工具的评估最主要的两种评估方法是什么？在应用时如何选择？

练习题

一、单选题

1. 对于财务报告中各类资产和负债的公允价值或特定价值的计量，国际上较通行的做法是由（　　）为公允价值的确定提供专业意见，保障会计信息的客观和独立。
   A. 评估人员　　　　　　　　B. 注册会计师
   C. 律师　　　　　　　　　　D. 工程师

2. 可回收金额应当根据资产（　　）两者之间的较高者确定。
   A. 重置成本净额与资产预计未来现金流量的现值
   B. 公允价值减去处置费用后的净额与资产预计未来现金流量的现值
   C. 公允价值减去处置费用后的净额与资产重置成本净额
   D. 公允价值与重置成本

3. 根据企业合并准则的规定，购买方对合并成本大于合并中取得的被购买方可辨认净资产公允价值份额的差额，应确认为（　　）。
   A. 负债　　　　　　　　　　B. 或有负债
   C. 贬值　　　　　　　　　　D. 商誉

4. 在投资性房地产评估中通常所说的"售租比"，指的是（　　）。
   A. 毛租金乘数　　　　　　　B. 潜在毛收入乘数
   C. 有效毛收入乘数　　　　　D. 净收益乘数

5. 企业的客户贷款、客户存款、债券投资和应付债券等属于（　　）。
   A. 财务金融工具　　　　　　B. 基础金融工具
   C. 资本金融工具　　　　　　D. 衍生金融工具

6. 当以财务报告为目的的评估程序或条件受到限制时，（　　）。
   A. 应当在评估报告中说明评估程序受限情况及其对评估结论的影响
   B. 不得出具评估报告
   C. 应当明确评估报告的使用限制
   D. 出具限制性评估报告

二、多选题

1. 以财务报告为目的的评估中的价值类型主要有（　　）。
   A. 市场价值　　　　　　　　B. 清算价值
   C. 在用价值　　　　　　　　D. 持续经营价值
   E. 投资价值

2. 以财务报告为目的的评估对象、价值类型的确定要受到（　　）的影响。

A. 会计的会计政策　　　　　B. 会计计量模式
C. 会计核算方法　　　　　　D. 会计披露要求

3. 资产减值测试评估对象通常包括（　　）。
   A. 资产　　　　　　　　　B. 资产组
   C. 资产组组合　　　　　　D. 整体企业

4. 企业合并中的商誉主要由（　　）构成。
   A. 企业现有的管理团队和员工团队
   B. 并购后的协同效应，如销售额的增加、成本开支的压缩等
   C. 企业持续经营的能力
   D. 企业的商标效应

5. 在资产减值测试评估中，预测的资本性支出应当包括（　　）。
   A. 维护性资本支出
   B. 完成在建工程和开发过程中的无形资产等的必要支出
   C. 资产改良资本性支出
   D. 与企业扩张相关的资本性支出

6. 衍生金融工具包括（　　）。
   A. 远期合同　　　　　　　B. 债券投资
   C. 期货合同　　　　　　　D. 购货合同

第10章 资产评估报告

学习目标

学完本章,应该能够:
- 掌握资产评估报告的主要内容和制度;
- 理解资产评估报告书制作的技术要点;
- 熟练掌握资产评估报告书的使用范围。

关键术语

资产评估报告　基本要素　基本内容　编制　审核　应用

内容提要

资产评估报告是指评估机构按照评估工作制度有关规定,在完成评估工作后向委托方提交的说明评估过程及结果的书面报告。本章主要介绍资产评估报告的类别及作用、基本内容、编制、审核及应用。

10.1 资产评估报告的类别及作用

1. 资产评估报告的概念

资产评估报告是指资产评估师根据资产评估准则的要求,在履行必要的评估程序后,对评估对象在评估基准日特定目的下的价值发表的、由其所在评估机构出具的书面专业意见。它是按照一定格式和内容来反映评估目的、假设、程序、标准、依据、方法、结果及适用条件等基本情况的报告书。广义的资产评估报告还是一种工作制度,它规定评估机构在完成评估工作之后必须按照一定程序的要求,用书面形式向委托方及相关主管部门报告评估过程和结果。狭义的资产评估报告也叫资产评估报告书,既是资产评估机构与资产评估师完成对资产作价,就被评估资产在特定条件下的价值所发表的专业意见,也是评估机构履行评估合同情况的总结,还是评估机构与资产评估师为资产评估项目承担相应法律责任的证明文件。

《国际资产评估准则》(IVS)和《美国专业评估执业统一准则》(USPAP)对资产评估报告的规定都是从报告类型与报告要素来进行规范的,而目前我国对资产评估报告的要求则是从基本内容与格式来进行规范的。按现行有关规定,资产评估报告应该包括资产评估报告书正文、资产评估说明、资产评估明细表及相关附件。

2. 资产评估报告的种类

国际上对资产评估报告有不同的分类,如《美国专业评估执业统一准则》将评估报告分为完整型评估报告、简明型评估报告、限制型评估报告和评估复核。我国目前对资产评估报告种类的划分主要有以下3种。

① 按资产评估的对象划分,资产评估报告可分为整体资产评估报告和单项资产评估报告。整体资产评估报告通常指企业价值评估报告,单项资产评估报告是指就无形资产、不动产、机器设备等单项资产评估所出具的评估报告。

② 按照资产评估工作的内容划分,资产评估报告可分为正常评估报告、评估咨询报告和评估复核报告。正常评估报告是指为资产交易、处置、抵押、纳税、鉴证等业务提供资产价值意见而出具的评估报告。评估咨询是以评估方式和方法提供关于企业发展战略、商业计划书、兼并收购的尽职调查等方面的咨询服务,针对此类业务出具的报告称为评估咨询报告。评估复核报告通常是针对已评估事项或结果重新检验或核实而出具的报告。评估复核一方面可作为行业监管、净化评估环境、提高评估人员执业水平的手段,另一方面也是评估人员接受委托,对委托方过去的评估业务或其他特别事项做出重新估算的行为,这类评估复核本质上也起着评估咨询的作用。

③ 根据提供内容和数据资料的繁简程度,评估报告可分为完整评估报告、简明评估报告和限制用途评估报告。这是美国评估准则《美国专业评估执业统一准则》对评估报告类型的分类。3种报告类型的主要区别在于报告所提供内容和信息的详略程度不同。当报告的预期使用者仅限定为委托方时,评估人员才可以出具用途评估报告。

3. 资产评估报告的作用

资产评估报告具有以下几方面的作用。

① 为被委托评估的资产提供作价意见。资产评估报告是经具有资产评估资格的机构根据委托评估资产的特点和要求组织评估人员及相应的专业人员组成的评估队伍,遵循评估原则和标准,按照法定的程序,运用科学的方法对被评估资产价值进行评定和估算后,通过报告的形式提出作价的意见,该作价意见不代表任何当事人一方的利益,是一种独立的专家估价意见,具有较强的公正性与客观性,因而成为被委托评估资产作价的重要参考依据。

② 是反映和体现资产评估工作情况,明确委托方、受托方及有关方面责任的依据。资产评估报告用文字的形式,对受托资产评估业务的目的、背景、范围、依据、程序、方法和评定的结果进行说明和总结,体现了评估机构的工作成果。同时,资产评估报告也反映和体现受托的资产评估机构与执业人员的权利与义务,并以此来明确委托方、受托方有关方面的法律责任。在资产评估现场工作完成后,评估机构和评估人员就要根据现场工作取得的有关资料和估算数据,撰写评估结果报告书。负责评估项目的评估人员同时也在报告书上行使签字的权利,并提出报告使用的范围和评估结果实现的前提等具体条款。当然,资产评估报告也是评估机构履行评估协议和向委托方或有关方面收取评估费用的依据。

③ 对资产评估报告进行审核,是管理部门完善资产评估管理的重要手段。资产评估报告是反映评估机构和评估人员职业道德、执业能力水平,以及评估质量高低和机构内部管理机制完善程度的重要依据。有关管理部门通过审核资产评估报告,可以有效地对评估机构的业务开展情况进行监管。

④是建立评估档案、归集评估档案资料的重要信息来源。评估机构和评估人员在完成资产评估任务之后，都必须按照档案管理的有关规定，将评估过程收集的资料、工作记录及资产评估过程的有关工作底稿进行归档，以便进行评估档案的管理和使用。资产评估报告是对整个评估过程的工作总结，其内容包括评估过程的各个具体环节和各有关资料的收集与记录。因此，不仅资产评估报告的底稿是评估档案归集的主要内容，而且撰写资产评估报告过程采用的各种数据、各个依据、工作底稿和资产评估报告制度中形成的有关文字记录等都是资产评估档案的重要信息来源。

4. 资产评估报告的使用

1) 委托方对资产评估报告的应用

①作为资产重组和交易业务作价的重要参考。根据评估目的，委托方进行企业整体资产转让、并购、改制上市、企业联营、中外合资合作等经济活动，可以将资产评估结果作为资产交易价格、投资比例等的重要参考价值，以此为基础并结合具体情况进行谈判和协商。而且涉及国有资产的，必须履行评估结果的备案或者核准手续。

②作为企业进行会计记录的依据。委托方可按照有关规定，根据资产评估报告资料进行会计记录或调整有关财务账项。

③作为履行委托协议和支付评估费用的主要依据。在正常情况下，当委托方收到评估机构的正式评估报告后，应根据委托协议，将评估结果作为支付评估费用的主要依据，履行支付评估费用的承诺及其他有关承诺。

④作为法庭裁决和申请调解处理纠纷的重要材料。当发生经济纠纷及当事人因资产评估纠纷申请调解处理时，可以把资产评估报告作为重要的提供材料。

2) 资产评估管理机构对资产评估报告的应用

资产评估管理机构主要是指资产评估行政管理的主管机关和资产评估行业自律管理的行业协会。对资产评估报告的运用是资产评估管理机构实现对评估机构的行政管理和行业自律管理的重要过程。资产评估管理机构通过对评估机构出具的资产评估报告有关资料的运用，一方面，能大体了解评估机构从事评估工作的业务能力和组织管理水平。由于资产评估报告是反映资产评估工作过程的工作报告，通过对资产评估报告资料的检查与分析，评估管理机构能大致判断该机构的业务能力和组织管理水平。另一方面，也是对资产评估结果质量进行评价的依据。资产评估管理机构通过对资产评估报告进行核准或备案，能够对评估机构的评估结果质量的好坏做出客观的评价，从而能够有效地实现对评估机构和评估人员的管理。此外，通过对资产评估报告的统计与分析，可以及时了解国有资产占有和使用状况以及增减值变动情况，进一步为加强国有资产管理服务。

3) 其他有关部门对资产评估报告的应用

除了资产评估管理机构可运用资产评估报告资料外，还有一些政府管理部门也需要运用资产评估报告，主要包括证券监督管理部门、保险监督管理部门、工商行政管理、税务、金融和法院等有关部门。

证券监督管理部门对资产评估报告的运用，主要表现在对申请上市的公司有关申报材料招股说明书的审核过程，以及对上市公司的股东配售发行股票时申报材料配股说明书的审核过程。根据有关规定，公开发行股票的公司的信息披露至少要列示以下各项资产评估情况：

① 按资产负债表大类划分的公司各类资产评估前账面价值及固定资产净值；
② 公司各类资产评估净值；
③ 各类资产增减值幅度；
④ 各类资产增减值的主要原因。

此外，还应简单介绍资产评估时采用的主要评估方法。

上市公司定向增发，其增发说明书的备查文件必须附上资产评估报告。另外，证券监督管理部门还可运用资产评估报告和有关资料加强对取得证券业务评估资格的评估机构及有关人员的业务管理。

企业登记注册，如果涉及非现金资产（如专利、注册商标等）作为投入资本，工商管理部门需要了解非现金资产的公允价值，此时将使用投入资产的评估报告。

资产纳税（如房产税）时，税务部门需要了解应税资产的市场价值，此时将使用应税资产的评估报告。

企业抵押贷款时，银行等金融机构需要了解被抵押资产的市场价值，此时将使用被抵押资产的评估报告。

阅读材料

我国资产评估报告规范历程

在侵权赔偿、财产分割等诉讼案件中，法院需要了解涉案资产的公允价值，此时将使用涉案资产的评估报告。

10.2 资产评估报告的基本要求和内容

1. 资产评估报告的基本要求

资产评估报告的基本要求有以下几个方面。

① 资产评估人员应当清晰、准确地陈述评估报告内容，不得使用误导性的表述。

② 资产评估人员应当在评估报告中提供必要信息，使评估报告使用者能够合理理解评估结论。

③ 资产评估人员执行资产评估业务，可以根据评估对象的复杂程度、委托方要求，合理确定评估报告的详略程度。

④ 执行资产评估业务，因法律法规规定、客观条件限制，无法或者不能完全履行资产评估基本程序，经采取措施弥补程序缺失且未对评估结论产生重大影响的，可以出具资产评估报告，但应当在资产评估报告中说明资产评估程序受限情况、处理方式及其对评估结论的影响。如果程序受限对评估结论产生重大影响或者无法判断其影响程度，不得出具资产评估报告。

⑤ 资产评估报告应当由至少两名承办该项业务的资产评估师签名并加盖资产评估机构印章。法定资产评估业务的资产评估报告应当由至少两名承办该项业务的资产评估师签名并加盖资产评估机构印章。

⑥ 资产评估报告应当使用中文撰写。需要同时出具外文评估报告的，以中文评估报告为准。评估报告一般以人民币为计量币种，使用其他币种计量的，应当注明该币种与人民币的汇率。

⑦ 资产评估报告应当明确评估报告的使用有效期。通常，只有当评估基准日与经济行为实现日相距不超过一年时，才可以使用资产评估报告。

2. 资产评估报告的基本内容

1）资产评估报告的主要内容

资产评估报告应当包括下列主要内容：

① 标题及文号；

② 声明；

③ 摘要；

④ 正文；

⑤ 附件。

2）资产评估报告正文的基本内容

① 委托人及其他资产评估报告使用人。资产评估报告使用人包括委托人、资产评估委托合同中约定的其他资产评估报告使用人和法律、行政法规规定的资产评估报告使用人。报告正文的委托方与产权持有者简介应较为详细地分别介绍委托方、产权持有者的情况，当委托方和占有方相同时，可作为产权持有者介绍，也要写明委托方和产权持有者之间的隶属关系或经济关系。无隶属关系或经济关系的，应写明发生评估的原因，当产权持有者为多家企业时，还须逐一介绍。

② 评估目的。评估报告载明的评估目的应当唯一，表述应当明确、清晰。报告正文的评估目的应写明本次资产评估是为了满足委托方的何种需要及其所对应的经济行为类型，涉及国有资产评估，要准确说明该经济行为是否经过批准，若已获批准，应写出批准文件的名称、批准单位、批准日期及文号。

③ 评估对象和评估范围。具体描述评估对象的基本情况，通常包括法律权属状况、经济状况和物理状况。这部分应写明纳入评估范围的资产及其类型，并列出评估前的账面金额。若评估资产为多家占有，应说明各自的份额及对应资产类型。

④ 价值类型。这部分应说明评估所选择的价值类型，明确其定义，并说明选择价值类型的理由。一般情况下可供选择的价值类型包括市场价值、投资价值、在用价值、清算价值和残余价值等。

⑤ 评估基准日。评估报告应当载明评估基准日，并与资产评估委托合同约定的评估基准日保持一致。评估报告应当说明选取评估基准日时重点考虑的因素。评估基准日可以是现在时点，也可以是过去或者将来的时点。

⑥ 评估依据。评估报告应当说明评估遵循的法律依据、准则依据、权属依据及取价依据等。

⑦ 评估方法。应在这部分中说明评估过程中所选择、使用的评估方法和选择评估方法的依据或原因。对某项资产评估采用一种以上评估方法的，还应说明原因并说明该资产价值确定的方法。对选择特殊评估方法的，也应介绍其原理与适用范围。

⑧ 评估程序实施过程和情况。评估报告应当说明评估程序实施过程中现场调查、资料收集与分析、评定估算等主要内容。这部分应反映评估机构自接受评估项目委托起至提交评估报告的全过程，包括接受委托过程中确定评估目的、对象及范围，基准日和拟订评估方案的过程；资产清查中指导产权持有者清查、收集准备资料、检查与验证等过程；评估估算中的现场检测与鉴定、评估方法选择、市场调查与分析过程；评估汇总中的结果汇总、评估结论分析、撰写报告与说明、内部复核过程，以及提交评估报告等过程。

⑨ 评估假设。评估报告应当披露评估假设及其对评估结论的影响。要说明评估中的各种假设,包括外部宏观环境、行业未来发展、企业未来发展的假设。

⑩ 评估结论。这部分是报告正文的重要部分。应当在评估报告中以文字和数字形式清晰地说明评估结论,并明确评估结论的使用有效期。评估结论通常是确定的数值。经与委托人沟通,评估结论可以是区间值或者其他形式的专业意见。应使用表述性文字完整地叙述评估机构对评估结果发表的结论,对资产、负债、净资产的账面价值、调整后账面价值、评估价值及其增减幅度进行表述。此外,还应单独列示不纳入评估汇总表的评估结果。

评估结论是资产评估报告的最终要求,评估结论应清晰、明确地列示,必要时应有一定的说明。在实际工作中,涉及国有资产评估的,一般要提供资产评估结果汇总表,如表 10-1 所示。

表 10-1 资产评估结果汇总表

资产占有单位:　　　　　　　　基准日:　　　　　　　　单位:万元

资产项目	账面原值	账面净值	调整后净值	重置价值	评估值	增加值	增加率/%
流动资产							
长期投资							
在建工程							
建筑物							
机器设备							
土地使用权							
无形资产							
资产总计							
流动负债							
长期负债							
负债总计							
净资产							

⑪ 特别事项说明。包括产权瑕疵;未决事项、法律纠纷等不确定因素;重大期后事项;在不违背资产评估准则基本要求的情况下,采用的不同于资产评估准则规定的程序和方法。资产评估师应当说明特别事项可能对评估结论产生的影响,并重点提示评估报告使用者予以关注。

⑫ 资产评估报告使用限制说明。包括使用范围;委托人或者其他资产评估报告使用人未按照法律、行政法规规定和资产评估报告载明的使用范围使用资产评估报告的,资产评估机构及其资产评估专业人员不承担责任;除委托人、资产评估委托合同中约定的其他资产评估报告使用人和法律、行政法规规定的资产评估报告使用人之外,其他任何机构和个人不能成为资产评估报告的使用人;资产评估报告使用人应当正确理解和使用评估结论,评估结论不等同于评估对象可实现价格,评估结论不应当被认为是对评估对象可实现价格的保证。

⑬ 资产评估报告日。评估师形成最终专业意见的日期,即报告签发日。

⑭ 资产评估专业人员签名和资产评估机构盖章。

3)附件的基本内容

资产评估报告的附件至少要包括以下基本内容:

① 评估对象所涉及的主要权属证明资料;
② 委托方和相关当事方的承诺函;
③ 资产评估机构及签字资产评估师资质、资格证明文件;
④ 评估对象涉及的资产清单或资产汇总。

如果涉及国有资产评估,根据《企业国有资产评估报告指南》的规定,附件的要求将更加严格,具体包括:

① 与评估目的相对应的经济行为文件;
② 被评估单位专项审计报告;
③ 委托方和被评估单位法人营业执照;
④ 委托方和被评估单位产权登记证;
⑤ 评估对象涉及的主要权属证明资料;
⑥ 委托方和相关当事方的承诺函;
⑦ 签字资产评估师的承诺函;
⑧ 资产评估机构资格证书;
⑨ 资产评估机构法人营业执照副本;
⑩ 负责该评估业务的资产评估师资格证明文件;
⑪ 重要取价依据(如合同、协议);
⑫ 评估业务约定书;
⑬ 其他重要文件。

如果该评估业务需要进行专项审计,还需要将企业评估基准日专项审计报告(含会计报表和附注)作为评估报告附件。如果无须进行专项审计,则需要将企业确认的与经济行为相对应的评估基准日企业财务报表作为评估报告附件。如果引用其他机构出具的报告结论,且所引用的报告经相应主管部门批准(备案)的,需要将批准(备案)文件作为评估报告附件。

4)资产评估说明的基本内容

资产评估说明是国有资产评估报告的组成部分,非国有资产评估报告无须提供评估说明。

资产评估说明描述评估人员和评估机构对其评估项目的评估程序、方法、依据、参数选取和计算过程,通过委托方、资产占有方充分揭示对资产评估行为和结果构成重大影响的事项,说明评估操作符合相关法律、行政法规和行业规范要求。资产评估说明也是资产评估报告的组成部分,在一定程度上决定评估结果的公允性,保护评估行为相关各方的合法利益。

按有关规定,评估说明中所揭示的内容应同评估报告正文所阐述的内容一致。评估机构、资产评估人员及委托方、资产占有方应保证其撰写或提供的构成评估说明各组成部分的内容真实完整,未做虚假陈述,也未遗漏重大事项。

评估说明是由委托方与资产占有方共同撰写并由负责人签字,加盖公章,签署日期。这部分应包括以下几个方面:

① 委托方与资产占有方概况;
② 关于评估目的的说明;

③ 关于评估范围的说明；
④ 关于评估基准日的说明；
⑤ 可能影响评估工作的重大事项说明；
⑥ 资产及负债清查情况的说明；
⑦ 列示资产委托方、资产占有方提供的资产评估资料清单。

5）资产评估明细表的基本内容及样表

（1）资产评估明细表的基本内容

资产评估明细表是反映被评估资产评估前后的资产、负债明细情况的表格。它是资产评估报告的组成部分，也是资产评估结果得到认可、评估目的的经济行为实现后作为调整账目的主要依据之一。其基本内容包括以下几个方面：

① 资产及负债的名称、发生日期、账面价值、评估价值等；
② 反映资产及负债特征的项目；
③ 反映评估增减值情况的栏目和备注栏目；
④ 反映被评估资产会计科目名称、资产占有单位、评估基准日、表号、金额单位、页码内容的资产评估明细表表头；
⑤ 评估明细表设立逐级汇总；
⑥ 资产评估明细表一般应按会计科目顺序排列装订。

（2）资产评估明细表样表

样表包括以下几个层次：资产评估结果汇总表、资产评估结果分类汇总表、各项资产清查评估汇总表及各项资产清查评估明细表。

10.3　资产评估报告的编制、审核与编制技术

1. 资产评估报告的编制与审核

（1）资产评估报告的编制

编制评估报告是完成评估工作的最后一道工序，也是评估工作中的一个很重要的环节。通过评估报告不仅要真实、准确地反映评估工作情况，而且表明评估人员在今后一段时期里对评估的结果和有关的附件资料承担相应的法律责任。这就要求评估人员编制的报告要思路清晰，文字简练准确，有关取证材料和数据真实可靠。为了达到这些要求，评估人员应按下列步骤进行评估报告的编制。

① 评估资料的分类整理。占有大量真实的评估工作记录，是编制评估报告的基础，包括被估资产的有关背景资料、技术鉴定情况资料及其他可供参考的数据记录等。一般来说，一个较复杂的评估项目是由一组评估人员合作完成的。为了正确地反映评估的全过程，首先要求评估小组按工作的分工情况，将全部评估资料进行分类整理，包括评估作业分析表的审核、评估依据的说明、分类明细表的编制，最后形成分类评估的文字资料。

② 评估资料的分析讨论。在整理分类资料工作完成后，应召集参与评估工作过程的有关人员，对评估的情况和初步结论进行分析讨论，如果发现提法不妥、计算错误、作价不合理等方面的问题，要进行必要的调整。尤其是采用两种不同方法评估并得出两个结论的，要在充分讨论的基础上，得出一个正确的结论。

③ 评估资料的汇总和评估报告的编排。评估报告的总纂人应根据分类评估资料讨论后的修正意见，进行全部资料的汇总编排和评估结果报告的编写，审查复核无误后打印正式报告，并将正式报告及附件交付客户。如果客户另有要求，评估人员还应向客户进行特别说明。

④ 评估报告先由项目经理（或负责人）审核，再报评估机构经理（或负责人）审核签发，必要时可组织有关专家会审。

（2）资产评估报告责任制度

资产评估报告作为法律文书，出具资产评估报告应承担法律责任。资产评估报告中的责任人分别承担自身的责任。根据规定，资产评估人员（两名及以上）、法定代表人或者合伙人应分别在资产评估报告上签字，并承担相应的责任。

评估中的风险和责任是客观存在的，明确负责人是为了确定责任范围。但负责人并不是被动地承担风险，而应该采取各项措施规避风险。

我国《资产评估准则——程序准则》规定，资产评估人员应当对评估报告及评估程序执行情况进行必要的内部审核。在评估实践中，评估报告通常要经过3级审核：项目负责人审核、项目复核人审核和法定代表人审核。

项目负责人着重从自身基本职责和操作实务的角度审核评估报告，具体要求如下。

① 根据上级关于资产评估报告结构的规定，从总体机构上审核评估报告正文的编制是否达到以下要求：内容是否完整，应列入报告的各项内容是否都已分别叙述清楚，有无错漏；附件有无短缺；改正报告中文字上的差错等。

② 通过审核评估报告，回顾本项目开展评估的全过程，审视整体评估工作是否客观、公正、科学，是否全部符合关于资产评估操作程序的规定，如发现有疏忽不妥之处，要及时弥补。

③ 重点审核评估结果，对报告所列各类资产和负债以及总资产、净资产的评估依据、评估价值认真进行审核，保证评估结果的科学性、准确性、客观性、公正性、有效性。

项目复核人对评估报告的审核尤为重要。国家评估准则规定：项目复核人应承担与项目负责人相同的责任。项目复核人审核评估报告的具体要求如下。

① 项目复核人要在项目负责人初步审核的基础上，对已初步修正的评估报告再次就以上审核内容进行审核。

② 对评估报告的审核，要结合审核评估说明，保持二者的一致性，防止初审后再出现错漏之处。

③ 项目复核人审核的关键点是评估结果。要从保证评估结果的可靠性、准确性出发，着重审核报告所列各项数据，特别是评估结果，即报告最后向委托方报告的本项目的评估价值。在审核中，必要时应对报告所列各项数据着重重新审核、计算，以求万无一失。

④ 对评估报告的文字等进一步审核、改正。

法定代表人要对评估报告进行最后的把关，应在项目负责人、项目复核人审核的基础上，着重从政策上、原则上、业务规程执行和评估结果的科学性上把关，主要要求如下。

① 审核报告是否符合合法性原则。

② 对涉及本项目评估的实质性内容进行审核。

③ 对评估报告从总体结构等方面做最后的审核。

2. 资产评估报告制作的技术要点

资产评估报告制作的技术要点是指在资产评估报告制作过程中的主要技能要求，它具体包括文字表达、格式与内容方面的技能要求，以及复核与反馈方面的技能要求等。

（1）文字表达方面的技能要求

资产评估报告既是一份对被评估资产价值有咨询性和公证性作用的文书，又是一份用来明确资产评估机构和评估人员工作责任的文字依据，所以它的文字表达既要清楚、准确，又要提供充分的依据说明，还要全面叙述整个评估的具体过程。其文字的表达必须准确，不得使用模棱两可的措辞；其陈述既要简明扼要，又要把有关问题说清楚，不得带有任何诱导、恭维和推荐性的陈述。在文字表达上不能带有大包大揽的语句，尤其是涉及承担责任条款的部分。

（2）格式和内容方面的技能要求

资产评估报告的格式和内容必须严格遵循财政部颁发的《资产评估报告基本内容与格式的暂行规定》。

（3）评估报告的复核及反馈方面的技能要求

资产评估报告的复核与反馈也是资产评估报告制作的具体技能要求。通过对工作底稿、评估说明、评估明细表和报告正文的文字、格式及内容的复核和反馈，可以使有关错误、遗漏等问题在出具正式报告之前得到修正。大多数资产评估委托方和占有方对委托评估资产的分布、结构、成新等具体情况比较熟悉，所以在出具正式报告之前征求委托方意见，收集反馈意见也很有必要。

（4）撰写报告应注意的事项

资产评估报告的制作技能除需要掌握上述三个方面的技术要点外，还应注意以下几个事项。

① 实事求是，切忌出具虚假报告。报告必须建立在真实、客观的基础上，不能脱离实际情况，更不能无中生有。报告拟定人应是参与该项目并较全面地了解该项目情况的主要评估人员。

② 坚持一致性做法，切忌出现表里不一。报告文字、内容前后要一致，摘要、正文、评估说明、评估明细表内容与格式、数据要一致。

③ 提交报告要及时、齐全和保密。在正式完成资产评估工作后，应按业务约定书的约定时间及时将报告送交委托方。送交报告时，报告及有关文件要送交齐全。涉及外商投资项目的对中方资产评估的评估报告，必须严格按照有关规定办理。此外，要做好客户保密工作，尤其是对评估涉及的商业秘密和技术秘密，更要加强保密工作。

思 考 题

1. 资产评估报告有哪些作用？
2. 资产评估报告的主要内容是什么？
3. 撰写资产评估报告的基本技能有哪些？
4. 委托方使用资产评估报告应注意哪些问题？

练习题

一、单选题

1. 广义的资产评估报告是（　　）。
   A. 一种工作制度　　　　　　B. 资产评估报告书
   C. 公证性报告　　　　　　　D. 企业法律责任文件

2. 资产评估报告基本制度是规定资产评估机构完成国有资产评估工作后由相关国有资产管理部门或代表单位对评估报告进行（　　）的制度。
   A. 审核验证　　　　　　　　B. 核准备案
   C. 结果确认　　　　　　　　D. 立项审批

3. 按有关规定，国有资产评估说明中的进行资产评估有关事项的说明是由（　　）提供的。
   A. 委托方　　　　　　　　　B. 受托方
   C. 产权持有方　　　　　　　D. 委托方与产权持有方

4. 评估基准日应根据经济行为的性质由（　　）确定，并尽可能与评估目的的实现日接近。
   A. 受托方　　　　　　　　　B. 委托方
   C. 产权持有方　　　　　　　D. 以上均可

5. 按有关规定，上市公司定向增发，其增发说明书的备查文件必须附上（　　）。
   A. 各类资产评估的净值　　　B. 各类资产增减幅度
   C. 资产评估报告　　　　　　D. 资产评估结果确认书

二、多选题

1. 按国有资产评估报告制度规定，资产评估报告应包括（　　）。
   A. 资产评估报告正文　　　　B. 资产评估说明
   C. 资产评估明细表及相关文件　D. 资产评估结果确认书

2. 资产评估报告的基本要素一般包括（　　）。
   A. 评估方法
   B. 评估目的
   C. 评估基准日
   D. 委托方、产权持有者和委托方以外的其他评估报告使用者
   E. 资产评估立项通知书

3. 国有资产评估报告正文阐明的评估依据包括（　　）。
   A. 法律法规依据　　　　　　B. 经济行为依据
   C. 产权依据　　　　　　　　D. 取价依据
   E. 计算依据

4. 按国有资产评估报告制度规定，资产评估明细表样表包括（　　）。
   A. 资产评估结果汇总表　　　B. 资产评估结果分类汇总表
   C. 各项资产清查评估汇总表　D. 各项资产清查评估明细表

E. 资产评估过程表
5. 资产评估报告正文应列的内容有（　　）。
   A. 评估对象和评估范围　　　　B. 评估假设
   C. 特别事项说明　　　　　　　D. 资产评估明细表
6. 资产评估报告制作的技术要点有（　　）。
   A. 文字表达方面的技能要求
   B. 格式和内容方面的技能要求
   C. 评估报告的复核及反馈方面的技能要求
   D. 评估报告的验证与确认
7. 对资产评估报告的分类一般包括（　　）。
   A. 简明评估报告　　　　　　　B. 完整评估报告
   C. 受托方评估报告　　　　　　D. 限制用途评估报告

附录 A　复利系数公式和复利系数表

A.1　复利系数公式

上述的各种复利系数公式总结如下：

复利系数名称	符　号	公　式
（1）整付复本利系数	$(F/P, i, n)$	$(1+i)^n$
（2）整付现值系数	$(P/F, i, n)$	$(1+i)^{-n}$ 或 $\dfrac{1}{(1+i)^n}$
（3）年金复本利系数	$(F/A, i, n)$	$\dfrac{(1+i)^n - 1}{i}$
（4）基金年存系数	$(A/F, i, n)$	$\dfrac{i}{(1+i)^n - 1}$
（5）年金现值系数	$(P/A, i, n)$	$\dfrac{(1+i)^n - 1}{i(1+i)^n}$
（6）投资回收系数	$(A/P, i, n)$	$\dfrac{i(1+i)^n}{(1+i)^n - 1}$

从上述公式中，可以清楚地看出各种系数之间的关系。在整付复本利系数和整付现值系数之间、年金复本利系数和基金年存系数之间、年金现值系数和投资回收系数之间，都存在着一种倒数关系。

A.2　复利系数表

为了便于时间价值的换算，根据上述公式计算的 6 种复利系数表附于表 A-1～表 A-4 中。

附录 A　复利系数公式和复利系数表

表 A-1　8%复利系数表

年限	整付复本利系数 已知现值求将来值	整付现值系数 已知将来值求现值	年金复本利系数 已知年金求将来值	基金年存系数 已知将来值求年金	年金现值系数 已知年金求现值	投资回收系数 已知现值求年金
1	1.080 0	0.925 9	1.000 0	1.000 0	0.925 9	1.080 0
2	1.166 4	0.857 3	2.080 0	0.480 8	1.783 3	0.560 8
3	1.259 7	0.793 8	3.246 4	0.308 0	2.577 1	0.388 0
4	1.360 5	0.735 0	4.506 1	0.221 9	3.312 1	0.301 9
5	1.469 3	0.680 6	5.866 6	0.170 5	3.992 7	0.250 5
6	1.586 9	0.630 2	7.335 9	0.136 3	4.622 9	0.216 3
7	1.713 8	0.583 5	8.922 8	0.112 1	5.206 4	0.192 1
8	1.850 9	0.540 3	10.636 6	0.094 0	5.746 6	0.174 0
9	1.999 0	0.500 2	12.487 6	0.080 1	6.246 9	0.160 1
10	2.158 9	0.463 2	14.486 6	0.069 0	6.710 1	0.149 0
11	2.331 6	0.428 9	16.645 5	0.060 1	7.139 0	0.140 1
12	2.518 2	0.397 1	18.977 1	0.052 7	7.536 1	0.132 7
13	2.719 6	0.367 7	21.495 3	0.046 5	7.903 8	0.126 5
14	2.937 2	0.340 5	24.214 9	0.041 3	8.244 2	0.121 3
15	3.172 2	0.315 2	27.152 1	0.036 8	8.559 5	0.116 8
16	3.425 9	0.291 9	30.324 3	0.033 0	8.851 4	0.113 0
17	3.700 0	0.270 3	33.750 3	0.029 6	9.121 6	0.109 6
18	3.996 0	0.250 2	37.450 3	0.026 7	9.371 9	0.106 7
19	4.315 7	0.231 7	41.446 3	0.024 1	9.603 6	0.104 1
20	4.661 0	0.214 5	45.762 0	0.021 9	9.818 1	0.101 9
21	5.033 8	0.198 7	50.423 0	0.019 8	10.016 8	0.099 8
22	5.436 5	0.183 9	55.456 8	0.018 0	10.200 7	0.099 0
23	5.871 5	0.170 3	60.893 3	0.016 4	10.371 1	0.096 4
24	6.341 2	0.157 7	66.764 8	0.015 0	10.528 8	0.095 0

表 A-2 10%复利系数表

年限	整付复本利系数 已知现值求将来值	整付现值系数 已知将来值求现值	年金复本利系数 已知年金求将来值	基金年存系数 已知将来值求年金	年金现值系数 已知年金求现值	投资回收系数 已知现值求年金
1	1.100 0	0.909 1	1.000 0	1.000 0	0.909 1	1.100 0
2	1.210 0	0.826 4	2.100 0	0.476 2	1.735 5	0.576 2
3	1.331 0	0.751 3	3.310 0	3.302 1	2.486 9	0.402 1
4	1.464 1	0.683 0	4.641 0	0.215 5	3.169 9	0.315 5
5	1.610 5	0.620 9	6.105 1	0.163 8	3.790 8	0.263 8
6	1.771 6	0.564 5	7.715 6	0.129 6	4.355 3	0.229 6
7	1.948 7	0.513 2	9.487 2	0.105 4	4.868 4	0.205 4
8	2.143 6	0.466 5	11.435 9	0.087 4	5.334 9	0.187 4
9	2.357 9	0.424 1	13.579 5	0.073 6	5.759 0	0.173 6
10	2.593 7	0.385 5	15.937 4	0.062 7	6.144 6	0.162 7
11	2.853 1	0.350 5	18.531 2	0.054 0	6.495 1	0.154 0
12	3.138 4	0.318 6	21.384 3	0.046 8	6.813 7	0.146 8
13	3.452 3	0.289 7	24.522 7	0.040 8	7.103 4	0.140 8
14	3.797 5	0.263 3	27.975 0	0.035 7	7.366 7	0.135 7
15	4.177 2	0.239 4	31.772 5	0.031 5	7.606 1	0.131 5
16	4.595 0	0.217 6	35.949 7	0.027 8	7.823 7	0.127 8
17	5.054 5	0.197 8	40.544 7	0.024 7	8.021 6	0.124 7
18	5.559 9	0.179 9	45.599 2	0.021 9	8.201 4	0.121 9
19	6.115 9	0.163 5	51.159 1	0.019 5	8.364 9	0.119 5
20	6.727 5	0.148 6	57.275 0	0.017 5	8.513 6	0.117 5
21	7.400 3	0.135 1	64.002 5	0.015 6	8.648 7	0.115 6
22	8.140 3	0.122 8	71.402 8	0.014 0	8.771 5	0.114 0
23	8.954 3	0.111 7	79.543 1	0.012 6	8.883 2	0.112 6
24	9.849 7	0.101 5	88.494 7	0.011 3	8.897 4	0.111 3

附录 A 复利系数公式和复利系数表

表 A-3 12%复利系数表

年限	整付复本利系数 已知现值求将来值	整付现值系数 已知将来值求现值	年金复本利系数 已知年金求将来值	基金年存系数 已知将来值求年金	年金现值系数 已知年金求现值	投资回收系数 已知现值求年金
1	1.1200	0.8929	1.0000	1.0000	0.8929	1.1200
2	1.2544	0.7972	2.1200	0.4717	1.6901	0.5917
3	1.4049	0.7118	3.3744	0.2963	2.4018	0.4163
4	1.5735	0.6355	4.7793	0.2092	3.0373	0.3292
5	1.7623	0.5674	6.3528	0.1574	3.6048	0.2774
6	1.9738	0.5066	8.1152	0.1232	4.1114	0.2432
7	2.2107	0.4523	10.0890	0.0991	4.5638	0.2191
8	2.4760	0.4039	12.2997	0.0813	4.9676	0.2013
9	2.7731	0.3606	14.7757	0.0677	5.3283	0.1877
10	3.1058	0.3220	17.5487	0.0570	5.6502	0.1770
11	3.4785	0.2875	20.6546	0.0484	5.9377	0.1684
12	3.8960	0.2567	24.1331	0.0414	6.1944	0.1614
13	4.3635	0.2292	28.0291	0.0357	6.4235	0.1557
14	4.8871	0.2046	32.3926	0.0309	6.6282	0.1509
15	5.4736	0.1827	37.2797	0.0268	6.8109	0.1468
16	6.1304	0.1631	42.7533	0.0234	6.9740	0.1434
17	6.8660	0.1456	48.8837	0.0205	7.1196	0.1405
18	7.6900	0.1300	55.7497	0.0179	7.2497	0.1379
19	8.6128	0.1161	63.4397	0.0158	7.3658	0.1358
20	9.6463	0.1037	72.0524	0.0139	7.4694	0.1339
21	10.8038	0.0926	81.6987	0.0122	7.5620	0.1322
22	12.1003	0.0826	92.5026	0.0108	7.6446	0.1308
23	13.5523	0.0738	104.6029	0.0096	7.7184	0.1296
24	15.1786	0.0659	118.1552	0.0085	7.7843	0.1285

表 A-4　15%复利系数表

年限	整付复本利系数 已知现值求将来值	整付现值系数 已知将来值求现值	年金复本利系数 已知年金求将来值	基金年存系数 已知将来值求年金	年金现值系数 已知年金求现值	投资回收系数 已知现值求年金
1	1.1500	0.8696	1.0000	1.0000	0.8696	1.1500
2	1.3225	0.7561	2.1500	0.4651	1.6257	0.6151
3	1.5209	0.6575	3.4725	0.2880	2.2832	0.4380
4	1.7490	0.5718	4.9934	0.2003	2.8550	0.3503
5	2.0114	0.4972	6.7424	0.1483	3.3522	0.2983
6	2.3131	0.4323	8.7535	0.1142	3.7845	0.2642
7	2.6600	0.3759	11.0668	0.0904	4.1604	0.2404
8	3.0590	0.3269	13.7268	0.0729	4.4873	0.2229
9	3.5179	0.2843	16.7858	0.0596	4.7716	0.2096
10	4.0456	0.2472	20.3037	0.0493	5.0188	0.1993
11	4.6524	0.2149	24.3493	0.0411	5.2337	0.1911
12	5.3503	0.1869	29.0017	0.0345	5.4206	0.1845
13	6.1528	0.1625	34.3519	0.0291	5.5831	0.1791
14	7.0757	0.1413	40.5047	0.0247	5.7245	0.1747
15	8.1371	0.1229	47.5804	0.0210	5.8474	0.1710
16	9.3576	0.1069	55.7175	0.0179	5.9542	0.1679
17	10.7613	0.0929	65.0751	0.0154	6.0472	0.1654
18	12.3755	0.0808	75.8364	0.0132	6.1280	0.1632
19	14.2318	0.0703	88.2118	0.0113	6.1982	0.1613
20	16.3665	0.0611	102.4436	0.0098	6.2593	0.1598
21	18.8215	0.0531	118.8101	0.0084	6.3125	0.1584
22	21.6447	0.0462	137.6316	0.0073	6.3587	0.1573
23	24.8915	0.0402	159.2764	0.0063	6.3988	0.1563
24	28.6252	0.0349	184.1679	0.0054	6.4338	0.1554

参 考 文 献

[1] 汪海粟. 无形资产评估实务 [M]. 北京：中国财政经济出版社，2015.
[2] 汪海粟. 资产评估 [M]. 北京：高等教育出版社，2021.
[3] 全国注册资产评估师考试辅导教材编写组. 资产评估 [M]. 北京：中国财政经济出版社，2022.
[4] 刘玉平. 资产评估教程 [M]. 北京：中国财政经济出版社，2022.
[5] 乔志敏. 资产评估学教程 [M]. 北京：中国人民大学出版社，2020.
[6] 朱萍. 资产评估学教程 [M]. 上海：上海财经大学出版社，2020.
[7] 中国资产评估协会. 美国评估行业统一操作规范 [M]. 北京：经济科学出版社，2000.
[8] 中国资产评估协会. 国际资产评估标准 [M]. 北京：经济科学出版社，2022.
[9] 中国房地产估价师学会. 房地产：估价理论与方法 [M]. 北京：中国物价出版社，2022.
[10] 周诚. 土地经济研究 [M]. 北京：中国大地出版社，2023.
[11] 中国注册会计师协会. 资产评估准则：无形资产释义 [M]. 北京：经济科学出版社，2017.
[12] 刘曼红. 公司理财 [M]. 北京：中国人民大学出版社，2021.
[13] 中华人民共和国住房和城乡建设部. 房地产估价规范：GB/T5291—2015 [S]. 北京：中国建筑工业出版社，2015.
[14] 康纳尔. 公司价值评估 [M]. 北京：华夏出版社，2001.
[15] 科普兰. 价值评估 [M]. 北京：中国大百科全书出版社，2020.
[16] 巴伦. 怎样为盈利公司定价 [M]. 北京：经济科学出版社，2001.
[17] 达摩达兰. 应用公司理财 [M]. 北京：机械工业出版社，2015.
[18] 阿姆拉姆，库拉蒂拉卡. 实物期权：不确定性环境下的战略投资管理 [M]. 北京：机械工业出版社，2001.
[19] 海尔菲特. 财务分析技术 [M]. 北京：中国财政经济出版社，2005.
[20] 权忠光，肖翔. 资产评估实务 [M]. 北京：中央广播电视大学出版社，2005.
[21] 财务部注册会计师考试委员会办公室. 财务成本管理 [M]. 北京：经济科学出版社，2022.
[22] 许晓峰. 资产评估理论与实务 [M]. 上海：立信会计出版社，2022.
[23] 朱萍. 资产评估学教程 [M]. 上海：上海财经大学出版社，2012.
[24] 宋传联，间大柱，于洪. 资产评估理论与实务 [M]. 北京：机械工业出版社，2022.
[25] 权曹中. 企业价值评估实务 [M]. 北京：中国财政经济出版社，2020.
[26] 姜楠，王景升. 资产评估 [M]. 大连：东北财经大学出版社，2019.
[27] 中国资产评估协会. 资产评估的系列相关评估准则 [M]. 北京：经济科学出版社，2013.

[28] 美国评估促进会评估准则委员会. 美国资产评估准则[M]. 王诚军, 译. 北京: 中国人民大学出版社, 2020.

[29] 谢喻江. 基于EVA的成长期高新技术企业价值评估[J]. 财会通讯, 2017 (5).

[30] 刘娥平, 李泽熙. 业绩承诺的价值与定增并购价格偏离: 基于B–S期权定价模型[J]. 南方经济, 2020 (10).

[31] 雷鸣, 陈舒忻, 叶五一. 双侧伽马期权定价与B–S模型的比较研究[J]. 运筹与管理, 2021, 30 (7).

[32] 赵世君, 王妍妍. 经济增加值考核对自由现金流与过度投资关系的调节效应: 基于央企控股上市公司的动态面板数据模型[J]. 上海对外经贸大学学报, 2023, 30 (1).

[33] 郝婷, 马研硕. 经济增加值考核是否会引发企业研发操纵行为: 基于双重差分模型的实证研究[J]. 中国科技论坛, 2022 (10).

[34] 刘义鹃, 张雨朦. 经济增加值法: 解读与应用案例[J]. 会计之友, 2020 (20).

[35] 徐云, 凌筱婷, 范瑞璇. 会计计量模式的运用会影响企业价值评估吗[J]. 会计研究, 2022 (10).

[36] 王治, 李馨岚. 互联网企业价值评估模型比较研究[J]. 财经理论与实践, 2021, 42 (5).

[37] 彭瑞清. 股权并购中评估增值对后续利润影响的案例分析[J]. 中国注册会计师, 2020 (11).

[38] 朱伟民, 姜梦柯, 赵梅, 等. 互联网企业EVA估值模型改进研究[J]. 财会月刊, 2019 (24).

[39] 孙永生, 肖飒. 企业并购中协同价值评估: 以久其软件并购瑞意恒动为例[J]. 财会通讯, 2019 (14).

[40] 马尚. 超额收益法在商誉价值评估中的应用分析: 基于马尔科夫链修正的灰色神经网络模型[J]. 财会通讯, 2019 (29).

[41] 耿建新, 丁含. 资产评估机构对商誉泡沫的影响及机制研究[J]. 管理学报, 2021, 18 (11).

[42] 甘露. 商誉减值测试收益法研究: 以A公司收购为例[J]. 中国注册会计师, 2023 (7).

[43] 徐云, 凌筱婷, 范瑞璇. 会计计量模式的运用会影响企业价值评估吗[J]. 会计研究, 2022 (10).

[44] 郭泰岳. 上市公司并购中目标企业价值评估研究: 以互联网企业为例[J]. 技术经济与管理研究, 2020 (1).

[45] 刘妍. 专利价值评估研究综述与趋势展望[J]. 图书情报工作, 2022, 66 (15).

[46] 高华, 姜超凡. 应用场景视角下的数据资产价值评估[J]. 财会月刊, 2022 (17).

[47] 王静, 王娟. 互联网金融企业数据资产价值评估: 基于B—S理论模型的研究[J]. 技术经济与管理研究, 2019 (7).

[48] 翟东升, 陈曾曾, 徐硕, 等. 基于实物期权的专利组合估值方法研究[J]. 情报杂志, 2021, 40 (6).

[49] 申海成, 张腾. 知识产权评估的驱动因素、存在问题及对策[J]. 会计之友, 2019

(2).

[50] 赵小敏,曹光斌,费梦钰等. 基于加权类比的软件成本估算方法[J]. 计算机科学,2018,45(S2).

[51] 李博,王霄,朱宇昕. 经济政策不确定性、投资信心与企业估值水平[J]. 投资研究,2023,42(3).

[52] 汤谷良. 财务估值原理引领企业战略规划与盈利模式转型[J]. 北京工商大学学报(社会科学版),2021,36(2).

[53] 冯丽颖,任世驰. 基于并购估值的合并商誉来源、经济性质与会计处理方法研究[J]. 中国软科学,2021(1).

[54] 陈宗涵,谈毅,陆海天. 企业专利信号与企业价值评估:基于风险投资机构的视角[J]. 上海经济研究,2017(10).

[55] 胡新荣. 有关固定资产减值测试中估值技术选择问题的探讨[J]. 财务与会计,2021(13).

[56] 周娟. 资产评估独立性问题思考[J]. 财会月刊,2017(9).

[57] 葛锐,刘晓颖,马君. 资产评估理论与实务研究进展综述:基于2017—2019年的期刊数据[J]. 中国资产评估,2020(5).

[58] 黄志忠. 资产评估报告的信息价值:以HZ公司为例[J]. 会计之友,2021(22).

[59] 王向东,丛浩,张宸恺. 企业国有资产评估档案管理体系建设[J]. 中国档案,2021(12).

[60] 陈蕾,席乐,肖力,等. 基于投资价值类型的中外评估准则比较研究[J]. 中国资产评估,2020(9).

[61] 郭志广,钟泽宇,王文姝. 制度变迁视角下资产评估准则发展的国际比较研究[J]. 中国资产评估,2019(7).

[62] 陈拓,厉国威. 美国评估准则的工作范围规则对我国的启示[J]. 中国资产评估,2019(3).

[63] 张浩,刘芳. 中外不动产评估准则比较[J]. 中国资产评估,2020(4).

[64] 王瑞琪,薄建奎. 中英知识产权评估准则的比较与探讨[J]. 中国资产评估,2019(6).

[65] 叶潇潇,厉国威. 英国房地产抵押评估准则对我国的启示[J]. 财会通讯,2017(28).

[66] MATHER J S,虞正,CHAN A,et al. 亚太地区有形资产评估市场动向[J]. 中国资产评估,2018(3).

[67] 中国资产评估协会课题组. 中国资产评估行业发展报告(2021年度)[J]. 中国资产评估,2023(3).